Sticken im MINI Format

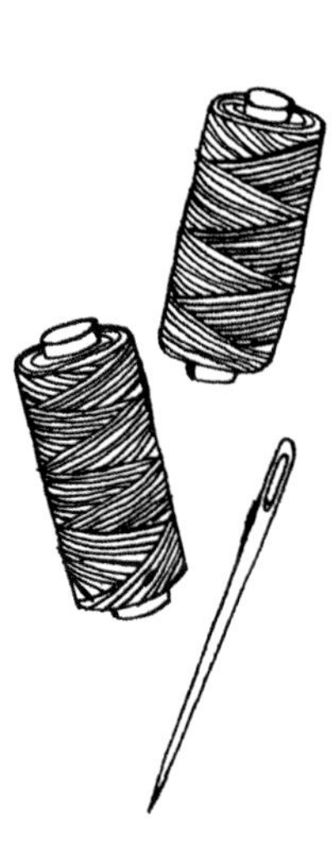

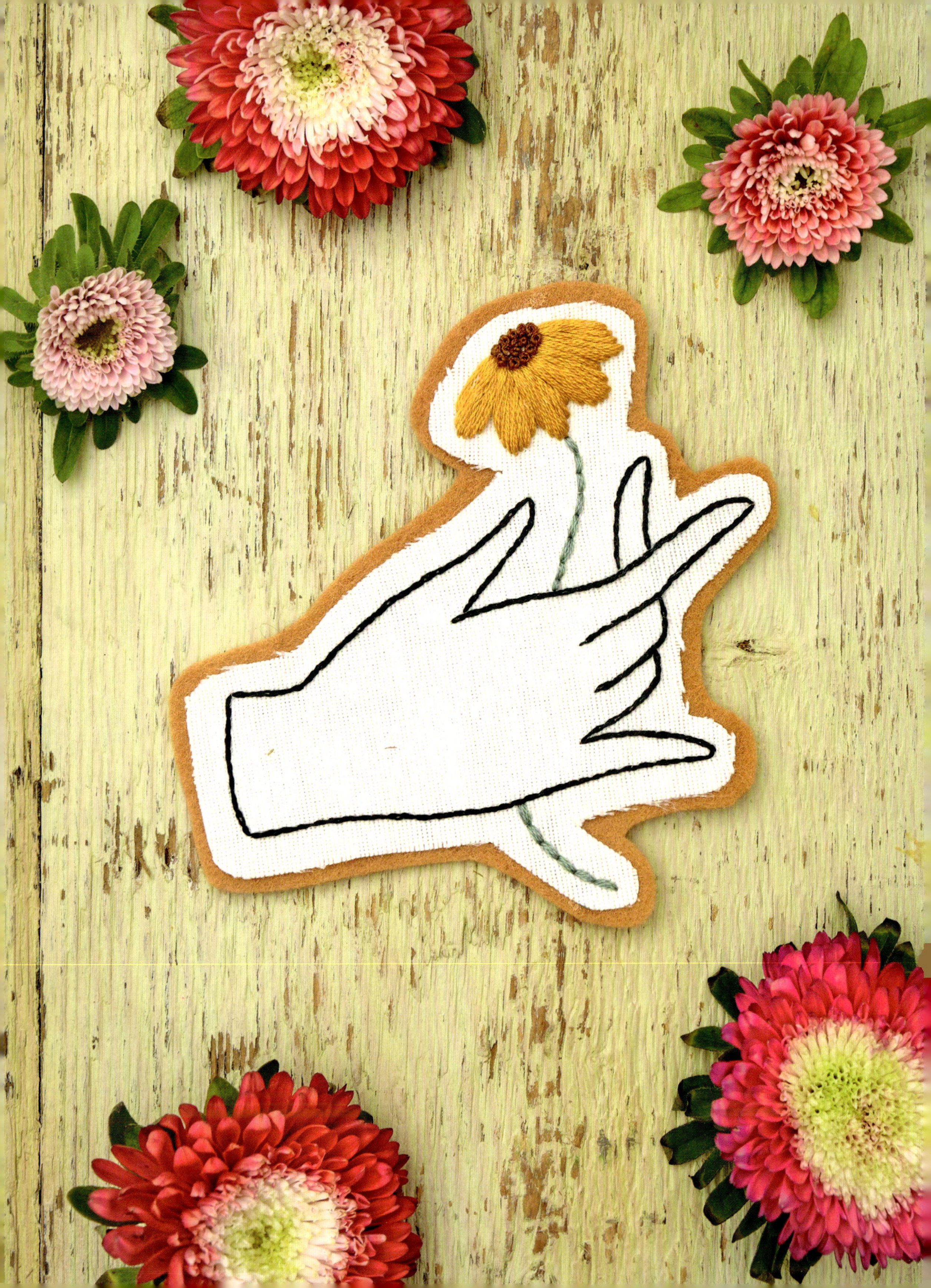

Irem Yazici

Sticken IM MINI FORMAT

Buttons, Knöpfe und Bilder
mit detailreichen Motiven
liebevoll verzieren

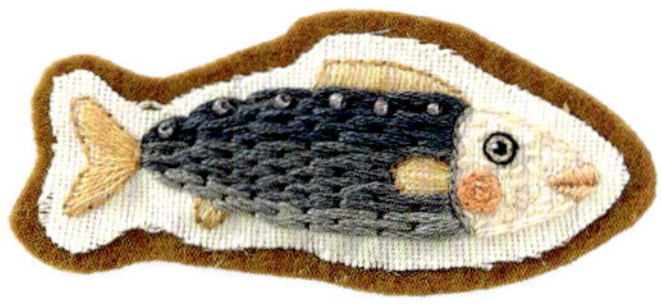

Originalausgabe unter dem Titel *Tiny Stitches* erschienen bei:
Search Press Ltd
Wellwood, North Farm Road, Kent TN2 3DR

Für die deutsche Ausgabe:
Produktmanagement: Helgrid van Impelen, Meike Lembeck
Übersetzung: Dr. Katrin Korch
Lektorat: Christine Schnappinger
Korrektorat und Satz: VerlagsService Dietmar Schmitz GmbH
Umschlaggestaltung: Leeloo Molnár
Herstellung: Kathleen Baumann
Printed in China

★★★★★

Sind Sie mit diesem Titel zufrieden? Dann würden wir uns über Ihre Weiterempfehlung freuen. Erzählen Sie es im Freundeskreis, berichten Sie Ihrem Buchhändler oder bewerten Sie bei Onlinekauf. Und wenn Sie Kritik, Korrekturen, Aktualisierungen haben, freuen wir uns über Ihre Nachricht an:
Christophorus Verlag,
Postfach 40 02 09,
D-80702 München oder per E-Mail an lektorat@verlagshaus.de.

Unser komplettes Programm finden Sie unter

www.christophorus-verlag.de

Die Deutsche Nationalbibliothek verzeichnet diese Publikation in der Deutschen Nationalbibliografie; detaillierte bibliografische Daten sind im Internet über http://dnb.d-nb.de abrufbar.

Christophorus Verlag in der
Christian Verlag GmbH, München
Infanteriestraße 11a
D 80797 München

ISBN 978-3-8410-6647-3

Besuchen Sie uns im Internet: www.christophorus-verlag.de

FSC
www.fsc.org
MIX
Papier aus verantwortungsvollen Quellen
FSC® C008047

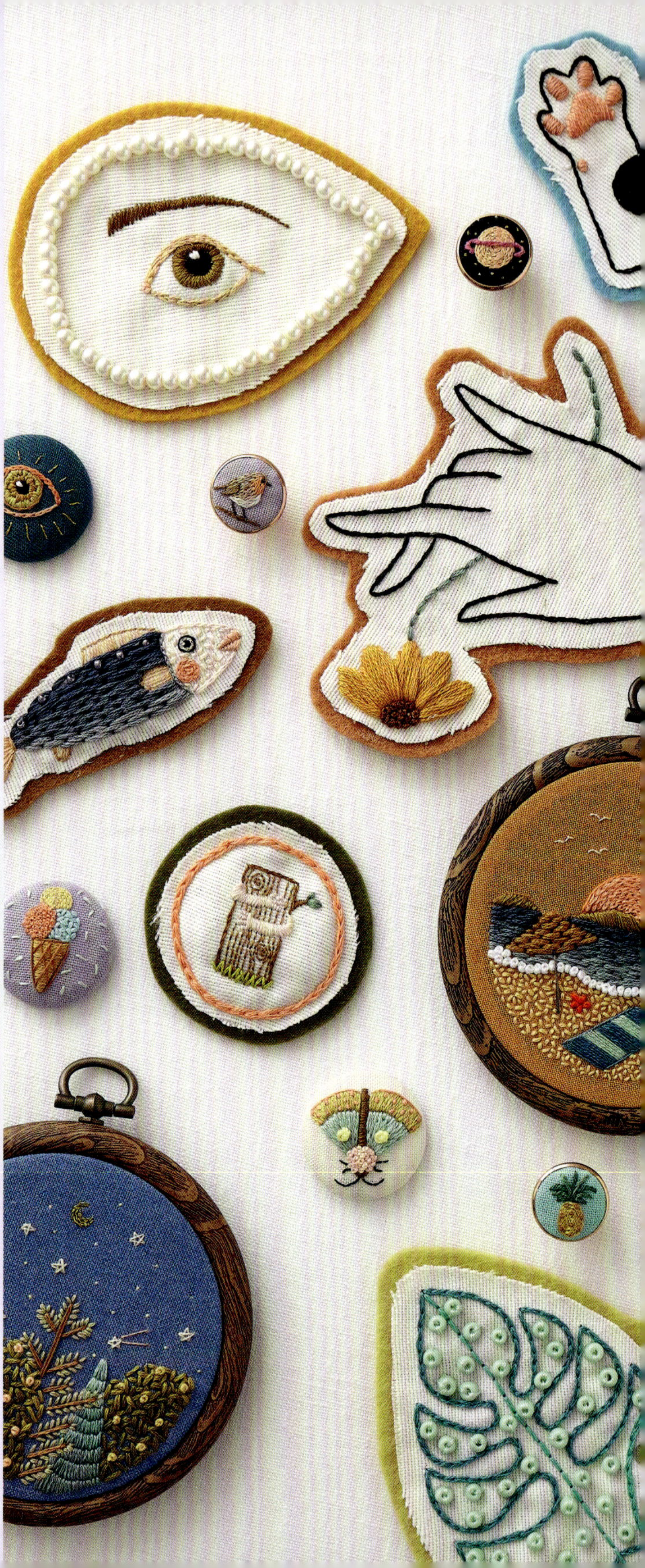

INHALT

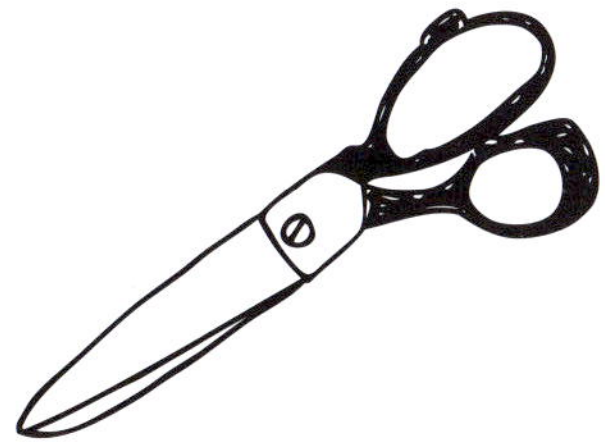

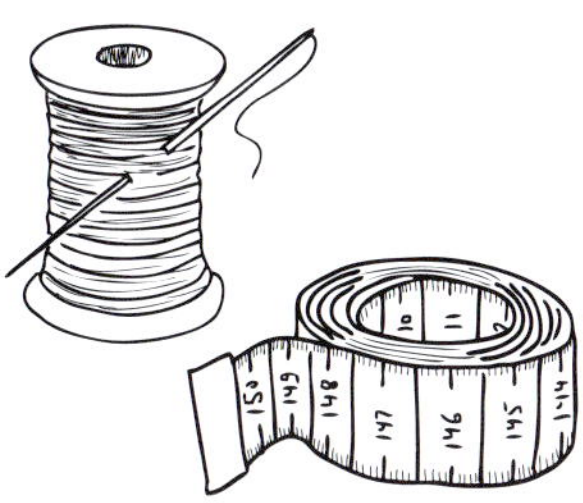

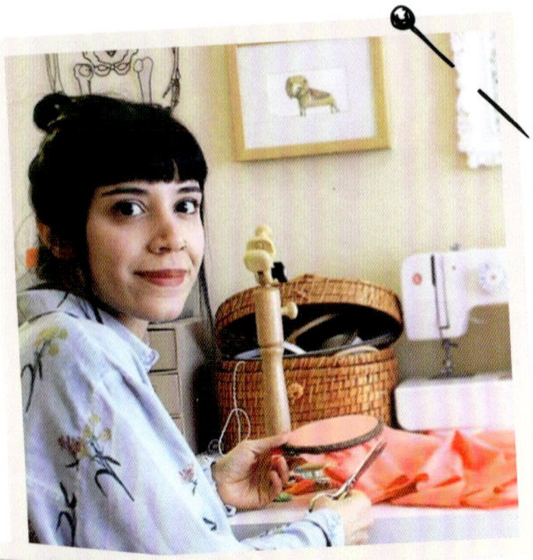
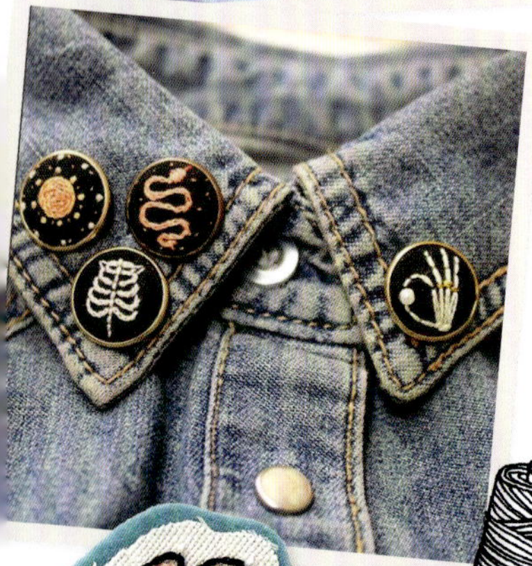
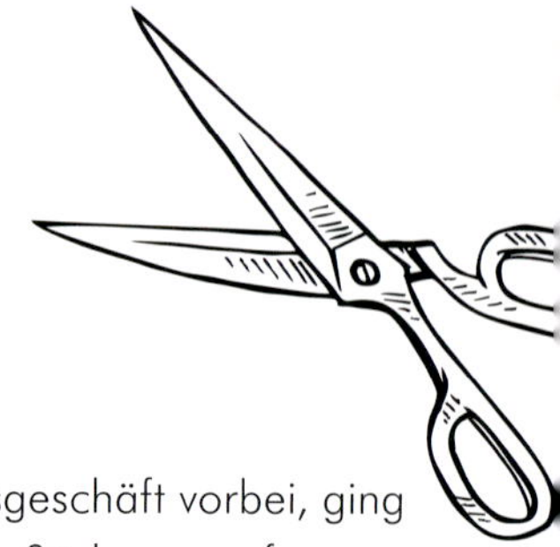

Vorwort

Im Jahr 2014 kam ich an einem Handarbeitsgeschäft vorbei, ging spontan hinein und beschloss sofort, mit dem Sticken anzufangen. Ich kaufte mir ein paar Stoffe und Garne in unterschiedlichen Farben. Damals wusste ich noch nicht, dass dies die beste Entscheidung sein sollte, die ich jemals getroffen hatte. Ich ging nach Hause und begann einfach mit »Learning by Doing«.

Während ich die Welt des Stickens erkundete, habe ich immer nach neuen Wegen gesucht, meine Arbeiten weiterzuentwickeln. So habe ich mit meinen Stickereien Kleidungsstücke und Accessoires aufgepeppt. Das mag ich am Sticken nämlich ganz besonders: Dass man seine Kreationen im Alltag und darüber hinaus verwenden kann. Je mehr ich mich mit dem Sticken befasste, umso mehr wurde es zu einem Medium, mit dem ich meine Umwelt verschönern konnte. Dann kam mir der Gedanke, dieses Glück mit anderen zu teilen, und so eröffnete ich einen Shop auf Etsy. Damit begann mein Stick-Abenteuer offiziell.

Ich hoffe, dass dieses Buch auch dir einen aufregenden Start in dein eigenes Stick-Abenteuer bereitet oder dir weitere Inspirationen bietet, falls du dich schon hineingestürzt hast.

Viel Spaß beim Sticken,
deine Irem!

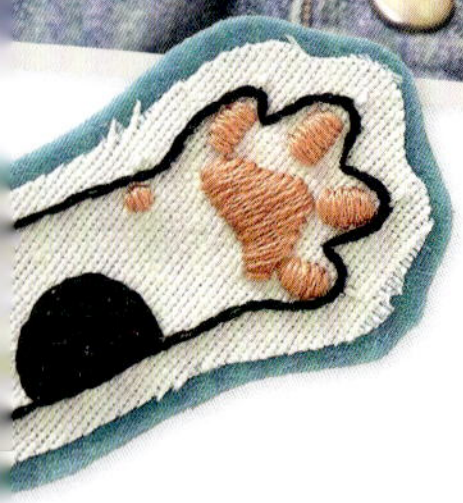
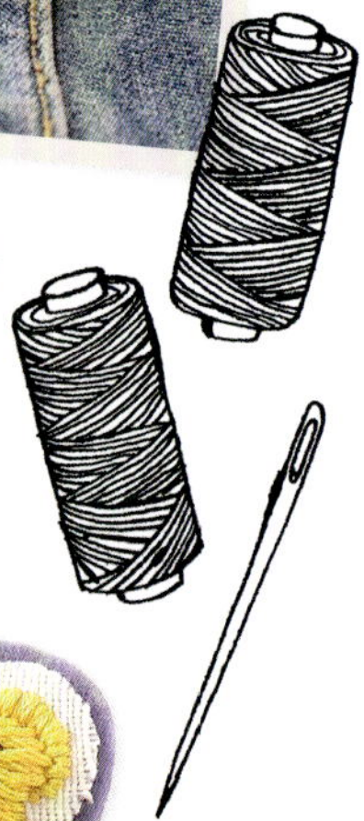
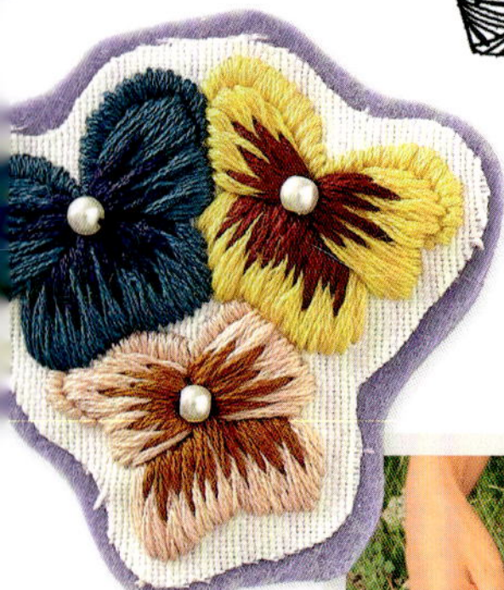
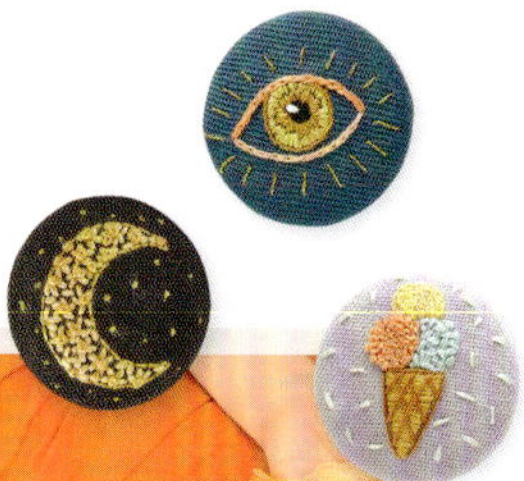
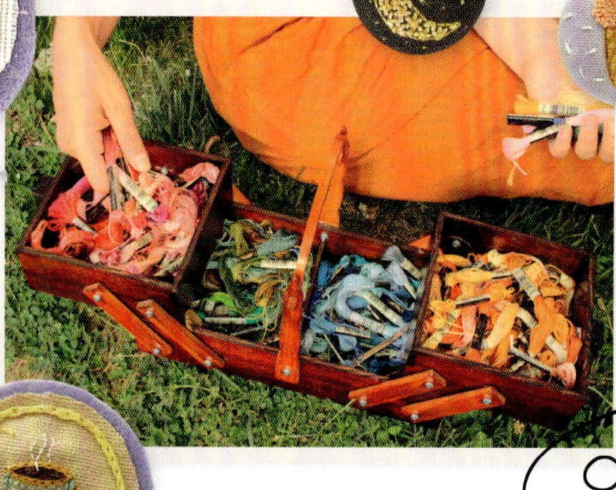
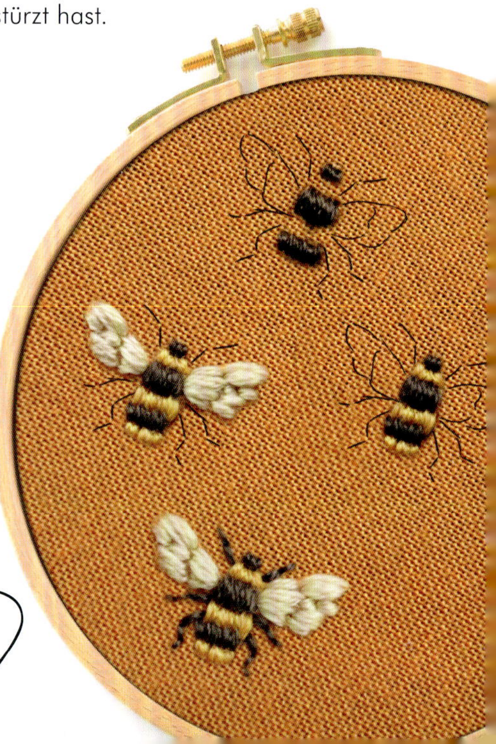
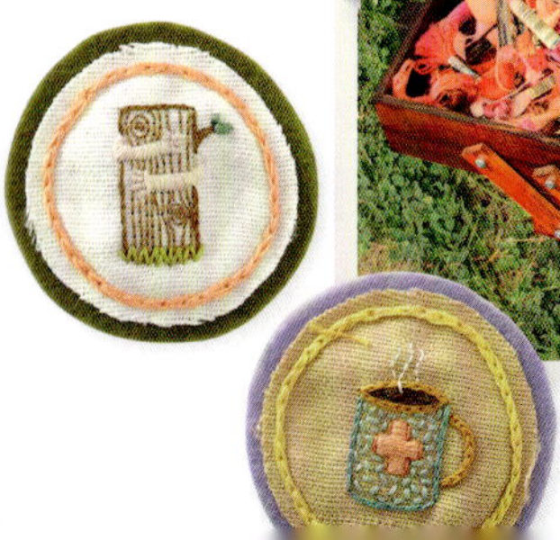
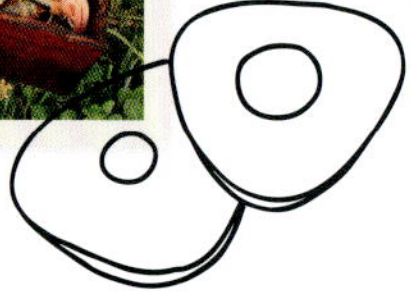

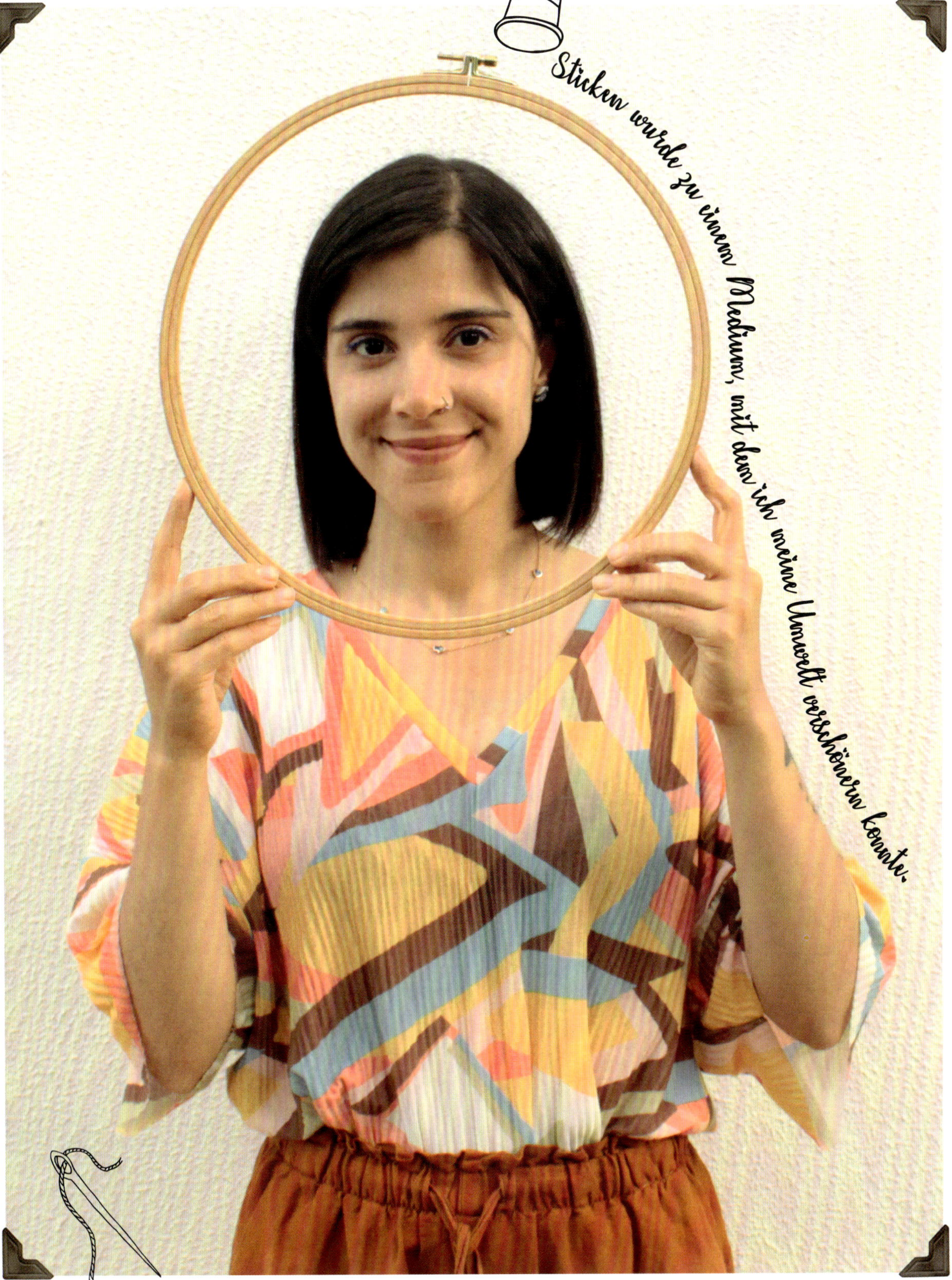

Sticken wurde zu einem Medium, mit dem ich meine Umwelt verschönern konnte.

Kleine Stick-Kunde

MATERIAL UND ZUBEHÖR

Wenn du schon länger stickst, besitzt du wahrscheinlich schon einiges an Material und Zubehör. Wenn du bisher noch nie gestickt hast, mache dir keine Sorgen, denn für den Anfang brauchst du nicht alle diese Dinge. Zunächst reichen ein Stickring, ein Stück Stoff, Sticknadeln, eine Schere und etwas Stickgarn.

GARNE

1 Baumwollstickgarn

Baumwollstickgarn wird am häufigsten verwendet und gibt es in vielen Farben. Es eignet sich für die meisten Stickarbeiten. Stickgarn besteht aus sechs Einzelfäden, die man einzeln oder zusammen verarbeiten kann, um der Arbeit das gewünschte Volumen zu verleihen.

2 Metallic-Garn

Mit Metallic-Garn kann man der Stickarbeit einen Glitzereffekt verleihen. Es ist manchmal nicht ganz leicht handhabbar, am besten arbeitet man mit kürzeren Fäden.

STOFFE

Wie bei den Garnen gibt es auch bei den Stoffen eine riesige Auswahl. Fast jeder Stoff eignet sich zum Sticken, ich bevorzuge Webware und Filz.

3 Webstoff

Es gibt unzählige Arten von Webstoffen, sie bestehen alle aus längs und quer verlaufenden Fäden. Sie eignen sich hervorragend zum Sticken, weil sie sich nicht verziehen und auch für größere und dichtere Stiche fest genug sind. Webstoffe gibt es in zahlreichen Qualitäten und Arten, vom leichten Musselin und Quiltstoffen bis hin zu mittelschwerem Leinen, schwerem Canvas und festen Dekostoffen.

4 Filz

Filz gehört zu meinen Lieblingsstoffen, weil er fest und griffig ist. Es gibt ihn in zahlreichen Farben und Stärken, im Gegensatz zu Webstoffen franst er an den Kanten nicht aus. Filz kann aus Naturfasern wie Wolle, synthetischen Fasern wie Viskose oder Acryl oder aus einer Mischung bestehen. Ich bevorzuge grundsätzlich reinen Wollfilz oder Filz aus einer Wollmischung.

NADELN

Nadeln gibt es in vielen Längen und Stärken, mit diversen Öhren und Spitzen. Man sollte sie passend zum Garn und Stoff auswählen. Am besten legt man sich eine Auswahl zu, damit man sie nach Bedarf wechseln kann. Wenn sich das Garn nicht durch das Öhr fädeln lässt, sollte man eine größere Nadel wählen. Wenn eine Nadel Löcher im Stoff hinterlässt, eine feinere.

5 Sticknadeln

Sticknadeln haben eine mittlere Länge, ein längliches Öhr und eine scharfe Spitze. Sie eignen sich für die meisten Stickarbeiten und sind in umgekehrter Reihenfolge zu ihrer Größe nummeriert. Also: Je höher die Nummer, umso feiner die Nadel.

6 Chenille-Nadeln

Chenille-Nadeln sind länger und dicker als Sticknadeln, mit einem großen Öhr und einer spitzen Spitze. Sie sind nützlich für dickere Fäden, Garn und Bänder.

7 Tapisserie-Nadeln

Tapisserie-Nadeln ähneln den Chenille-Nadeln, haben aber eine stumpfe Spitze. Sie sind für locker gewebte Stoffe nützlich.

STICKRINGE

8 Stickring

Im Stickring (bzw. Stickrahmen) wird der Stoff während des Stickens gespannt, sodass man gleichmäßig sticken kann und sich der Stoff dabei nicht kräuselt. Ich benutze fast immer einen Stickring, außer wenn ich auf Filz oder fertigen Kleidungsstücken sticke, bei denen das nicht nötig ist. Stickringe und -rahmen gibt es mit unterschiedlichen Durchmessern. Am besten wählt man einen, der größer als das fertige Muster ist, damit man nichts verschieben muss.

Stickring mit Ständer (optional)
Dieses Zubehör kann dein Liebling werden, wenn es dir mit dem Sticken ernst wird und du mehrere Stunden am Tag stickst. Man kann ihn nicht einfach in die Tasche packen wie andere Stickringe, aber wenn man zu Hause stickt, muss man damit den Ring nicht stundenlang in der Hand halten. Außerdem geht damit der Knötchenstich viel leichter, weil man beide Hände dabei einsetzen kann!

MATERIAL ZUM ÜBERTRAGEN UND MARKIEREN

9 Bleistifte
Einfache Bleistifte eignen sich gut, um Markierungen auf Stoff anzubringen. Sie verblassen und können später ausradiert werden, wenn sie nicht eh schon von der Stickerei verdeckt werden.

10 Kreidestifte
Für dunkle Stoffe nimmt man am besten Kreidestifte. Nach dem Sticken können sichtbare Markierungen einfach abgebürstet werden.

11 Wasserlösliche Stifte
Wasserlösliche Stifte enthalten Farbe, die mit Wasser entfernt werden kann. Sichtbare Markierungen kann man mit einem feuchten Tuch abwischen oder mit Wasser auswaschen.

12 Trickmarker
Man nennt sie auch »luftlöschbare Stifte«, weil ihre Farbe nach und nach an der Luft verblasst.

Aufbügelbare Transferfolie
Ein paar Bogen sind hinten im Buch beigefügt.

WEITERE UTENSILIEN

13 Stoffschere
14 Beziehbare Knöpfe
15 Buttons zum Selbstgestalten

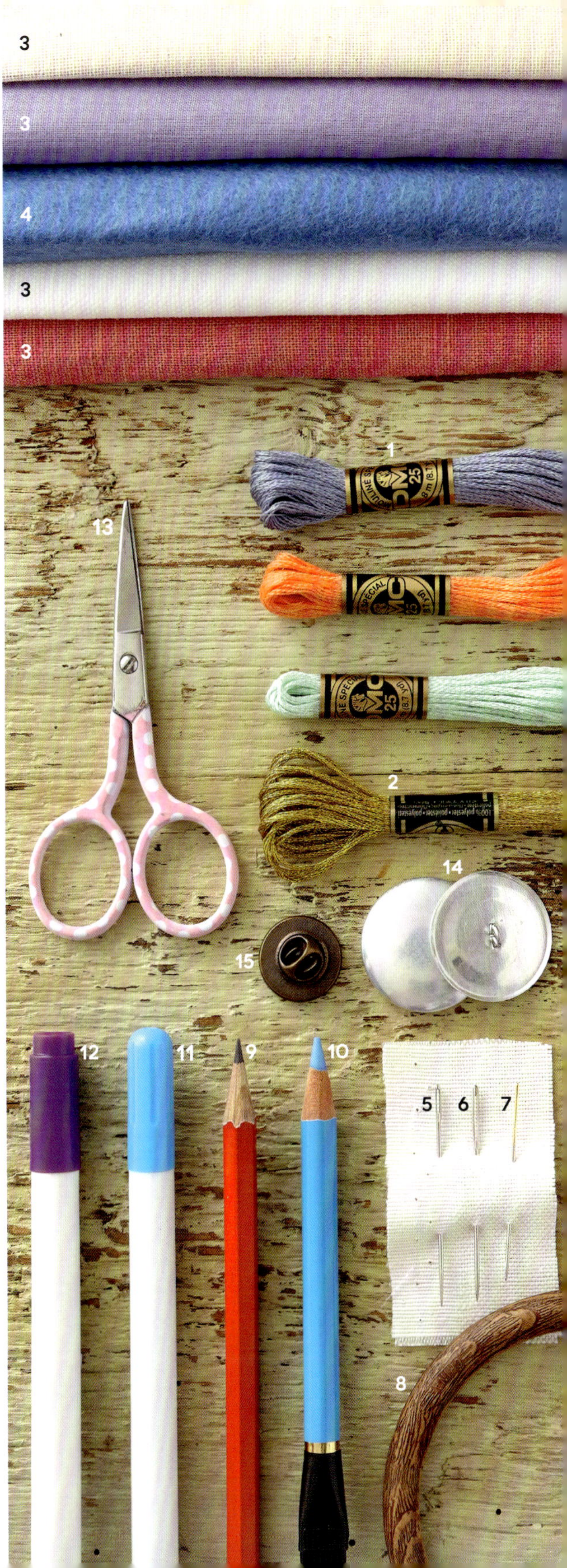

GRUNDTECHNIKEN DES STICKENS

EINEN STICKRING BESPANNEN

Einen Stickring (oder Stickrahmen) braucht man bei allen Stickarbeiten, bei denen der Stoff straff gehalten werden muss. Er sorgt für eine bessere Spannung und verhindert ein Verziehen, vor allem von Leinen und gleichmäßig gewebten Stoffen, die weicher sind als speziell zum Sticken gefertigte Stoffe mit Gitterstruktur (wie etwa Stramin oder Aida). Wenn der Stoff straff gehalten wird, ist das Stickbild später gleichmäßiger. In einem Stickring wird der Stoff nicht so oft gefaltet und in der Hand geknittert, sodass Faltenbildung sowie unschöne Flecken von Schweiß und Schmutz verhindert werden.

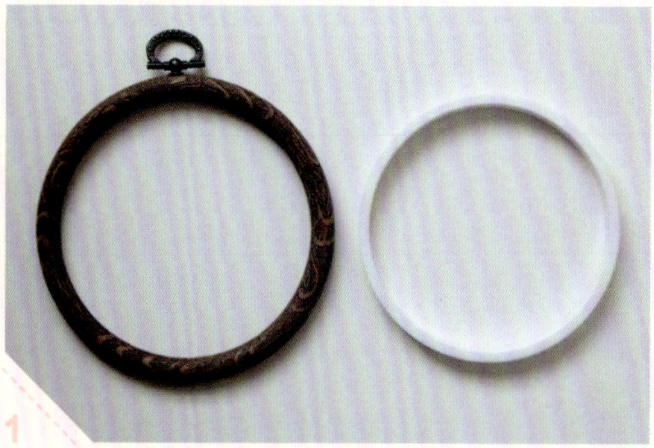

Zum Zusammensetzen des Stickrings muss man die Schraube des äußeren Rings so einstellen, dass dieser locker um den Innenring passt. Den Innenring auf eine plane Fläche legen.

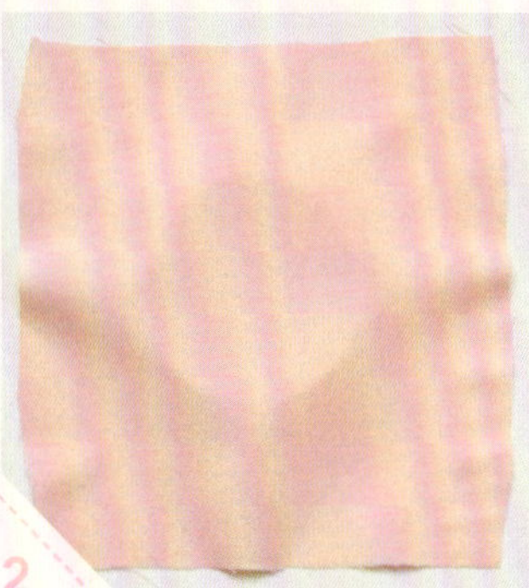

Den Stoff so auf dem Innenring platzieren, dass der zu bestickende Bereich mittig liegt.

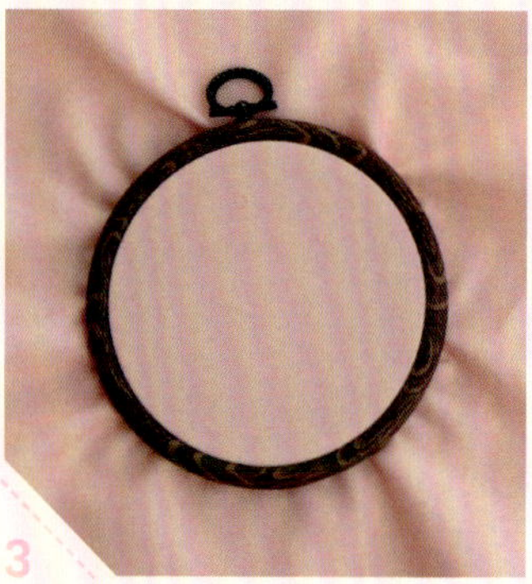

Den äußeren Ring auf den Stoff und den Innenring stecken und darauf achten, dass der Stoff gestrafft wird. Zum Fixieren die Schraube anziehen.

TIPP

Den Stoff während des Stickens immer wieder straffen, dabei vorsichtig die Stoffkanten gleichmäßig nach außen ziehen und darauf achten, dass das Muster nicht verzerrt wird. Sollte der Stoff während des Stickens verrutschen, kann man den Innenring mit einem Streifen Baumwolltwill oder Musselin verstärken. Die Enden des Streifens zusammenkleben oder -nähen, damit er nicht verrutscht.

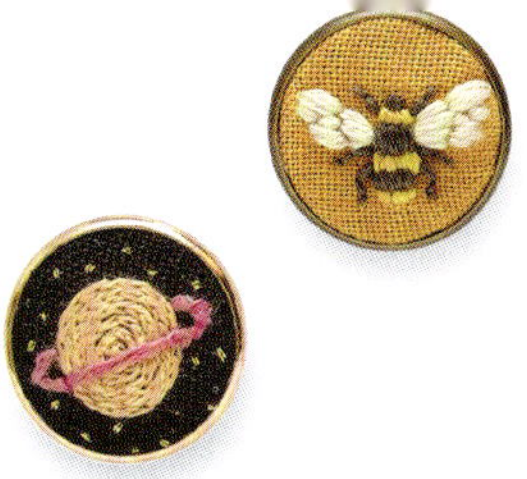

EINEN BUTTON MIT STOFF BEZIEHEN

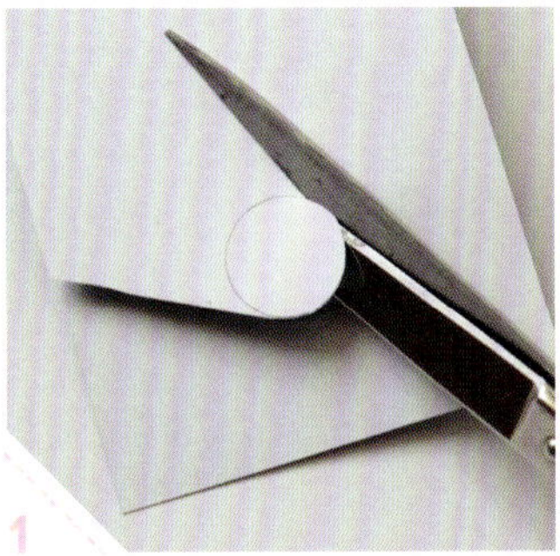

Aus festem Papier einen Kreis in den Maßen des Buttons ausschneiden.

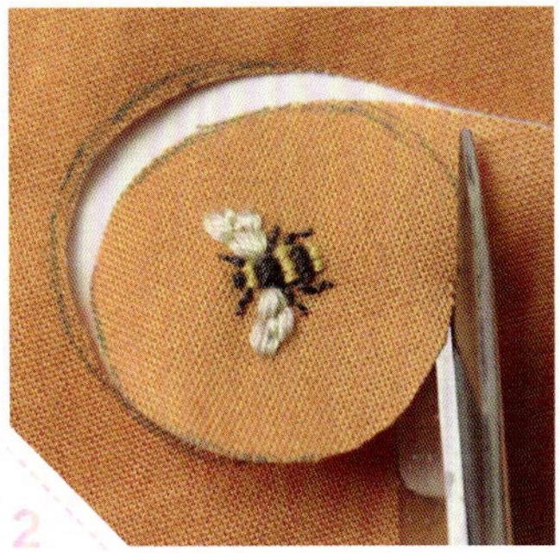

Die Stickerei aus dem Stickring lösen und mit einer Zugabe von etwa 15 mm kreisrund ausschneiden.

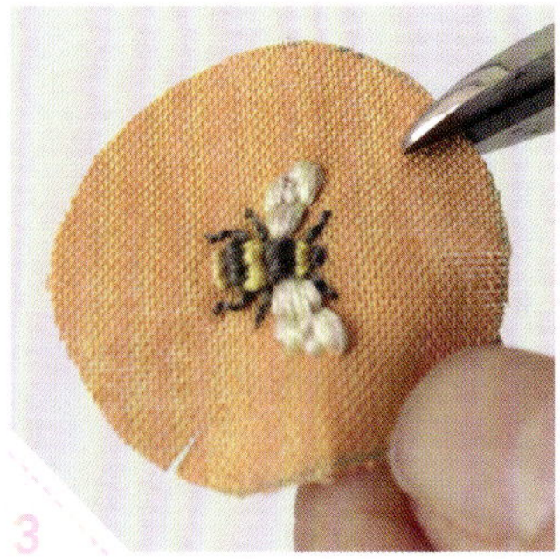

Die Kante rundum im Abstand von 5 mm einschneiden. Damit die Einschnitte nicht zu nah an die Stickerei geraten, nur mit der Scherenspitze arbeiten.

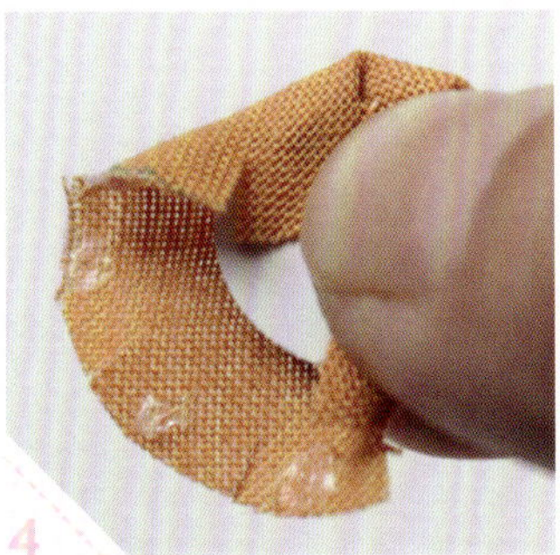

Die eingeschnittenen Kanten mit Kleber bestreichen, dann die Papierschablone auf die Rückseite der Stickerei legen und die Stoffkanten nacheinander sauber umfalten und aufkleben. Den Kleber trocknen lassen.

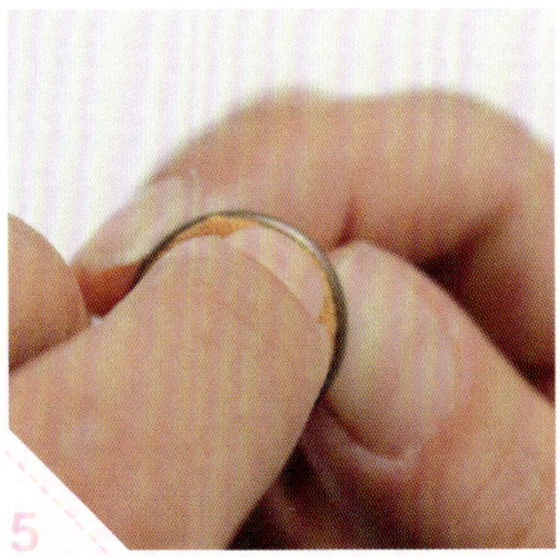

Dann die Oberfläche des Button-Rohlings mit Kleber bestreichen. Die Stickerei vorsichtig daraufsetzen und dabei von außen nach innen festdrücken. Bei Bedarf die Papierscheibe noch ein wenig verschieben. Die Ränder vorsichtig und langsam mit den Fingerspitzen nach innen drücken.

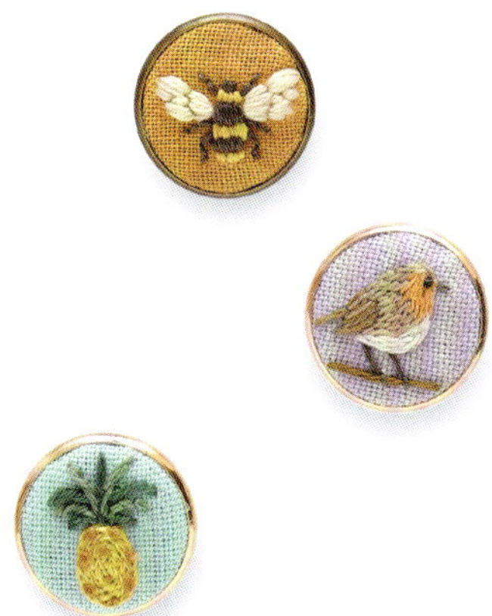

EINEN KNOPF MIT STOFF BEZIEHEN

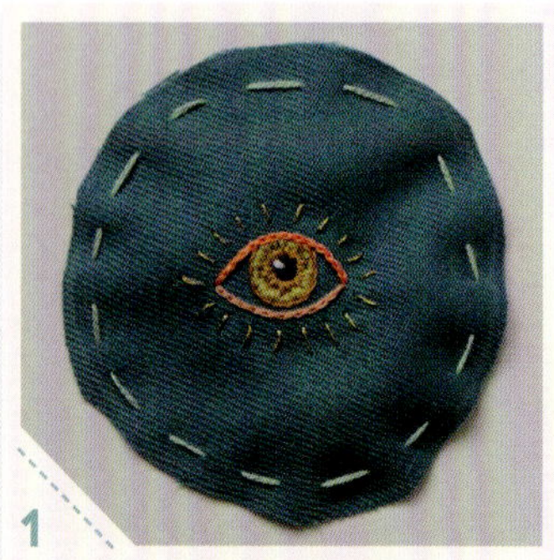

Mithilfe der transparenten Schablone aus dem Zubehör des DIY-Sets für den Stoffknopf einen Kreis um das gestickte Motiv herum aufzeichnen und ausschneiden. Neben der Stoffkante eine Naht mit Vorstichen nähen, die Fadenenden lose hängen lassen.

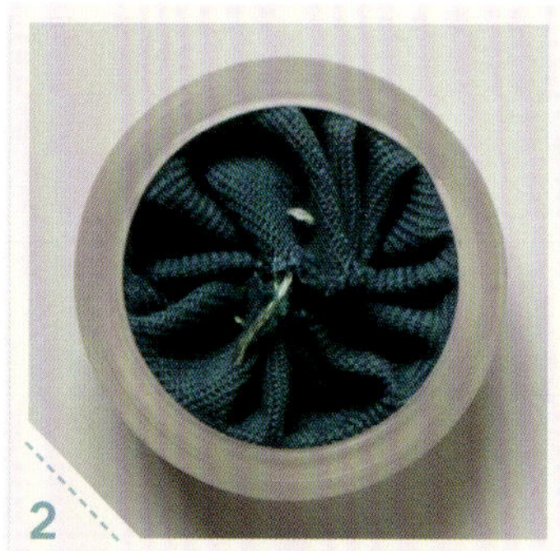

Den Knopf-Rohling mittig auf dem Stoffkreis platzieren. Mit den Fingern den Rohling vorsichtig in die Mulde drücken und den Stoff an den losen Fadenenden zusammenziehen, sodass er sich über den Rohling legt.

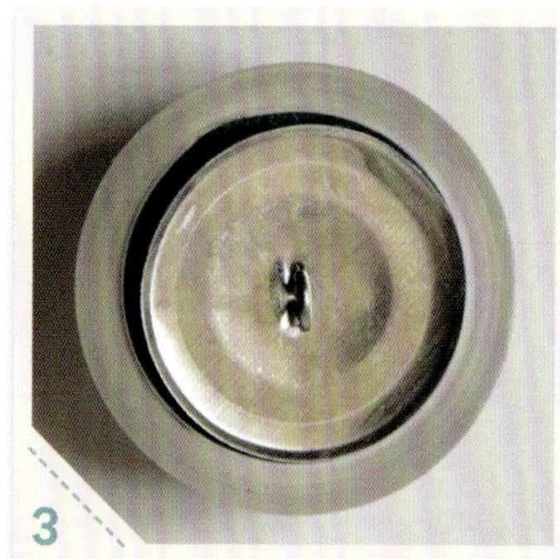

Das hintere Knopfteil darauflegen.

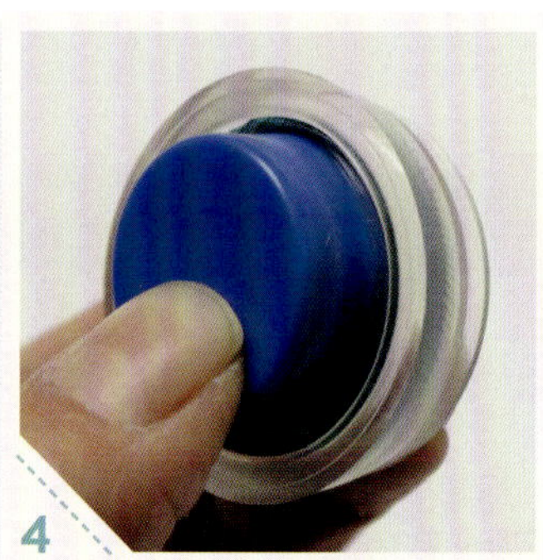

Mit dem Zubehör aus dem DIY-Knopf-Set die Teile zusammendrücken. Ein Klickgeräusch zeigt an, dass die Knopfteile verbunden sind.

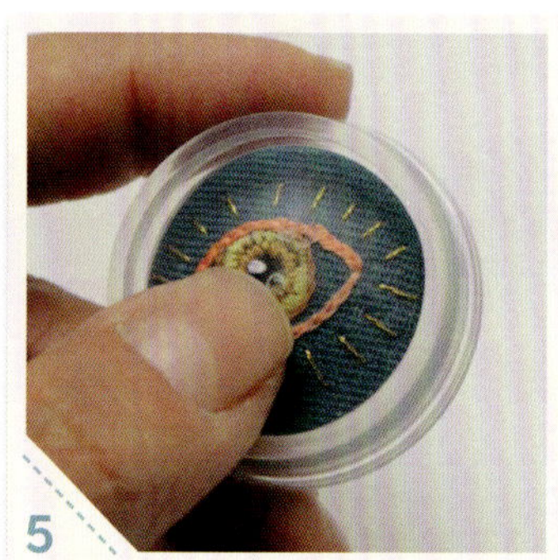

Dann den bezogenen Knopf herausnehmen.

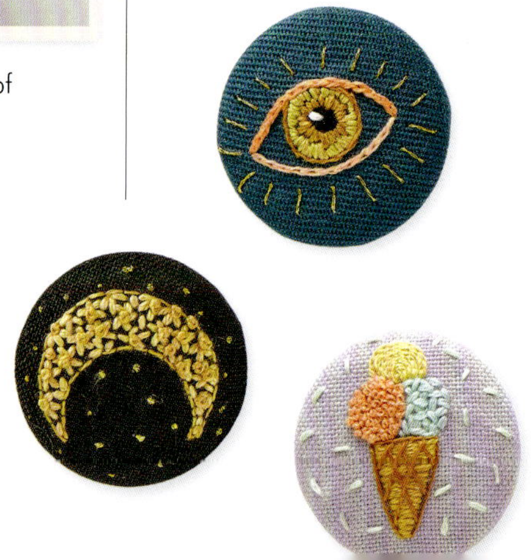

EINEN FLICKEN ANFERTIGEN

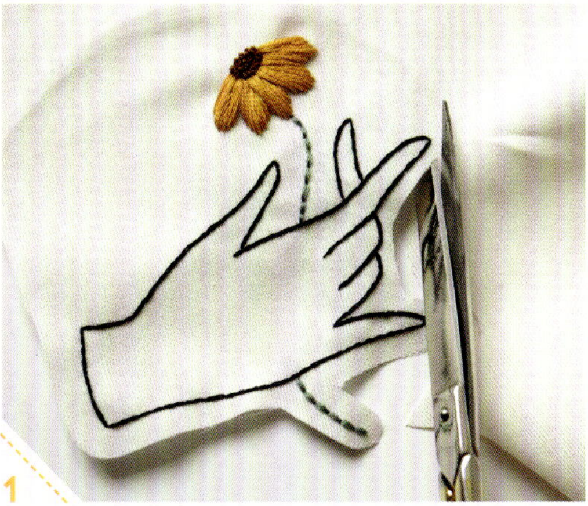

1

Den Stoff aus dem Stickring lösen und das Stickmotiv mit einer Zugabe von etwa 5 mm ausschneiden.

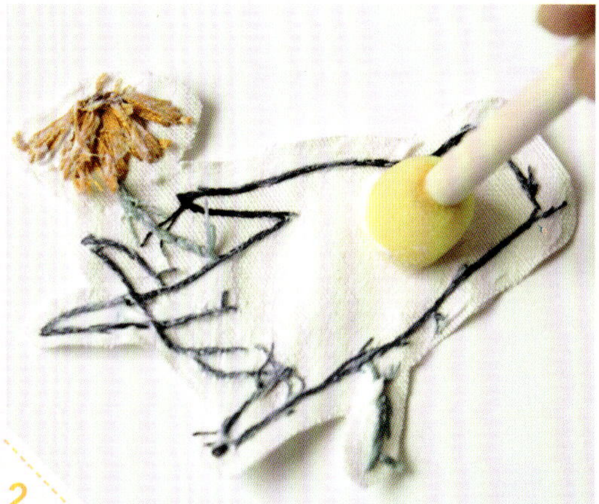

2

Die Ränder und die Mitte der Stoffrückseite mit Textilkleber bestreichen, dafür einen Schaumstoffpinsel oder einen kleinen Schwamm verwenden. So wird verhindert, dass der Stoff ausfranst.

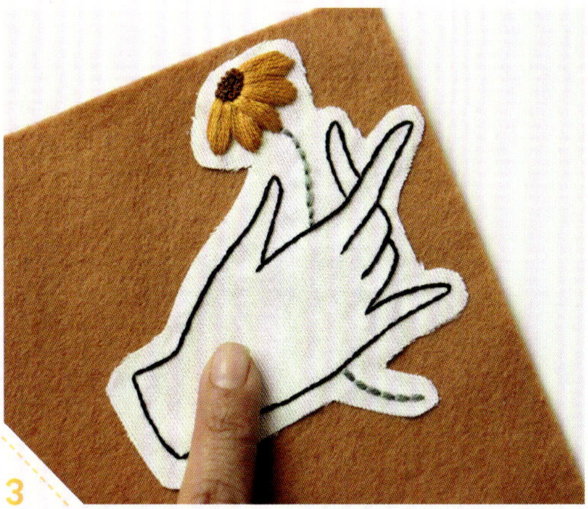

3

Das Stickmotiv auf ein Stück Filz kleben, fest andrücken und überschüssigen Kleber abwischen.

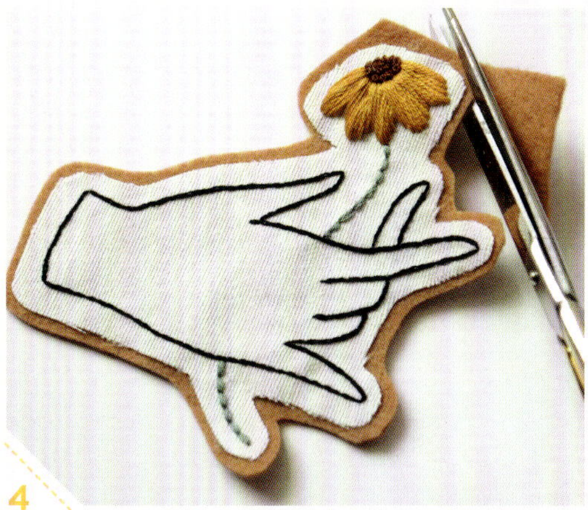

4

Den Kleber trocknen lassen und dann das Motiv aus Filz ausschneiden, dabei einen 5 mm breiten Rand stehen lassen.

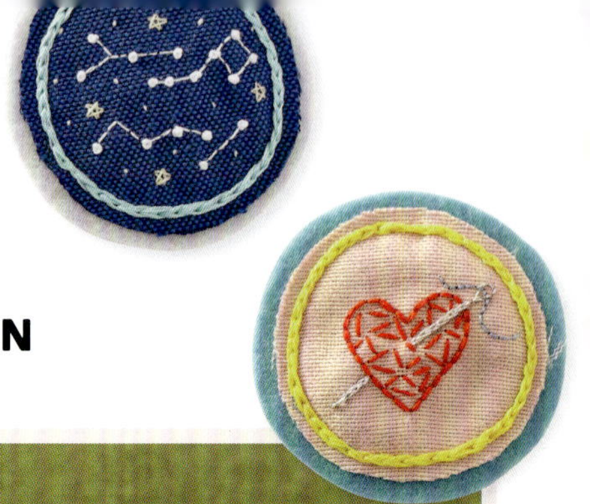

EINEN AUFNÄHER ANFERTIGEN

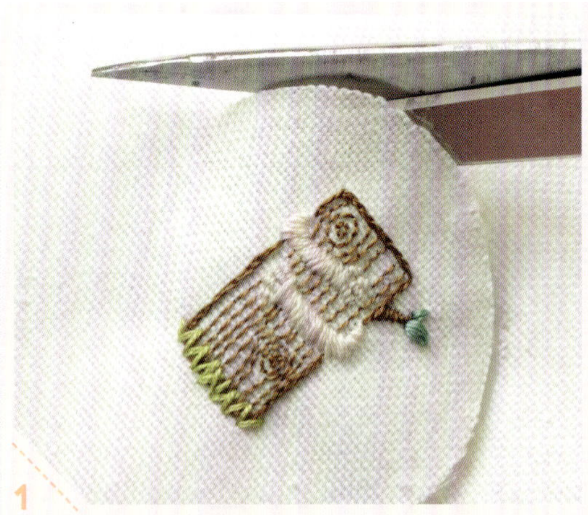

Um das Stickmotiv einen Kreis (im gezeigten Beispiel 43 cm Durchmesser) aufzeichnen. Den Stoff aus dem Stickring lösen und den Kreis mit einer Zugabe von 5 mm ausschneiden.

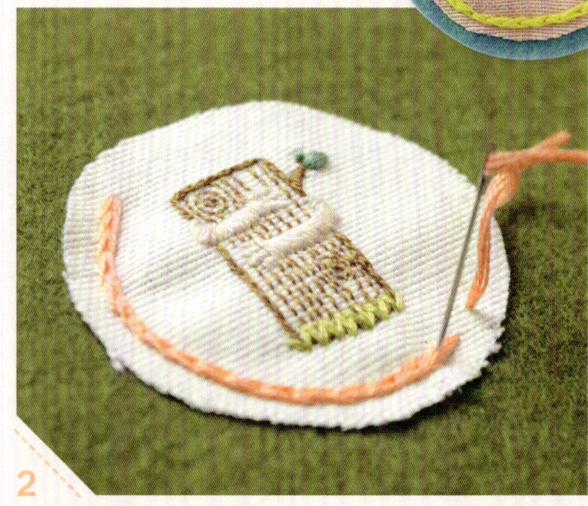

Filz in den Stickring spannen und das ausgeschnittene Stickmotiv darauflegen. Den Stoff mit Spaltstich und einem sechsfädigen, farbigen Stickgarn aufnähen. Dabei auf dem in Schritt 1 aufgezeichneten Kreis sticken.

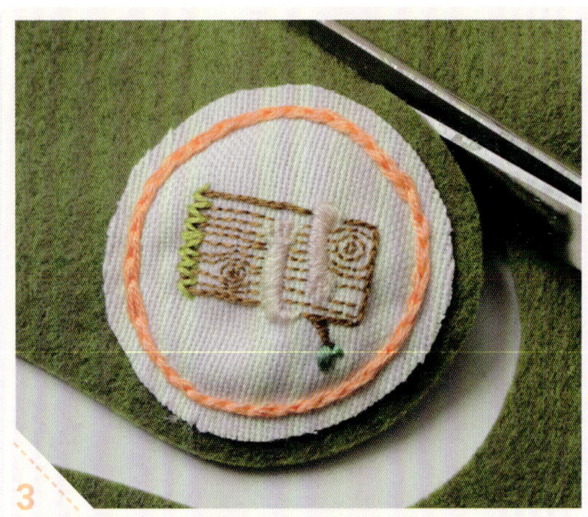

Aus dem Stickring nehmen und das Motiv mit einem 5 mm breiten Rand aus dem Filz ausschneiden.

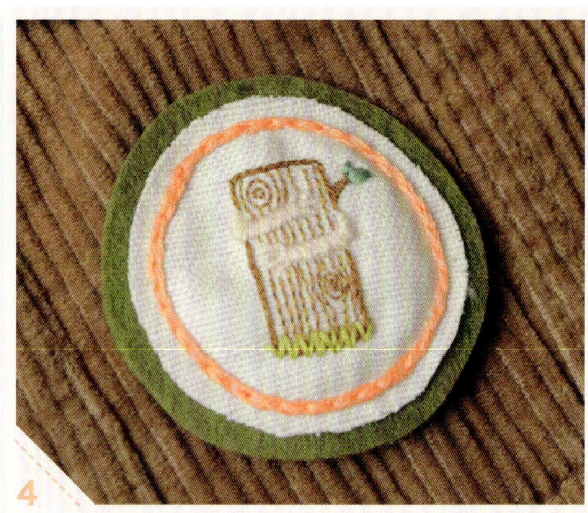

Den Aufnäher auf ein Kleidungsstück oder Accessoire nähen.

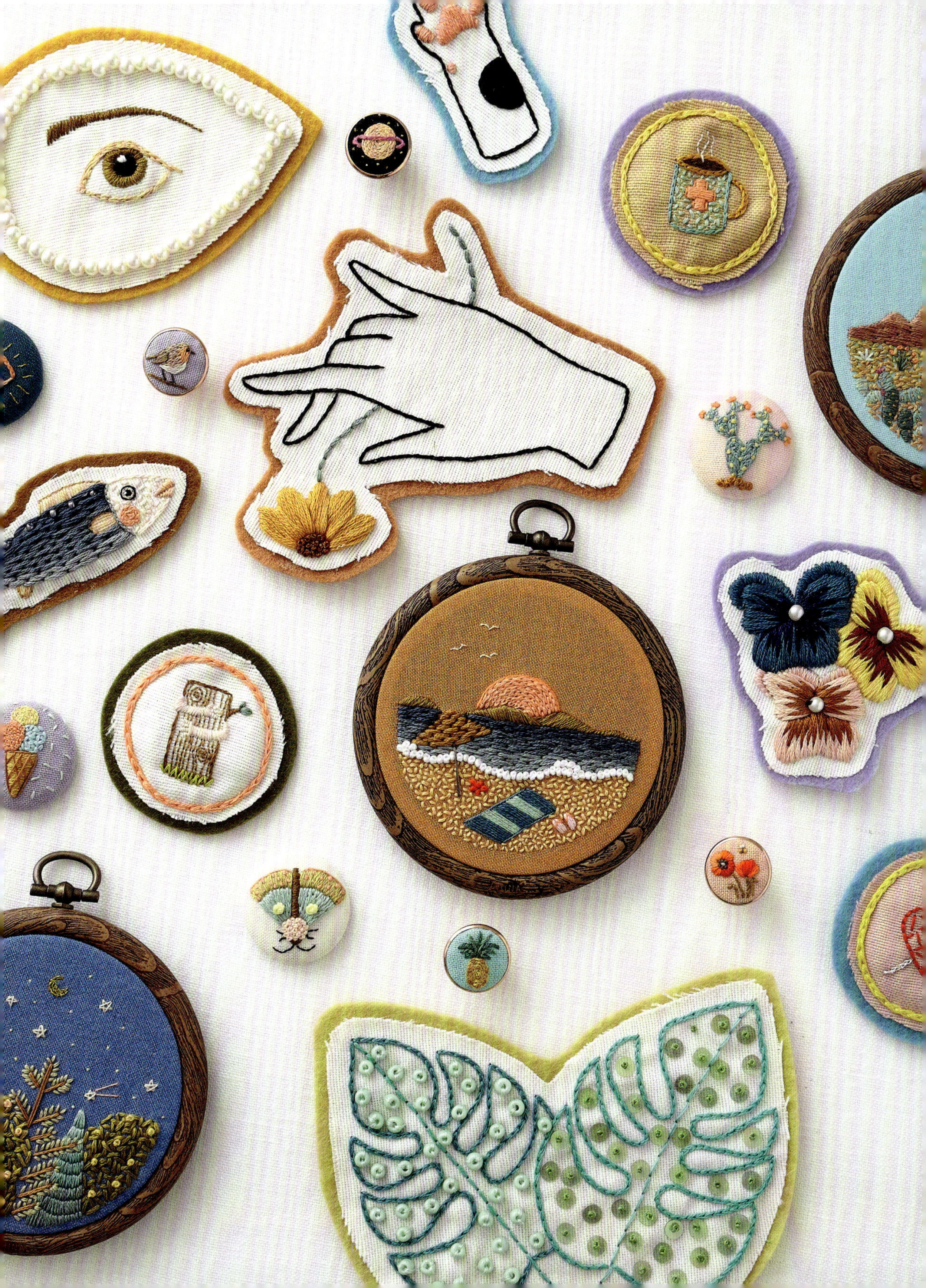

2

Hübsche Miniaturen

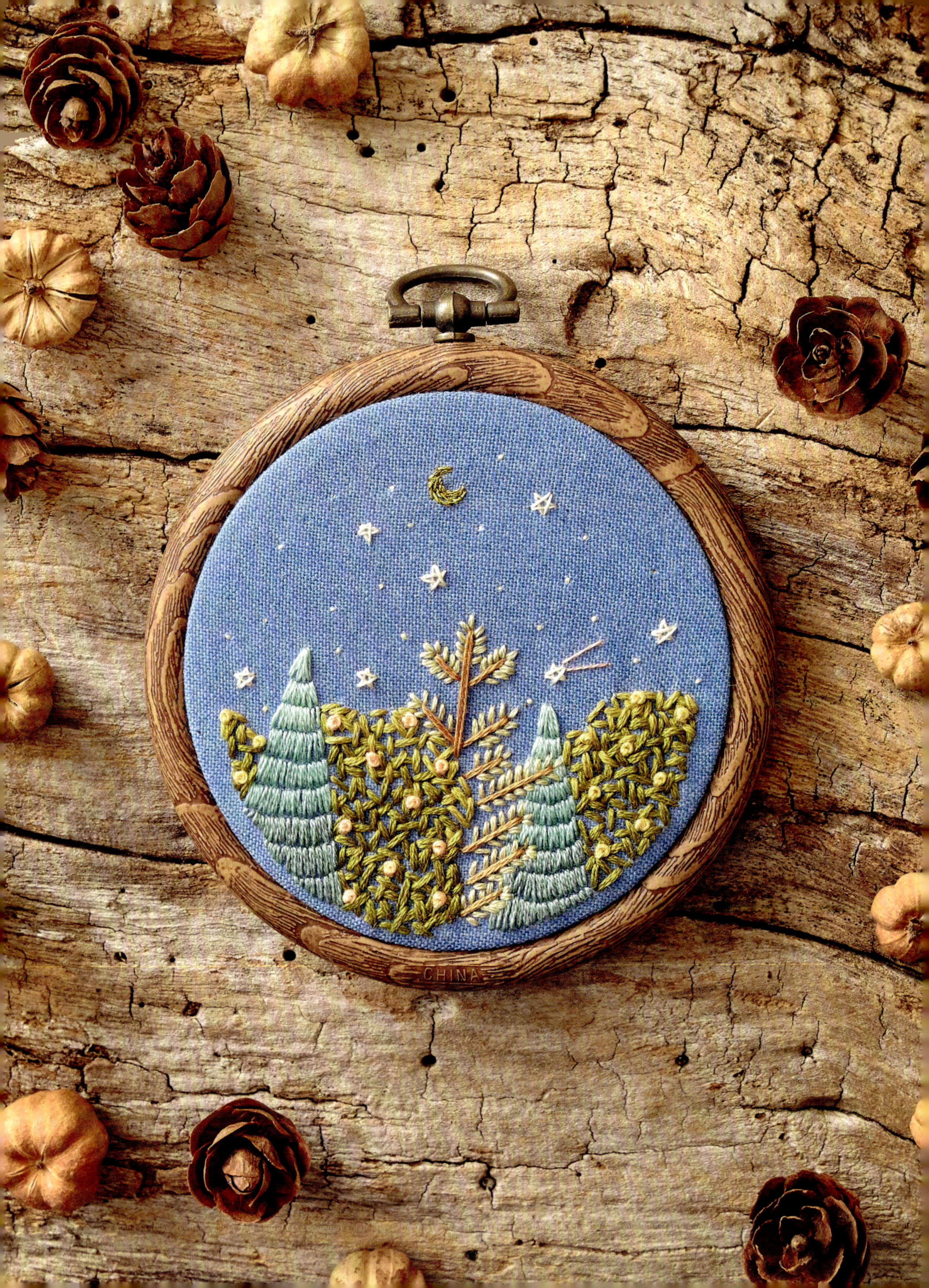
CHINA

EINE NACHT IM WALD

VORLAGEN-REFERENZ
Seite 122

Beim Anblick dieser wunderschönen Waldszene hört man förmlich die Laute der Wildtiere und das Rascheln der Blätter. Röste dir ein paar Marshmallows über einer Flamme, und schon kommt echtes Lagerfeuer-Feeling auf …

MATERIAL UND ZUBEHÖR

- Transfer- und Markierutensilien
- Dunkelblauer oder schwarzer Stoff
- Stickring, 8 cm ø
- Nadel
- Schere

GARNFARBEN

- Helles Jadegrün, 2 Fäden
- Meergrün, 2 Fäden
- Dunkles Blaugrün, 2 Fäden
- Olivgrün, 4 Fäden
- Mittleres Olivgrün, 4 Fäden
- Apricot, 3 Fäden
- Helles Strohgelb, 2 Fäden
- Hellbraun, 3 Fäden
- Helles Kaki, 3 Fäden
- Helles Gelbbeige, 3 Fäden
- Dunkles Metallic-Gold, 2 Fäden

VERWENDETE STICHE

- Plattstich
- Geradstich
- Knötchenstich
- Stielstich

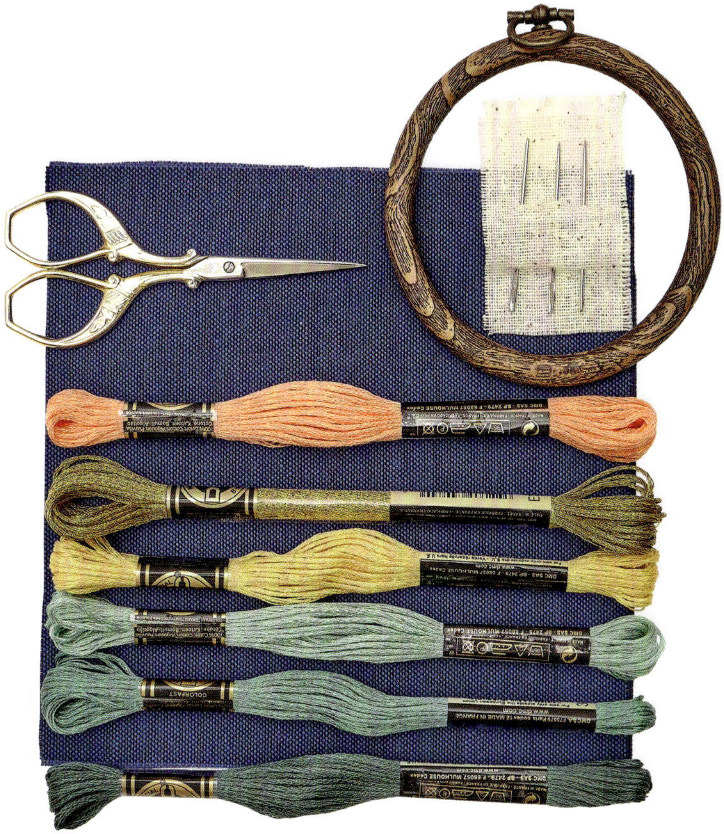

ANLEITUNG

Das Motiv auf den Stoff übertragen (siehe Vorlagen Seite 122 oder die aufbügelbare Transferfolie hinten im Buch) und den Stoff in einen Stickring spannen (siehe Seite 12).

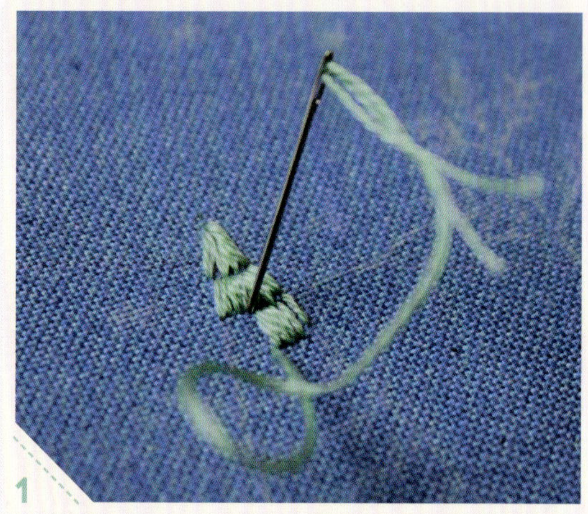

1

Zunächst eine Tanne sticken. Hierfür an der Spitze mit Plattstich und zwei Fäden in Hellem Jadegrün sticken, dann mit derselben Farbe die beiden darunterliegenden Reihen arbeiten.

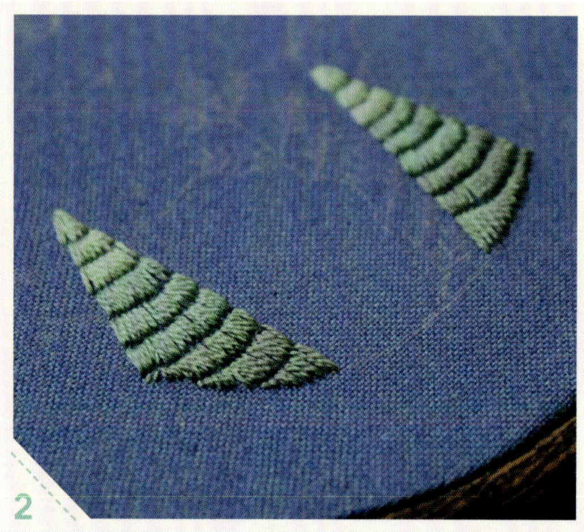

2

Die drei mittleren Reihen der Tanne mit zwei Fäden in Meergrün und die unteren Reihen mit zwei Fäden in Dunklem Blaugrün sticken. Die Schritte 1 und 2 für die zweite Tanne wiederholen.

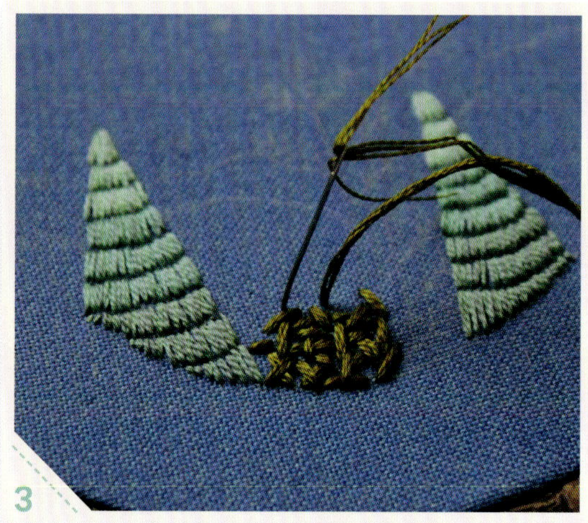

3

Den unteren Bereich des Apfelbaums mit kleinen Geradstichen mit vier Fäden in Olivgrün ausfüllen. Sie sollten wie Konfetti aussehen, dabei dicht beieinanderliegen und unregelmäßig angeordnet werden.

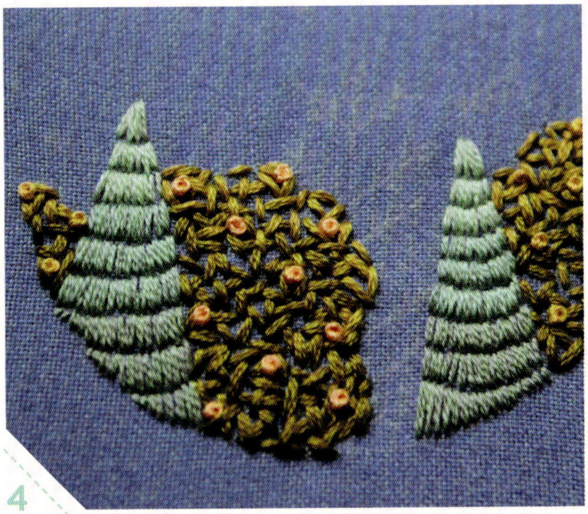

Die Spitze des Apfelbaums weiterhin mit kleinen Geradstrichen und vier Fäden in Mittlerem Olivgrün sticken. Die Früchte mit Knötchenstichen arbeiten. Dafür zwei Fäden in Apricot für den linken und zwei Fäden in Hellem Strohgelb für den rechten Baum verwenden.

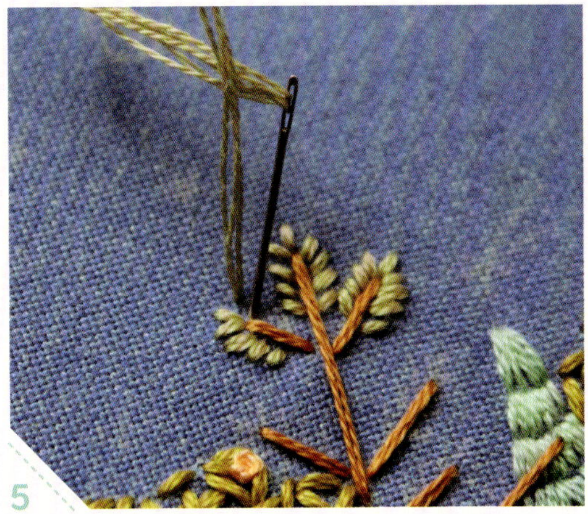

Stamm und Äste des mittleren Baums mit drei Fäden in Hellbraun und langen Geradstichen sticken. Die Blätter mit kleinen Geradstichen mit drei Fäden in Hellem Kaki um die Äste herum sticken.

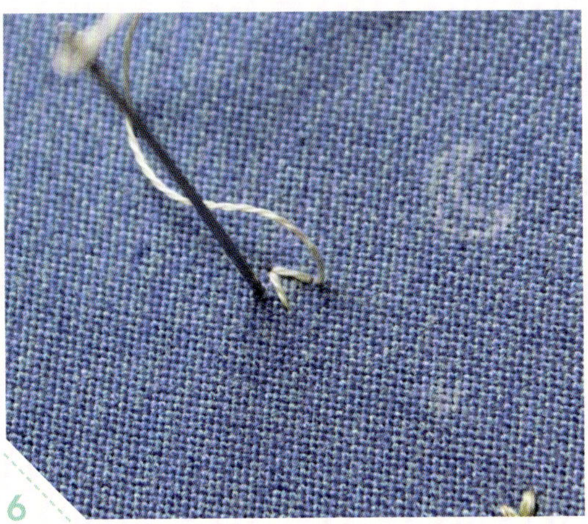

Dann die Sterne mit Geradstichen und einem Faden in Hellem Gelbbeige sticken.

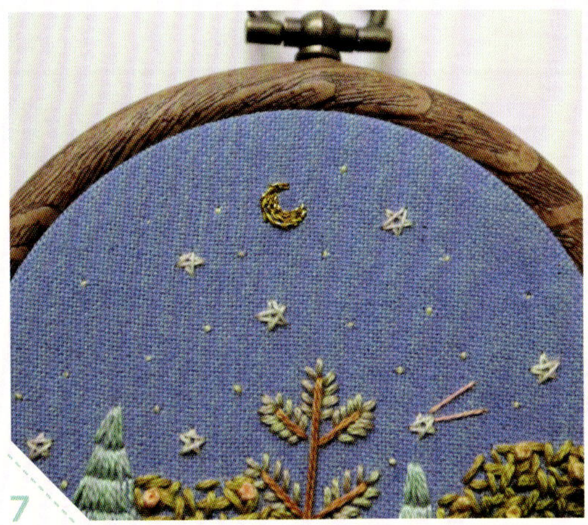

Mit einem Faden in Apricot den Schweif einer Sternschnuppe mit zwei langen Geradstichen arbeiten. Mit zwei Fäden in Hellem Gelbbeige und kurzen Geradstichen blinkende Punkte aufsticken. Zum Schluss mit zwei Fäden in Dunklem Metallic-Gold und dem Stielstich den Mond sticken. Dafür zuerst die Konturen arbeiten und diese dann mit demselben Stich ausfüllen.

WÜSTENLANDSCHAFT

VORLAGEN-REFERENZ Seite 122

Wüsten bestehen nicht immer nur aus endlosen Sanddünen, wie man hier sehen kann. Schnapp dir im Geiste deine Wasserflasche und unternimm mit der Sticknadel eine Tour in diese wundervolle Landschaft.

MATERIAL UND ZUBEHÖR

- Transfer- und Markierutensilien
- Hellblauer Stoff
- Stickring, 8 cm ø
- Nadel
- Schere

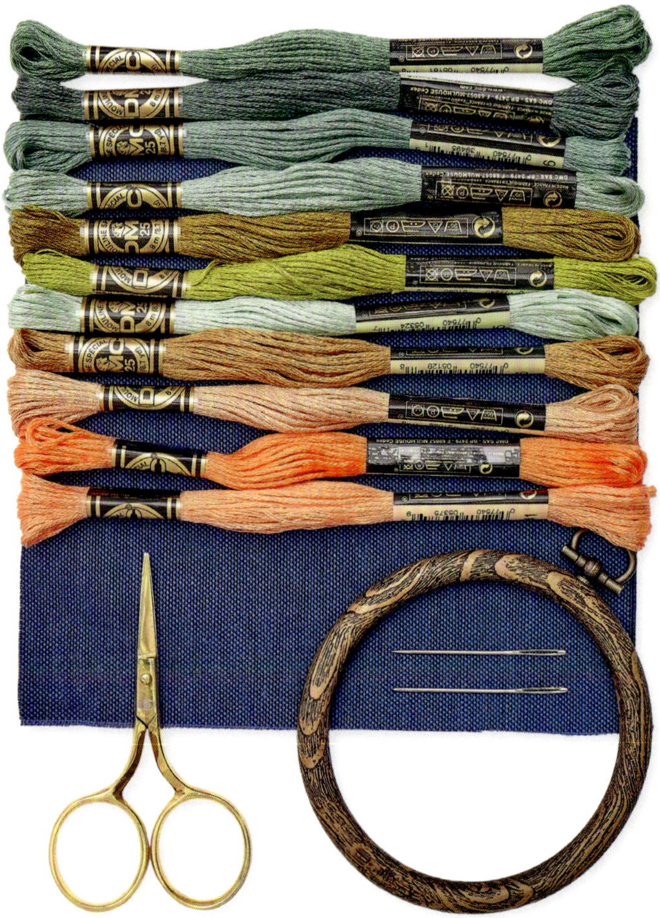

GARNFARBEN

- Dunkles Blaugrün, 3 Fäden
- Meergrün, 3 Fäden
- Helles Jadegrün, 3 Fäden
- Dunkles Olivgrün, 6 Fäden
- Dunkles Gold, 2 Fäden
- Mittleres Goldoliv, 3 Fäden
- Helles Goldoliv, 6 Fäden
- Rotbraun, 3 Fäden
- Mittleres Gold, 3 Fäden
- Violett, 2 Fäden
- Mittleres Lavendelblau, 4 Fäden
- Helles Nilgrün, 2 Fäden
- Mittleres Jadegrün, 1 Faden
- Mittleres Apricot, 1 Faden
- Apricot, 1 Faden
- Dunkles Sandbraun, 3 Fäden
- Sandbraun, 3 Fäden
- Helles Terracotta, 3 Fäden
- Mittelhelles Moosgrün, 2 Fäden
- Helles Zitronengelb, 2 Fäden

VERWENDETE STICHE

- Plattstich
- Spaltstich
- Geradstich
- Knötchenstich

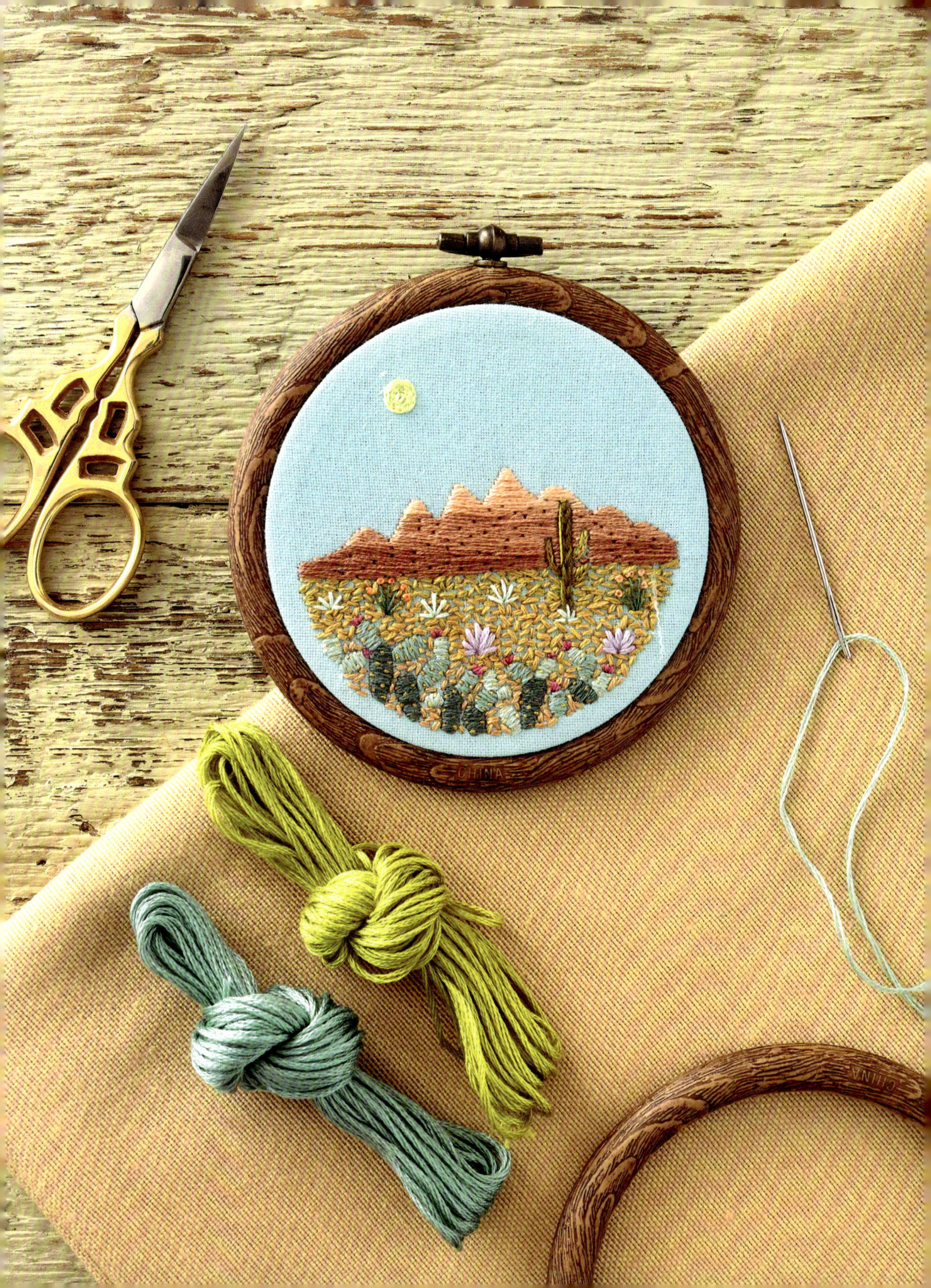

ANLEITUNG

Das Motiv auf den Stoff übertragen (siehe Vorlagen Seite 122 oder die aufbügelbare Transferfolie hinten im Buch) und den Stoff in einen Stickring spannen (siehe Seite 12).

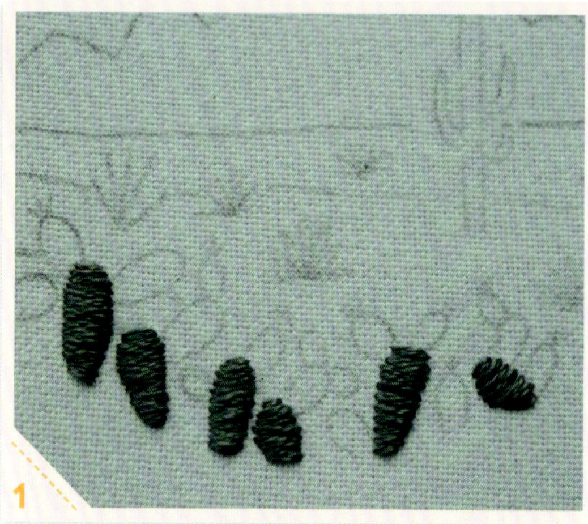

1

Mit den Hasenohr-Kakteen beginnen und ihre Hauptachsen mit drei Fäden in Dunklem Blaugrün und Plattstich sticken.

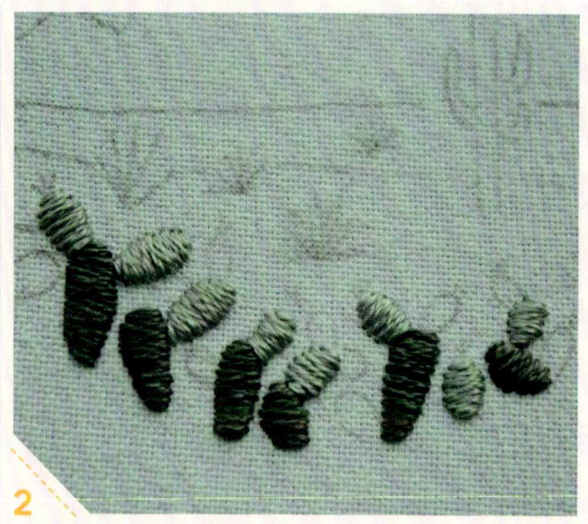

2

Die größeren Seitentriebe mit drei Fäden in Meergrün und mit Plattstich sticken.

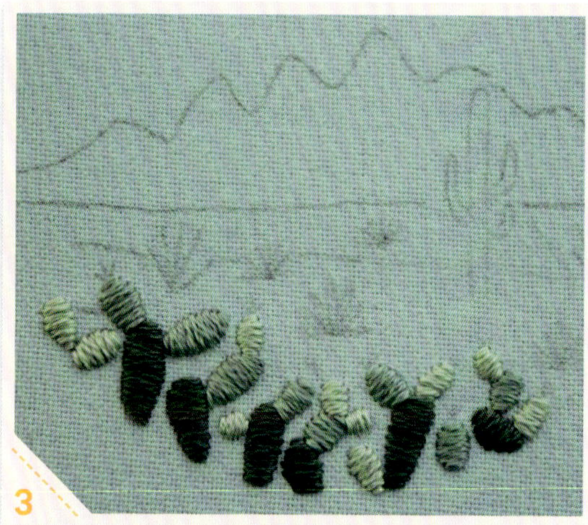

3

Dann die kleineren Seitentriebe mit drei Fäden in Hellem Jadegrün und mit Plattstich sticken.

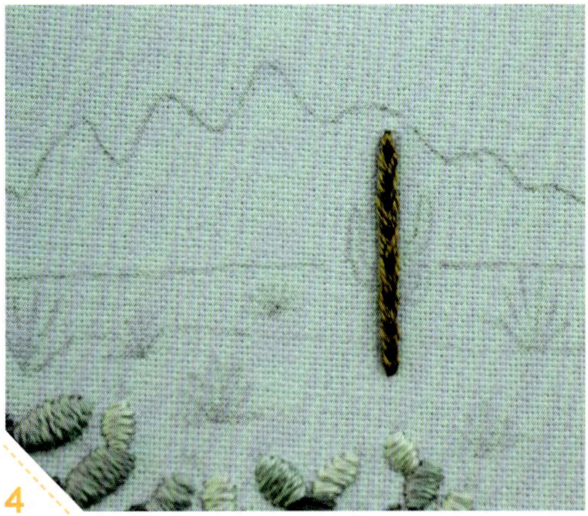

Für den großen Kaktus in der Mitte seine Hauptachse im Spaltstich mit sechs Fäden in Dunklem Olivgrün sticken.

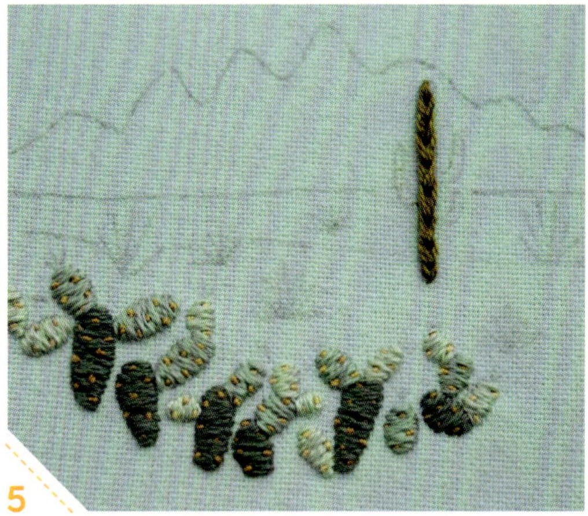

Dann auf die Hasenohr-Kakteen Stacheln aufsticken. Dafür zwei Fäden in Dunklem Gold verwenden und kleine Geradstiche auf die grünen Plattstiche setzen.

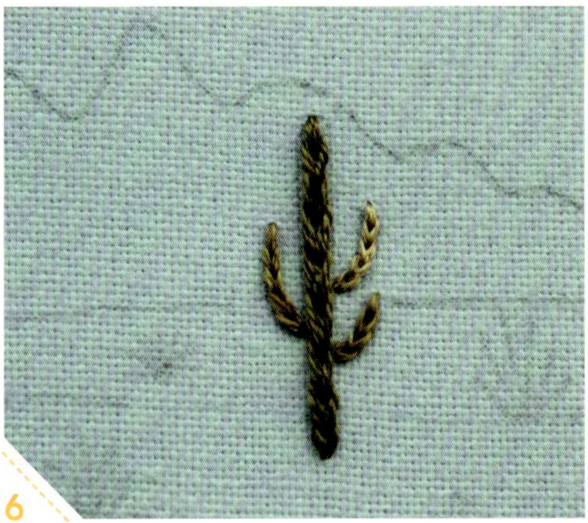

An den großen Kaktus Zweige in Plattstichen sticken. Dafür drei Fäden in Mittlerem Goldoliv für den linken und den unteren rechten Zweig und drei Fäden in Hellem Goldoliv für den oberen rechten Zweig verwenden.

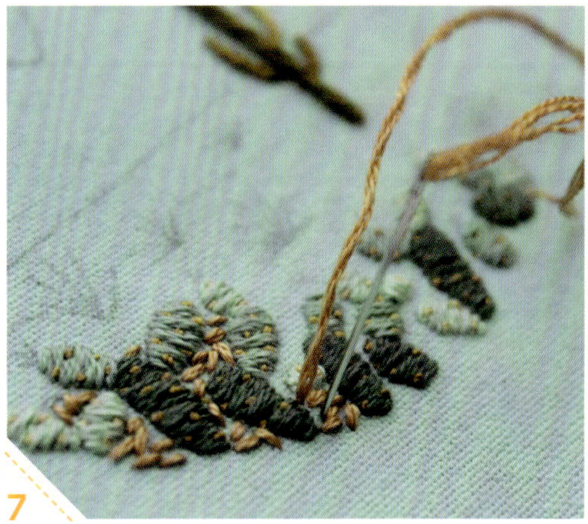

Anschließend wird der Untergrund gearbeitet. Für den vorderen Bereich drei Fäden in Rotbraun verwenden und kleine, unregelmäßig angeordnete Geradstiche sticken (»Reisstiche«). Sie sollen wie Kiesel auf dem Boden aussehen, sticke sie daher freihändig.

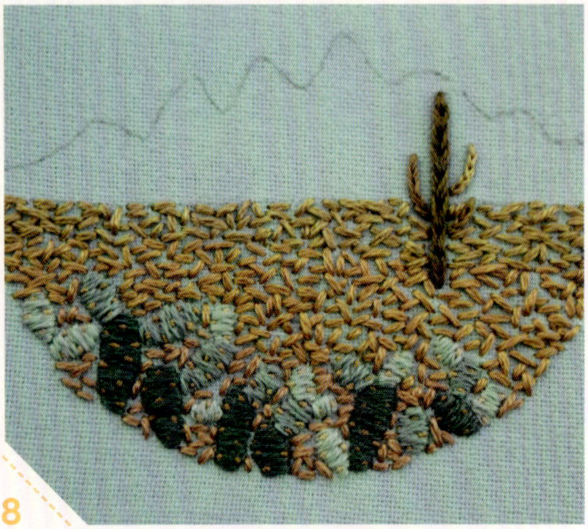

8

Dann auf dieselbe Weise fortfahren und für den mittleren Bereich des Untergrunds drei Fäden in Mittlerem Gold, für den oberen Bereich drei Fäden in Hellem Goldoliv verwenden.

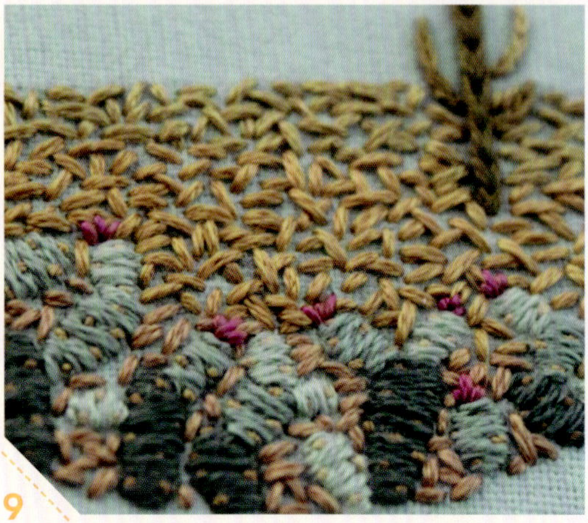

9

Wenn der Untergrund fertig ist, Blüten an die Hasenohr-Kakteen anfügen. Diese mit zwei Fäden Violett und kleinen Geradstichen (»Reisstichen«) oben auf die Kakteen sticken.

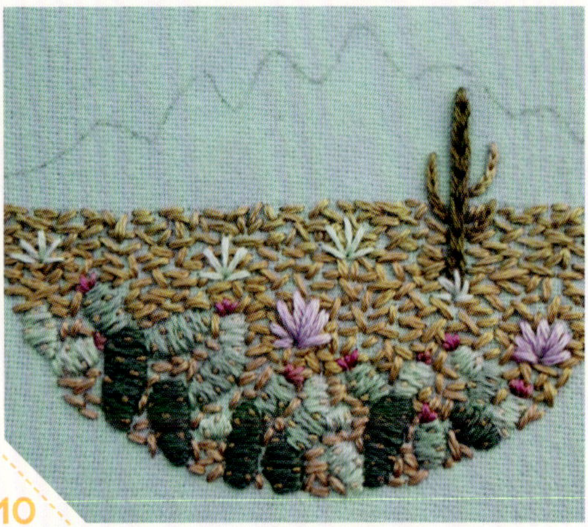

10

Anschließend kleine Sukkulenten auf den Boden sticken. Da ihre Konturen unter den ausgeführten Stickstichen nicht mehr zu erkennen sind, noch einmal auf der Transferfolie überprüfen, wohin sie gesetzt werden sollen. Für die lila Sukkulenten Geradstiche mit vier Fäden in Mittlerem Lavendelblau, für die hellgrünen Aloe Vera Geradstiche mit zwei Fäden in Hellem Nilgrün arbeiten.

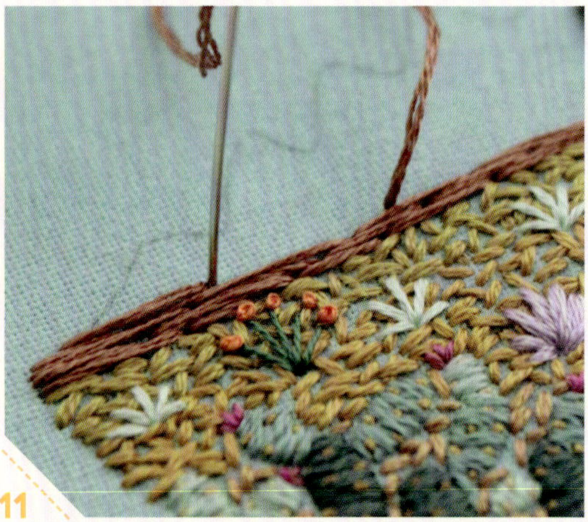

11

Für die roten Blumen die Blätter in Geradstichen mit einem Faden in Mittlerem Jadegrün sticken. An die Blattenden der linken Blume die Blüten in kleinen Knötchenstichen mit einem Faden in Mittlerem Apricot, an die Blattenden der rechten Blume mit einem Faden in Apricot sticken. Den unteren Bereich der Berge in langen, quer verlaufenen Geradstichen mit drei Fäden in Dunklem Sandbraun arbeiten. Diese Stiche müssen nicht gleich lang sein.

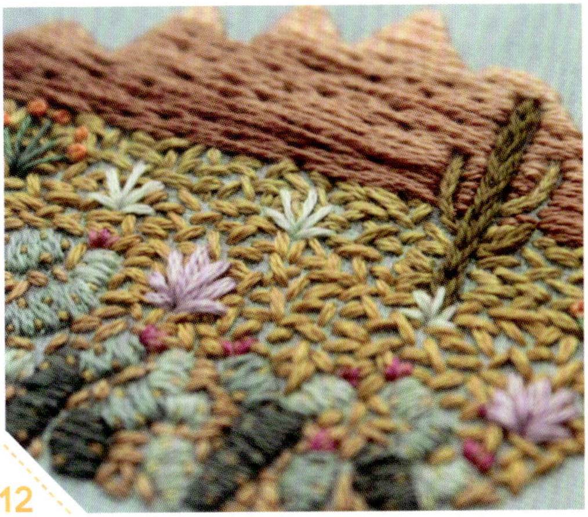

12

Auf dieselbe Weise die Berge fertig sticken; für den mittleren Bereich drei Fäden Sandbraun und für den oberen drei Fäden in Hellem Terracotta verwenden.

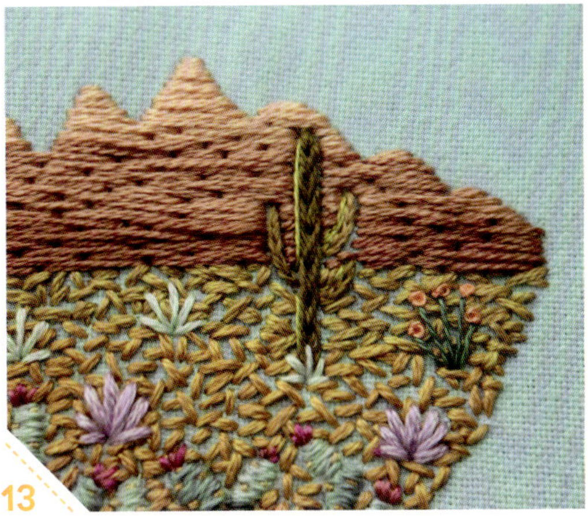

13

Den großen Kaktus mit einem Schatten versehen. Dafür mit zwei Fäden in Mittelhellem Moosgrün in langen Spaltstichen auf der linken Seite der Hauptachse und eine Reihe kleine Spaltstiche an der gebogenen Spitze des rechten Zweiges arbeiten.

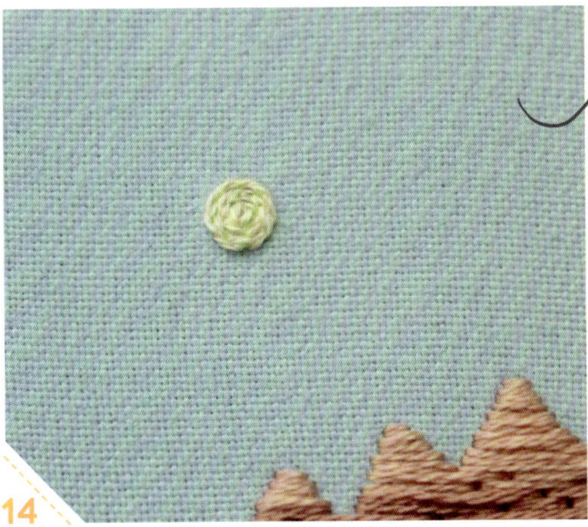

14

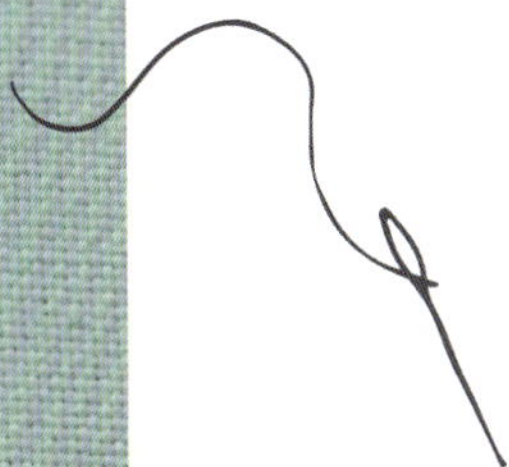

Zum Schluss die Sonne mit zwei Fäden in Hellem Zitronengelb in Spaltstichen aufsticken. Dafür bei den Konturen beginnen und diese spiralförmig zur Mitte hin ausfüllen.

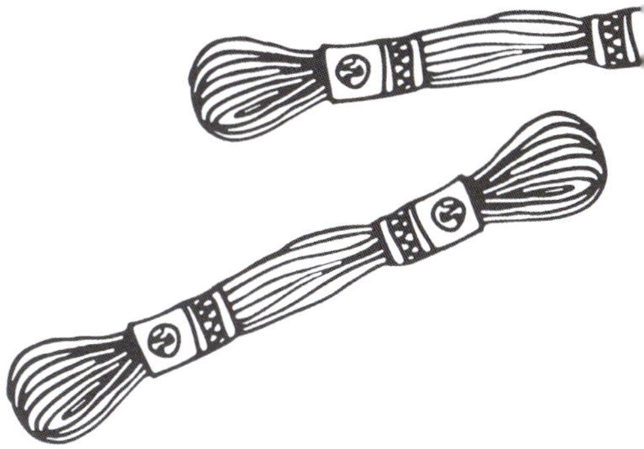

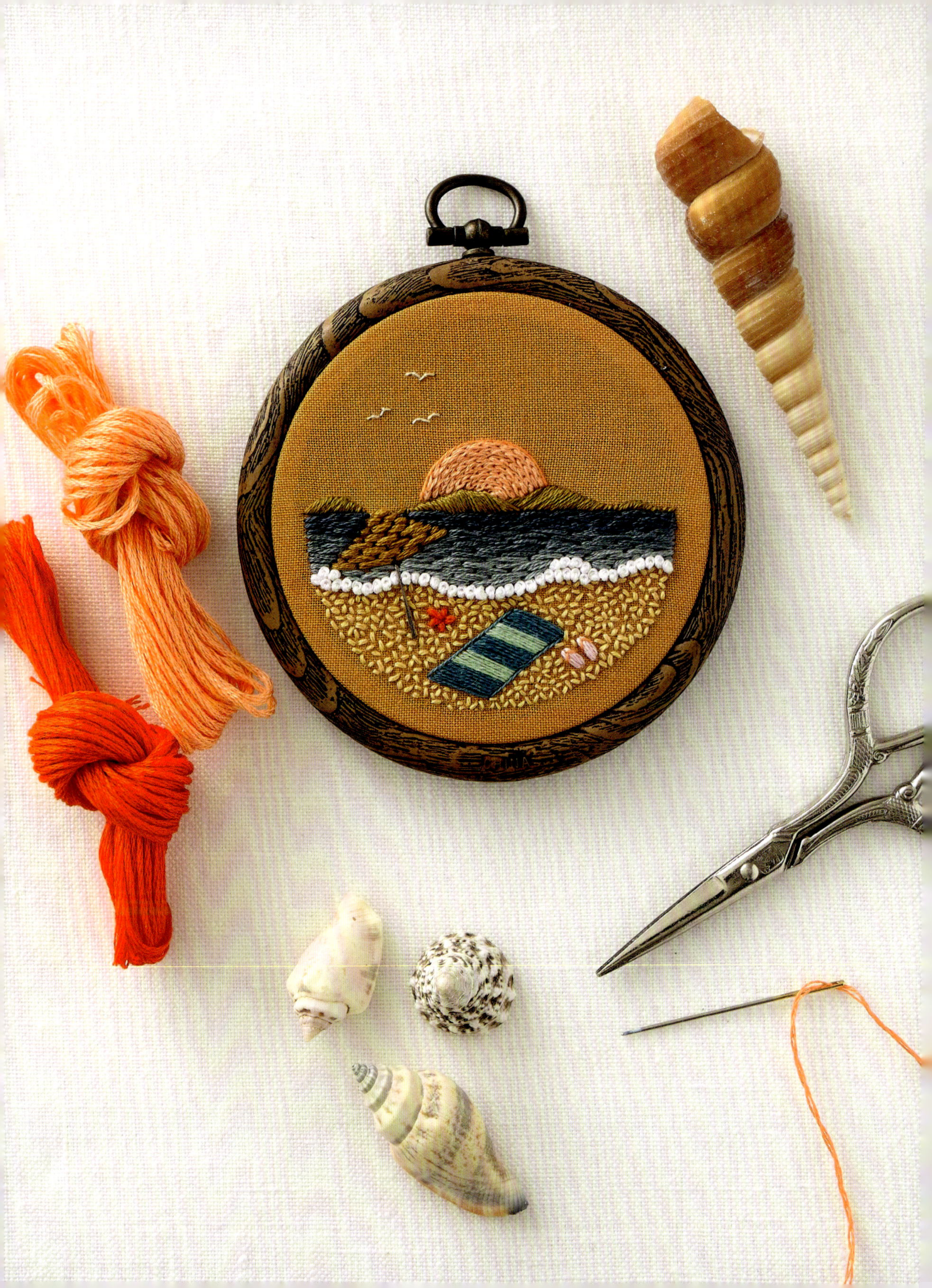

SONNENUNTERGANG AM STRAND

VORLAGEN-REFERENZ
Seite 119

Dieser wunderschöne tropische Sonnenuntergang ist genau das, was man braucht, um am Ende eines langen Tages zu entspannen. Wenn man die Augen schließt, kann man fast hören, wie die Wellen ans Ufer plätschern …

MATERIAL UND ZUBEHÖR

- Transfer- und Markierutensilien
- Honiggelber oder senfgelber Stoff
- Stickring, 8 cm ø
- Nadel
- Schere

GARNFARBEN

- Dunkles Türkis, 3 Fäden
- Nilgrün, 2 Fäden
- Helles Mauve, 6 Fäden
- Mittleres Apricot, 5 Fäden
- Leuchtendes Rotorange, 3 Fäden
- Leuchtendes Gold, 3 Fäden
- Weiß, 3 Fäden
- Tiefdunkles Gold, 6 Fäden
- Mittleres Graugrün, 4 Fäden
- Dunkles Graugrün, 4 Fäden
- Tiefes Graugrün, 4 Fäden
- Dunkelgrau, 1 Faden
- Mittleres Goldoliv, 2 Fäden
- Apricot, 4 Fäden
- Helles Gelbbeige, 1 Faden

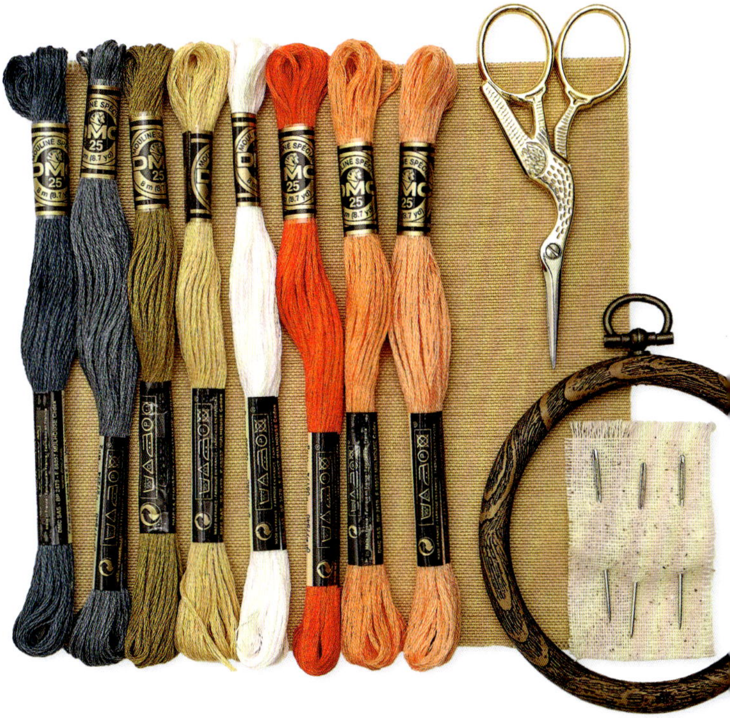

VERWENDETE STICHE

- Plattstich
- Geradstich
- Reisstich
- Knötchenstich
- Versetzter Plattstich
- Spaltstich
- Stielstich

ANLEITUNG

Das Motiv auf den Stoff übertragen (siehe Vorlagen Seite 119 oder die aufbügelbare Transferfolie hinten im Buch) und den Stoff in einen Stickring spannen (siehe Seite 12).

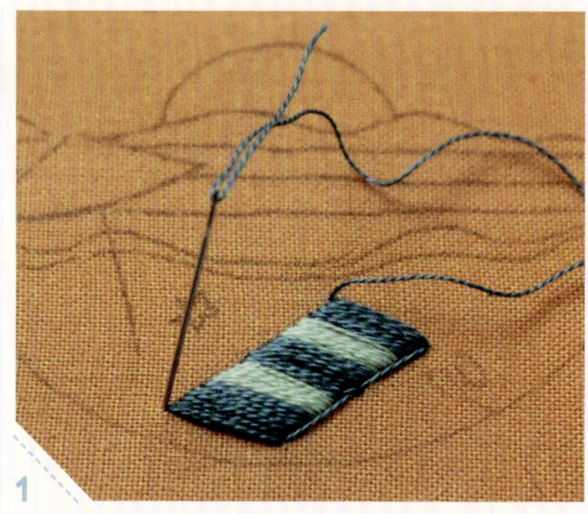

Zunächst das Handtuch sticken. Die dunklen Streifen mit zwei Fäden in Dunklem Türkis und die hellen mit zwei Fäden in Nilgrün jeweils mit Plattstich arbeiten. Darauf achten, dass die Stiche in dieselbe Richtung wie die Handtuchstreifen verlaufen. Anschließend die rechte und linke Kante des Handtuchs mit einem Faden in Dunklem Türkis mit einem einfachen Geradstich umranden.

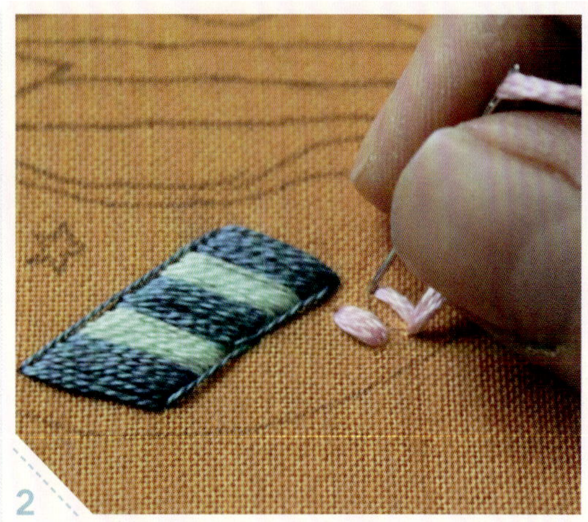

Für die Flipflops jeweils zwei kurze Reisstiche mit sechs Fäden in Hellem Mauve sticken.

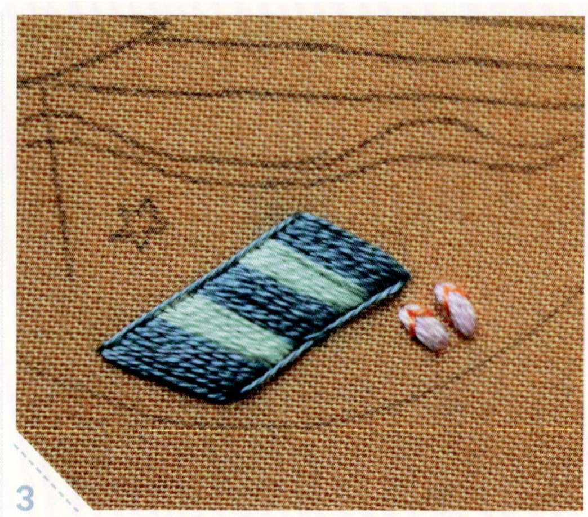

Die Flipflop-Riemen mit vier Fäden in Mittlerem Apricot und kleinen Geradstichen auf dem bestickten Bereich aufsticken.

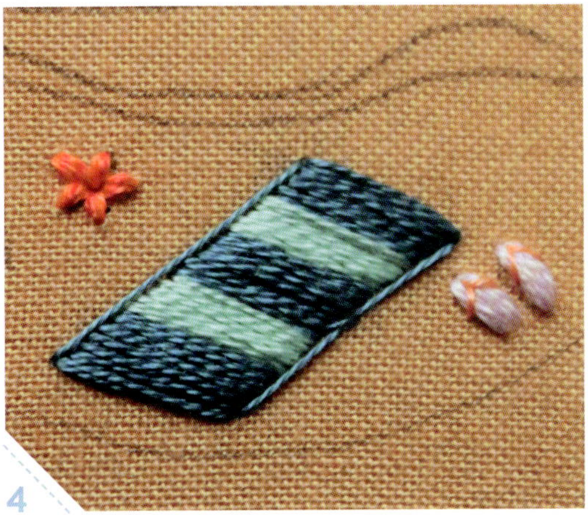

4

Die Arme des Seesterns am Strand jeweils mit drei Fäden in Leuchtendem Rotorange mit kleinen Reisstichen sticken. Dabei von außen nach innen arbeiten.

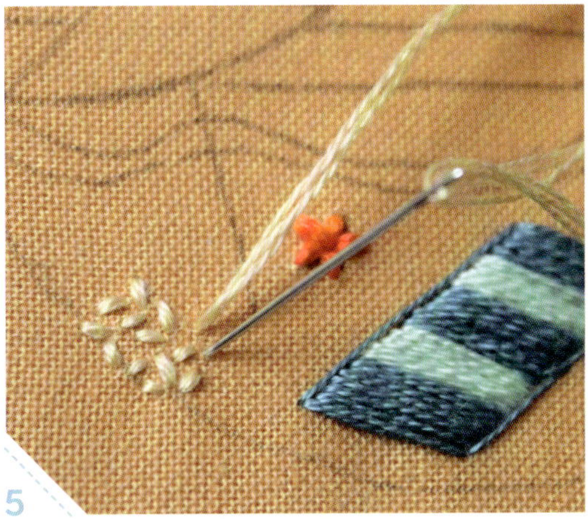

5

Den Sand mit drei Fäden in Leuchtendem Gold mit kleinen, verstreuten Geradstichen sticken. Mit drei kurzen, in einem Dreieck angeordneten Stichen, die sich nicht berühren, beginnen. Dieses Muster wiederholen und so den ganzen Bereich ausfüllen. Dabei die Stiche in etwa gleich groß sticken.

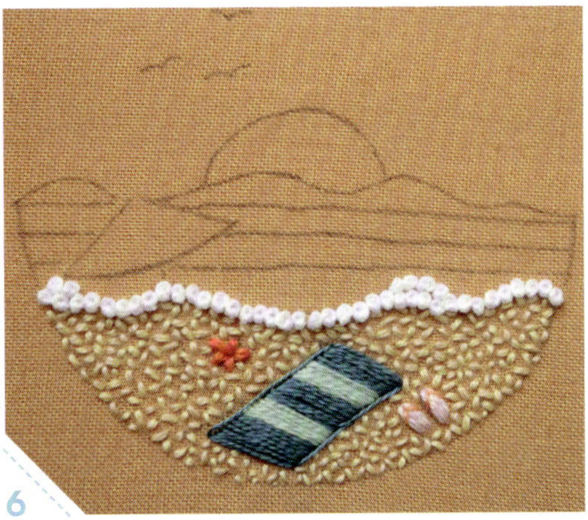

6

Die Meeresgischt mit drei Fäden Weiß und einer Reihe Knötchenstiche arbeiten.

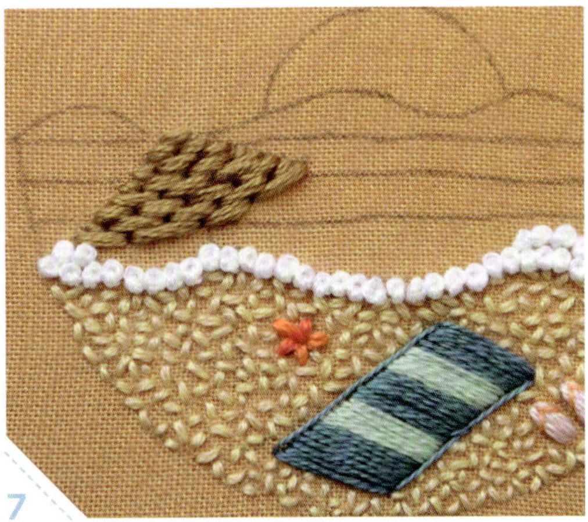

7

Für den Sonnenschirm mit sechs Fäden in Tiefdunklem Gold und Versetzten Plattstichen arbeiten, dabei den horizontalen Linien des Schirms folgen.

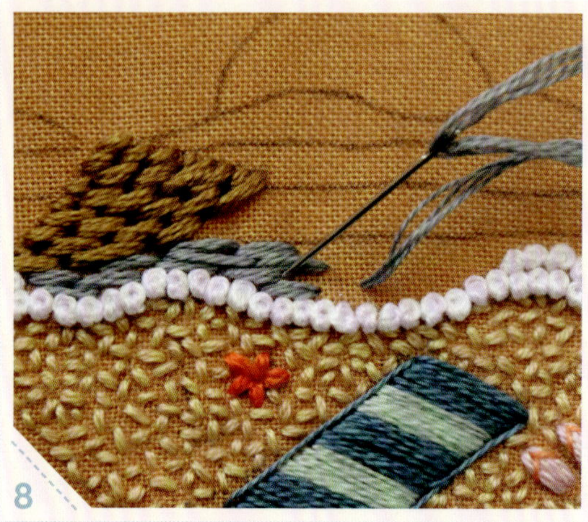

8

Das Wasser im unteren Bereich mit vier Fäden in Mittlerem Graugrün in langen und kurzen Stichen sticken, ähnlich einem Versetzten Plattstich, jedoch freier.

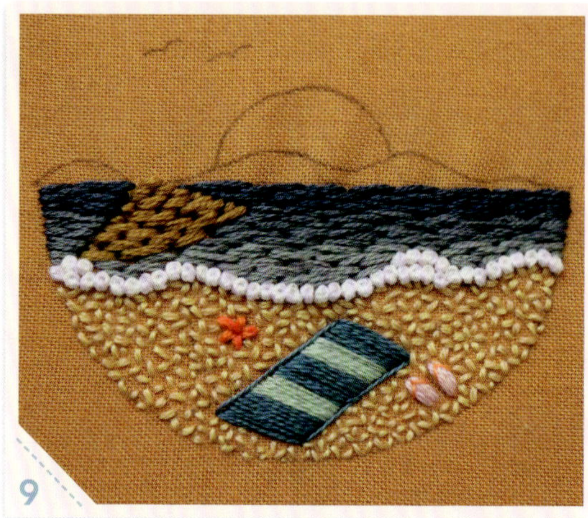

9

Schritt 8 für den mittleren Bereich des Wassers mit vier Fäden in Dunklem Graugrün und für den oberen mit vier Fäden in Tiefem Graugrün wiederholen.

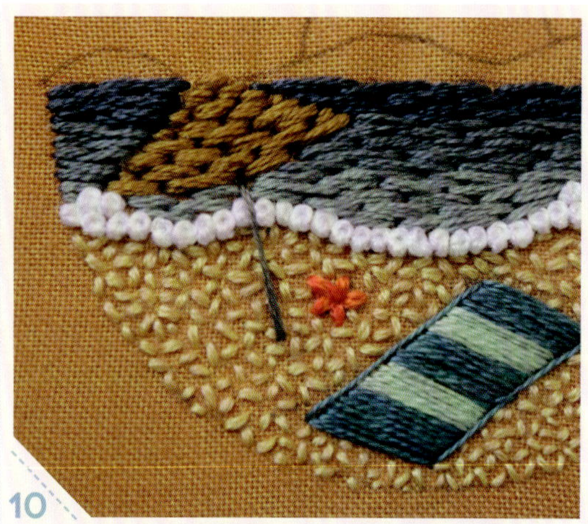

10

Sobald das Wasser fertig ist, den Stock vom Sonnenschirm aufsticken. Dafür zunächst die Position festlegen und dann mit einem Faden Dunkelgrau drei Geradstiche von der Kante des Schirms bis zum Sand arbeiten.

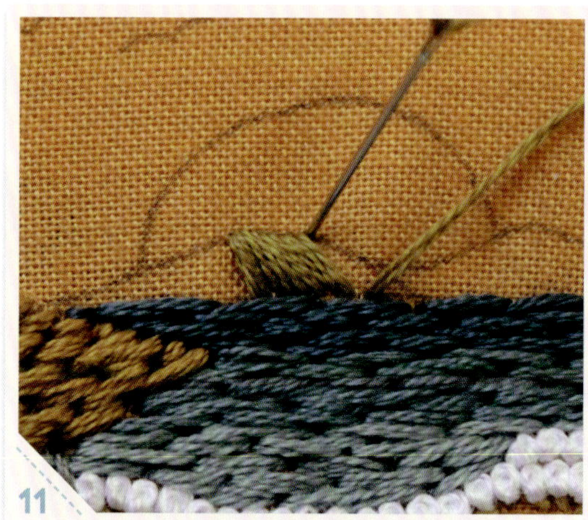

11

Die Berge mit zwei Fäden in Mittlerem Goldoliv im Plattstich arbeiten, dabei darauf achten, dass jeder Bereich der Berge in eine andere Richtung gestickt wird. Zum Beispiel den ersten Bereich in Richtung Nordwesten, den nächsten nach Nordosten und so weiter ausrichten. Dabei die Stiche am oberen Rand der Berge beginnen und zur Kante des Meeres hin ausführen.

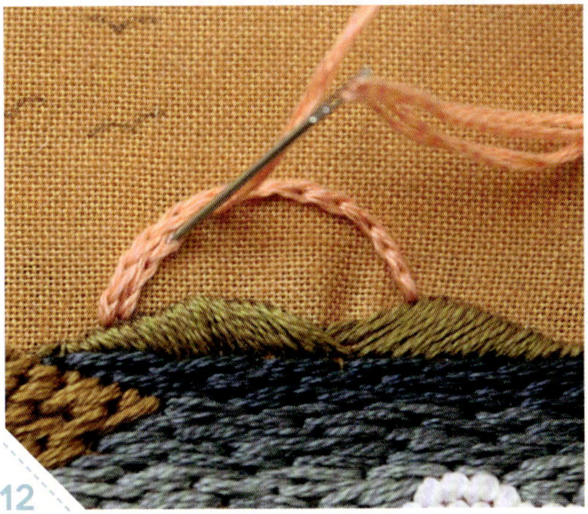

12

Für die Sonne vier Fäden Apricot im Spaltstich sticken. Dabei mit den Konturen beginnen und wie oben gezeigt zur Mitte hin arbeiten.

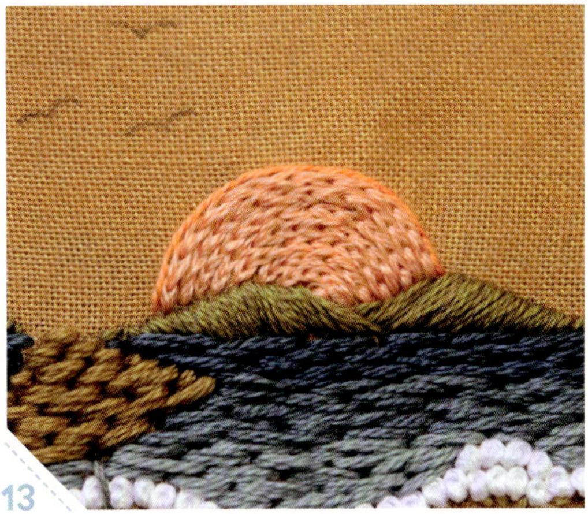

13

Dann den äußeren Rand mit einem Faden in Mittlerem Apricot im Stielstich sticken.

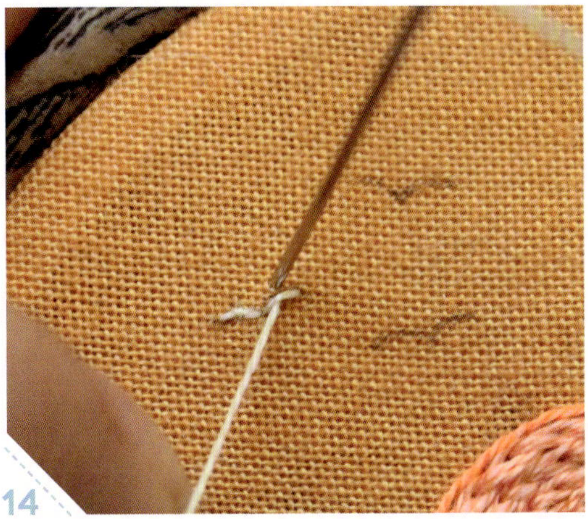

14

Mit einem Faden in Hellem Gelbbeige die Vögel am Himmel aufsticken. Dafür jeweils einen Geradstich von der rechten/linken Spitze des Flügels zur Mitte (wo man den Kopf vermutet) arbeiten. Mit dem Faden eine kleine Schlaufe über dem Stoff bilden und mit der Nadel in der Mitte des Flügels aus dem Stoff ausstechen und über dem Flügel wieder einstechen. Auf diese Weise alle Vögel sticken.

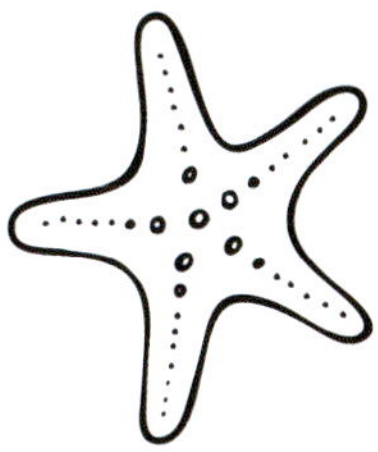

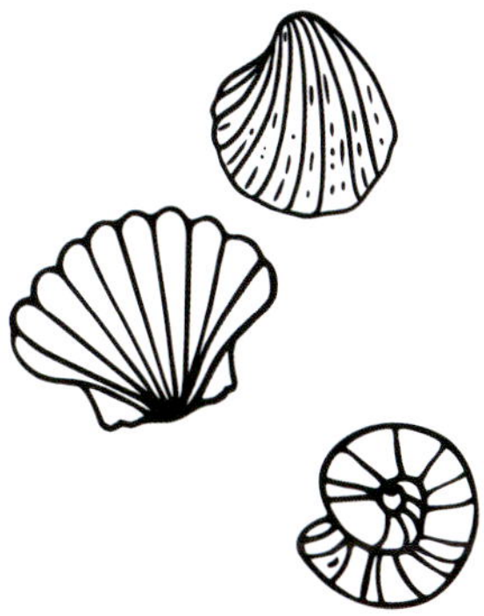

Bezaubernde Buttons

ANANAS

VORLAGEN-REFERENZ
Seite
119

Tutti frutti! Dieser süße Ananas-Button verleiht jedem Alltags-Outfit tropischen Chic und sorgt für eine Extraportion Sonnenschein ...

MATERIAL UND ZUBEHÖR

- Transfer- und Markierutensilien
- Hellblauer Stoff
- Stickring
- Nadel
- Schere
- Cabochon-Papier (300 g)
- Button zum Selbstgestalten
- Kleber

GARNFARBEN

- Mittleres Senfgelb, 2 Fäden
- Hellbraun, 1 Faden
- Dunkles Jadegrün, 2 Fäden
- Mittleres Jadegrün, 2 Fäden

VERWENDETE STICHE

- Spaltstich
- Knötchenstich
- Geradstich
- Stielstich

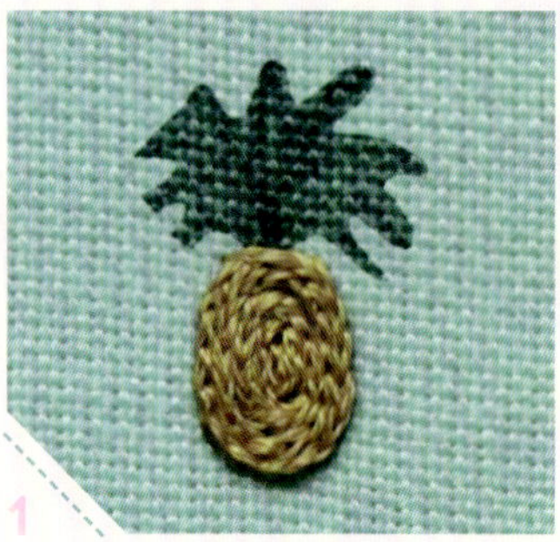

Das Motiv auf den Stoff übertragen (siehe Vorlagen Seite 119 oder die aufbügelbare Transferfolie hinten im Buch) und den Stoff in einen Stickring spannen (siehe Seite 12). Mit der Frucht beginnen. Zuerst die Konturen mit Spaltstich und zwei Fäden in Mittlerem Senfgelb sticken, dann in Runden Richtung Mitte arbeiten.

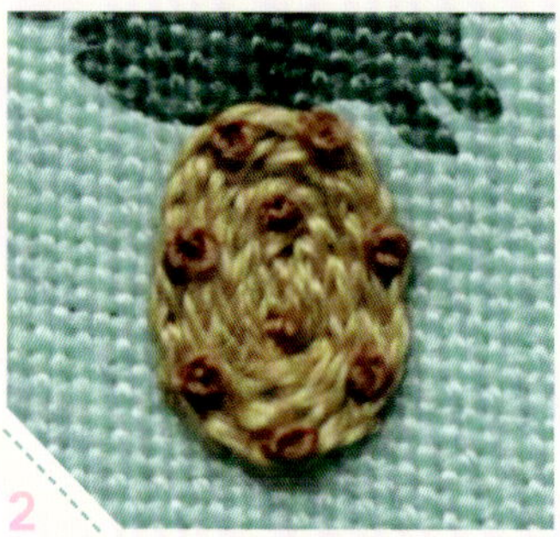

Die Punkte auf der Ananas mit einem Faden Hellbraun und Knötchenstich aufsticken.

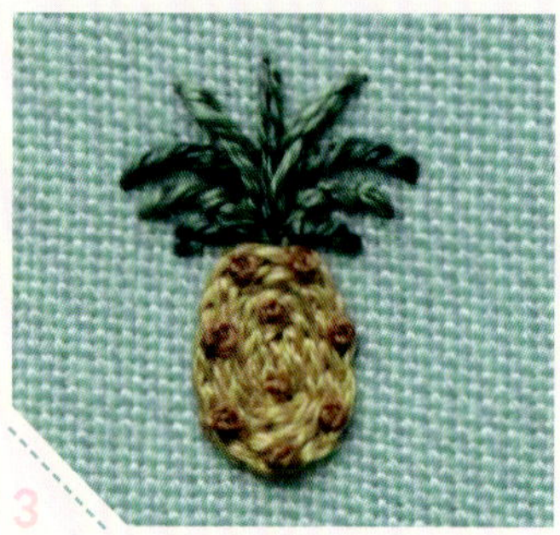

Das mittlere Blatt mit einem Geradstich und zwei Fäden in Dunklem Jadegrün aufsticken. Die nächsten Blätter links und rechts davon mit zwei Fäden in Mittlerem Jadegrün sticken und im Stielstich umranden. In dieser Farbfolge die restlichen Blätter sticken.

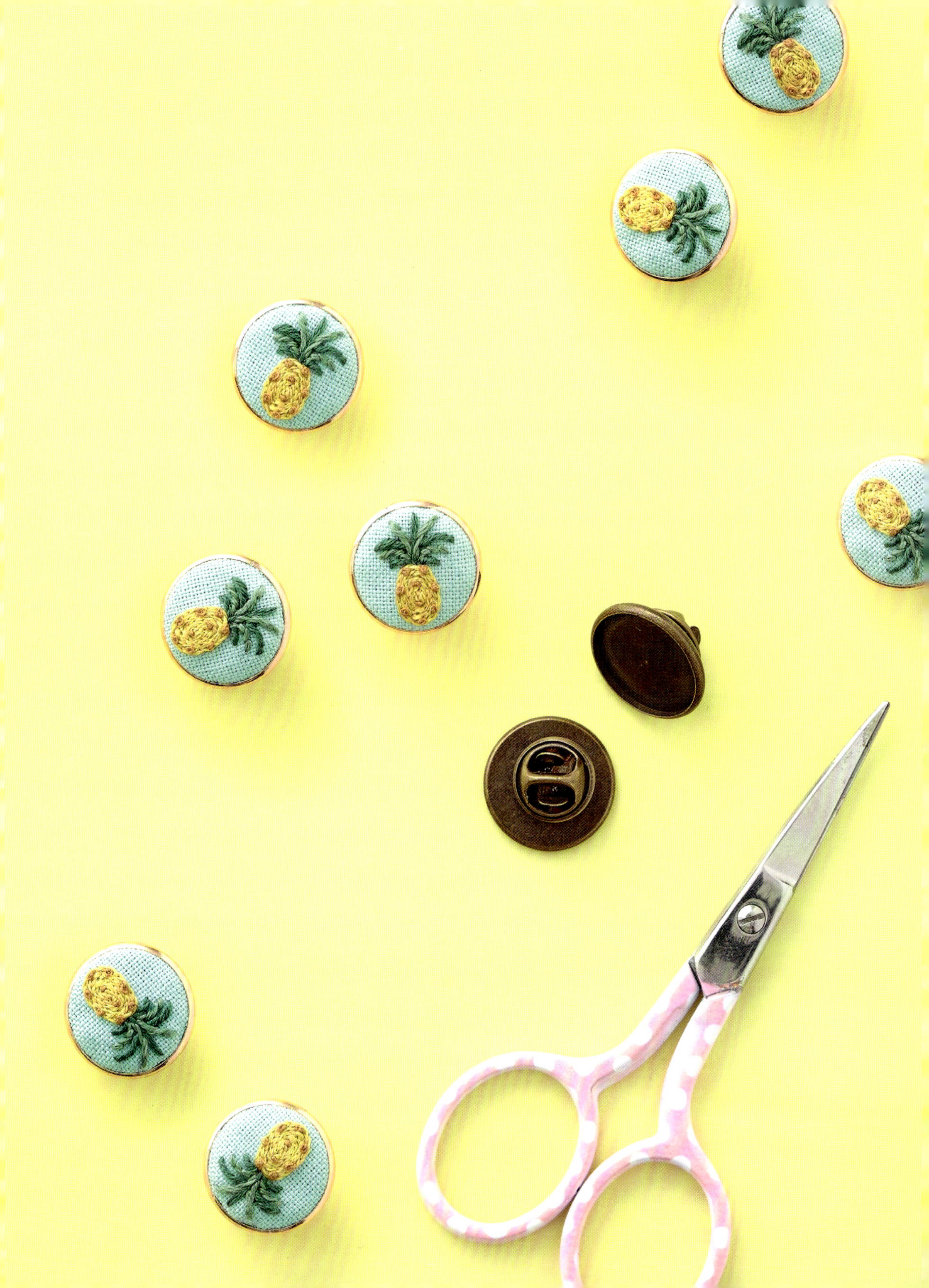

HONIGBIENE

VORLAGEN-REFERENZ Seite 119

Lasse deiner Kreativität mit diesem tierischen Button freien Lauf. Mit ihren fröhlichen Farben und dem zarten Design macht sich diese hübsche Biene auch an Manschetten und Kragen gut …

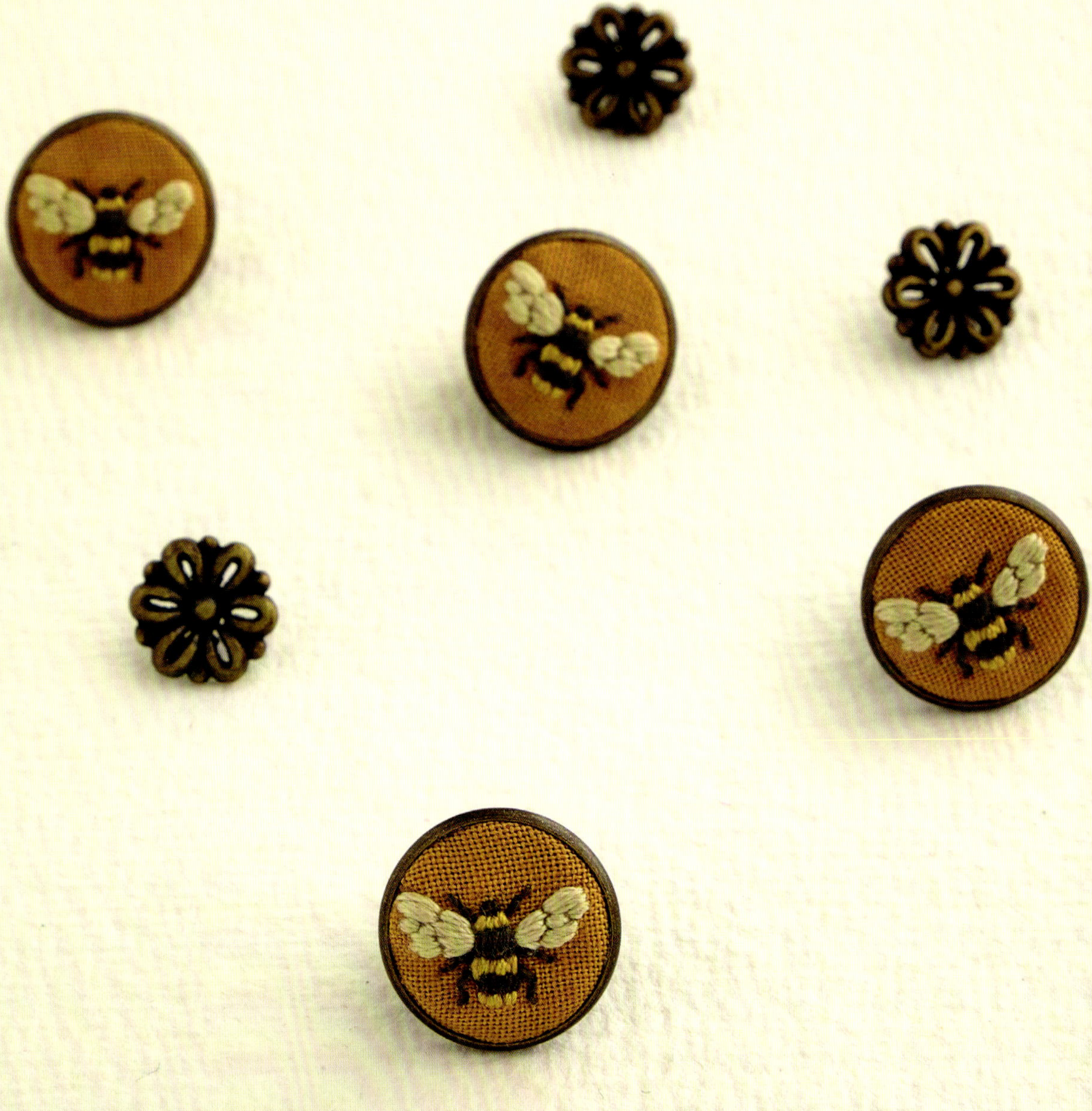

MATERIAL UND ZUBEHÖR

- Transfer- und Markierutensilien
- Senf- oder orangefarbener Stoff
- Stickring
- Nadel
- Schere
- Cabochon-Papier (300 g)
- Button zum Selbstgestalten
- Kleber

GARNFARBEN

- Tiefes Dunkelgrau, 3 Fäden
- Hopfengelb, 2 Fäden
- Helles Gelbbeige, 3 Fäden

VERWENDETE STICHE

- Plattstich
- Geradstich

ANLEITUNG

Das Motiv auf den Stoff übertragen (siehe Vorlagen Seite 119 oder die aufbügelbare Transferfolie hinten im Buch) und den Stoff in einen Stickring spannen (siehe Seite 12).

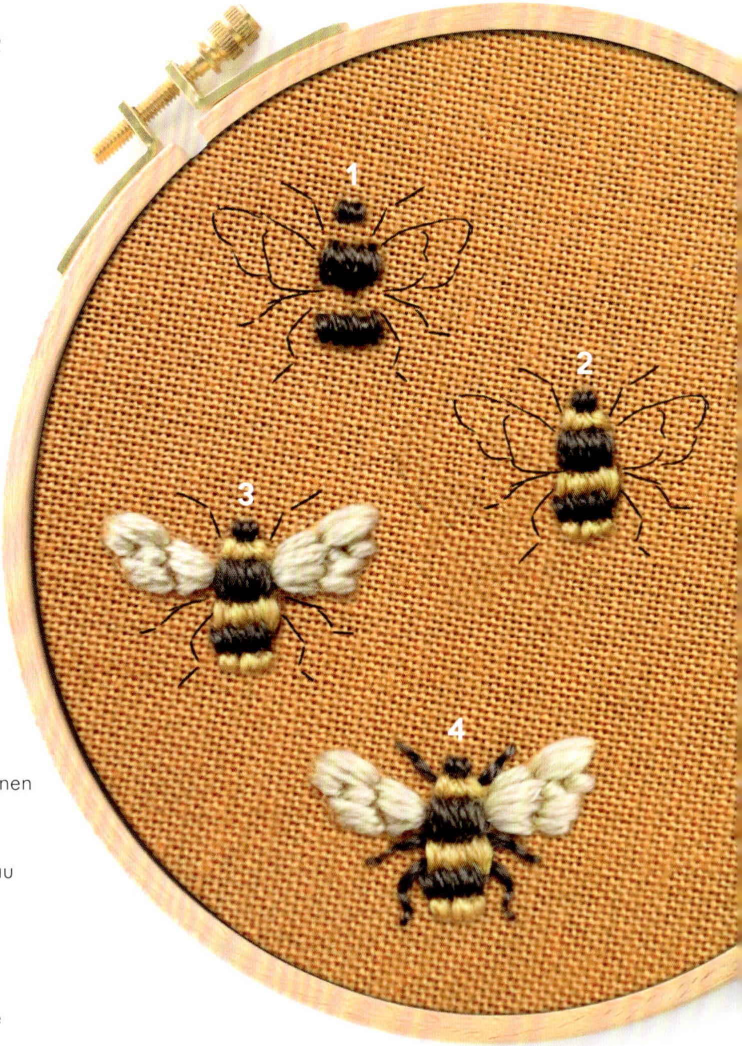

1 Den Kopf mit zwei Fäden in Tiefem Dunkelgrau und Plattstich sticken. Den Körper genauso arbeiten, dabei zwischen Kopf, der Körpermitte und dem unteren Bereich ein Stück frei lassen.

2 Mit Plattstich und zwei Fäden Hopfengelb die freien Stellen ausfüllen.

3 Die Flügel mit drei Fäden in Hellem Gelbbeige und Plattstich arbeiten.

4 Die Beine mit kleinen Geradstichen und einem Faden in Tiefem Dunkelgrau sticken.

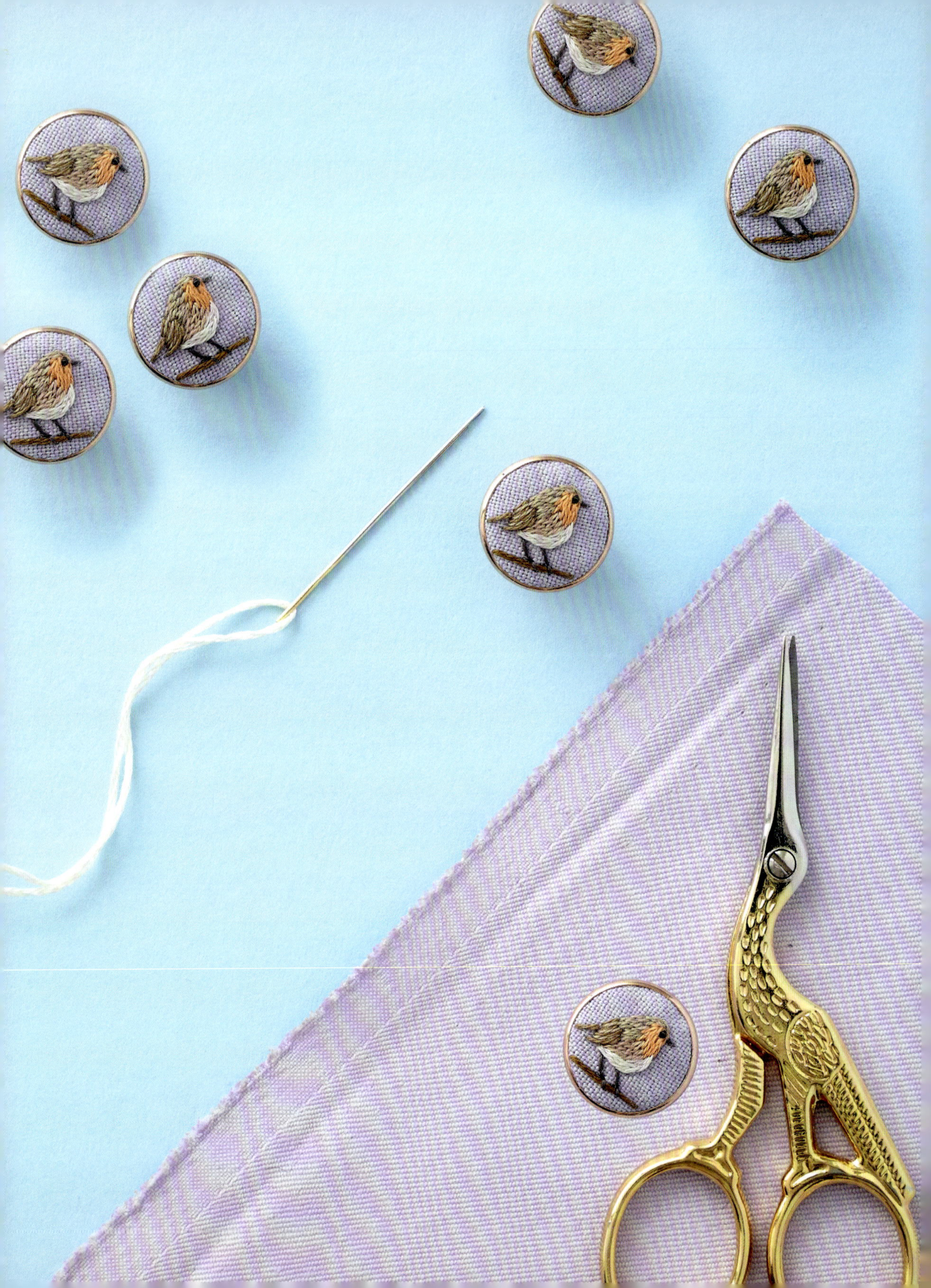

ROTKEHLCHEN

VORLAGEN-REFERENZ Seite 121

Diesen fröhlichen Vogel erkennt man immer an seiner roten Brust, wenn er im Garten herumhüpft und dabei lustig zwitschert.

MATERIAL UND ZUBEHÖR

- Transfer- und Markierutensilien
- Lila Stoff
- Stickring
- Nadel
- Schere
- Cabochon-Papier (300 g)
- Button zum Selbstgestalten
- Kleber

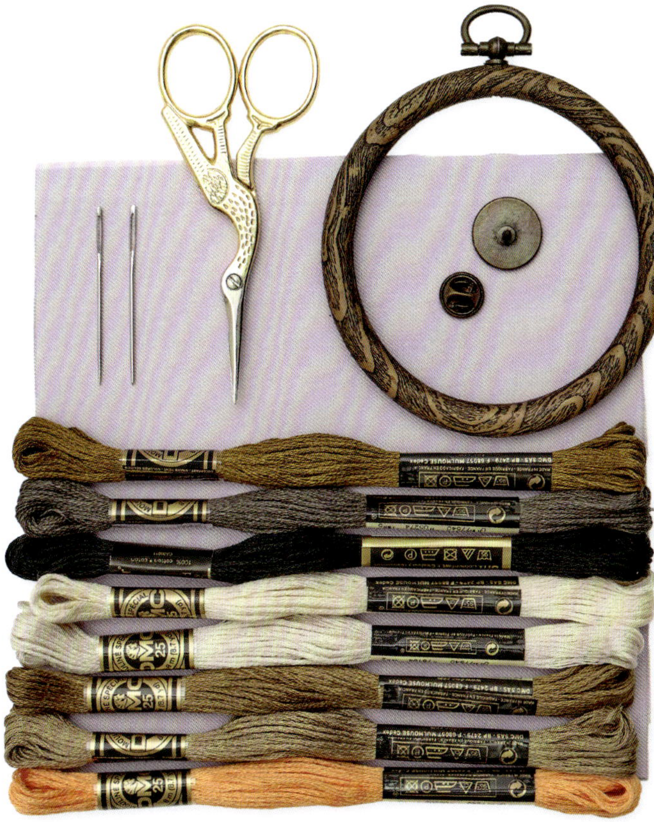

GARNFARBEN

- Hellorange, 1 Faden
- Mittleres Kaffeebraun, 2 Fäden
- Graubraun, 4 Fäden
- Kaffeebraun, 2 Fäden
- Ecru, 1 Faden
- Schwarz, 2 Fäden
- Tiefes Dunkelgrau, 2 Fäden
- Dunkles Goldoliv, 1 Faden

VERWENDETE STICHE

- Geradstich
- Plattstich

ANLEITUNG

Das Motiv auf den Stoff übertragen (siehe Vorlagen Seite 121 oder die aufbügelbare Transferfolie hinten im Buch) und den Stoff in einen Stickring spannen (siehe Seite 12).

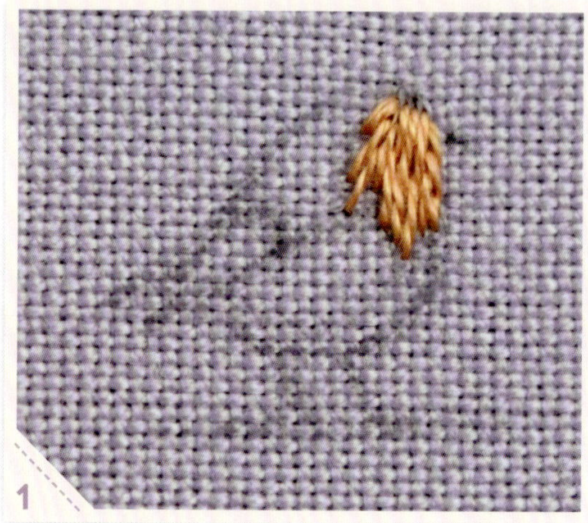

1

Mit dem orangefarbenen Bereich am Auge des Vogels beginnen und dort lange und kurze Geradstiche mit einem Faden in Hellorange sticken. Darauf achten, dass die Stiche der Form des Vogelkörpers folgen, also nach links unten ausgerichtet sind. Die Stiche müssen nicht alle gleich lang sein.

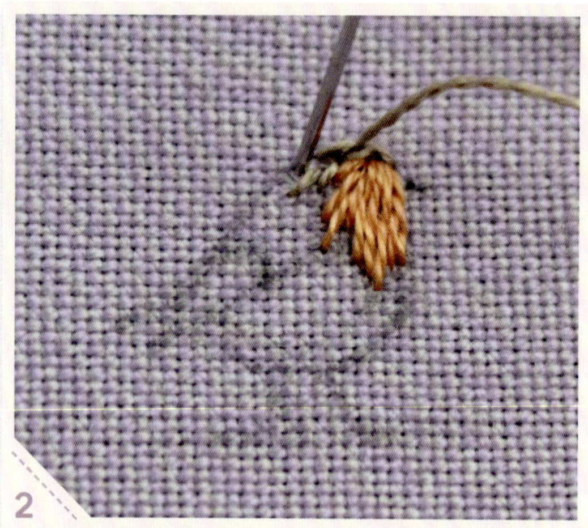

2

Dann oben den Kopf mit einem Faden in Mittlerem Kaffeebraun arbeiten. Auch hier wieder lange und kurze Geradstiche sticken, die der Form des Kopfes folgen.

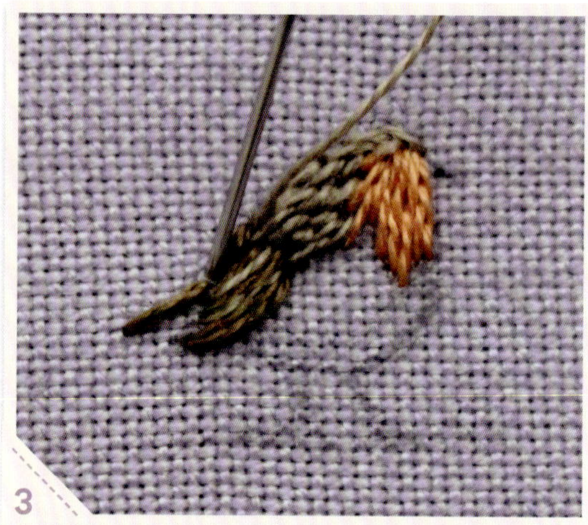

3

Den Flügel mit zwei Fäden Graubraun und Plattstich sticken, dabei der Form des Flügels folgen. Die Schwanzfeder mit zwei Fäden Graubraun mit einem langen Geradstich aufsticken. Dann auf dem Flügel ein paar Linien mit einem Faden in Mittlerem Kaffeebraun und Geradstich anbringen.

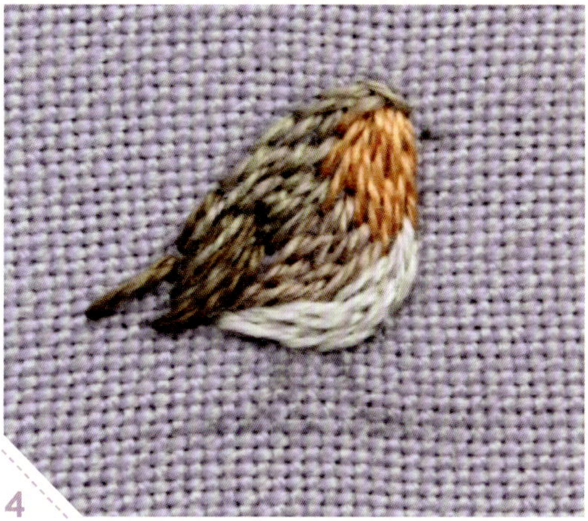

Den Bauch mit einem Faden Kaffeebraun und einem Faden Ecru sticken. Dafür wieder mit langen und kurzen Geradstichen in Richtung der Körperform arbeiten.

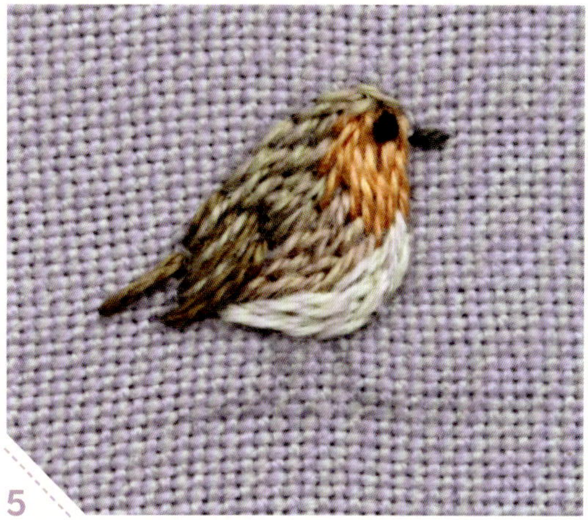

Das Auge mit einem kleinen kurzen Geradstich mit zwei Fäden Schwarz aufsticken. Mit demselben Stich den Schnabel mit einem Faden in Tiefem Dunkelgrau sticken.

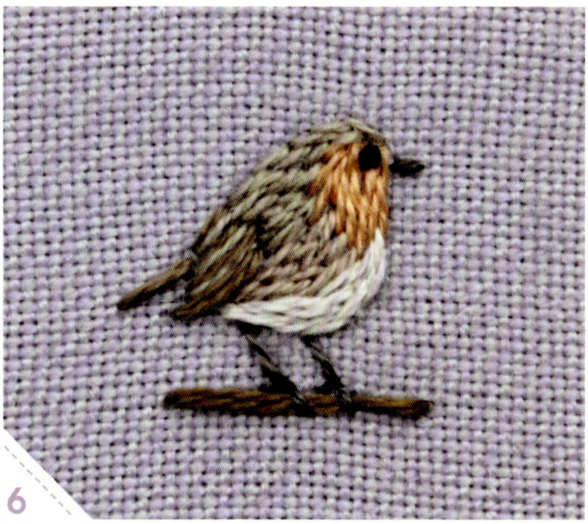

Den Ast mit zwei langen Geradstichen mit einem Faden in Dunklem Goldoliv aufsticken. Für die Beine mit einem Faden in Tiefem Dunkelgrau Geradstiche arbeiten, die Krallen auf den Ast sticken.

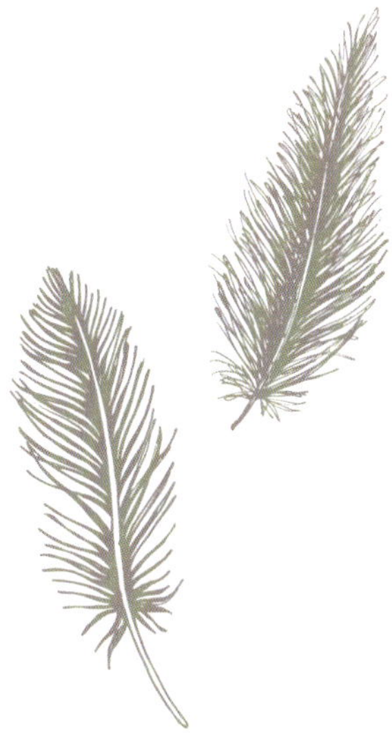

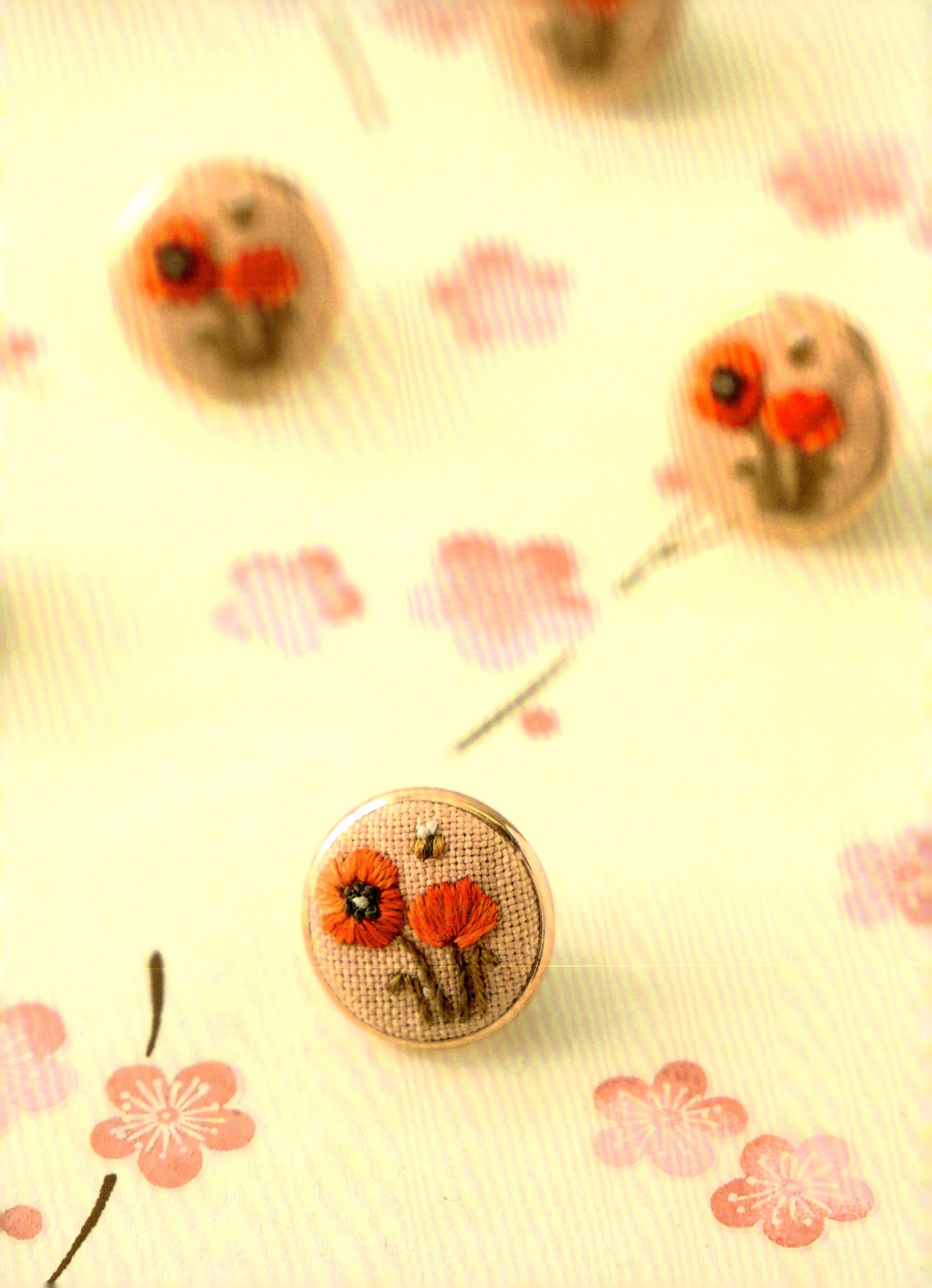

MOHNBLUMEN

VORLAGEN-REFERENZ
Seite 119

Diese hübschen, leuchtend bunten Blumen sieht man oft an Feldrändern blühen. Sie sind ein untrügliches Zeichen dafür, dass der Sommer da ist.

MATERIAL UND ZUBEHÖR

- Transfer- und Markierutensilien
- Rosafarbener Stoff
- Stickring
- Nadel
- Schere
- Cabochon-Papier (300 g)
- Button zum Selbstgestalten
- Kleber

GARNFARBEN

- Leuchtendes Rotorange, 4 Fäden
- Leuchtendes Orange, 2 Fäden
- Mittleres Apricot, 4 Fäden
- Dunkles Braungrau, 4 Fäden
- Weiß, 3 Fäden
- Mittleres Goldoliv, 1 Faden
- Goldoliv, 1 Faden
- Dunkles Hopfengelb, 3 Fäden

VERWENDETE STICHE

- Plattstich
- Knötchenstich
- Stielstich
- Reisstich

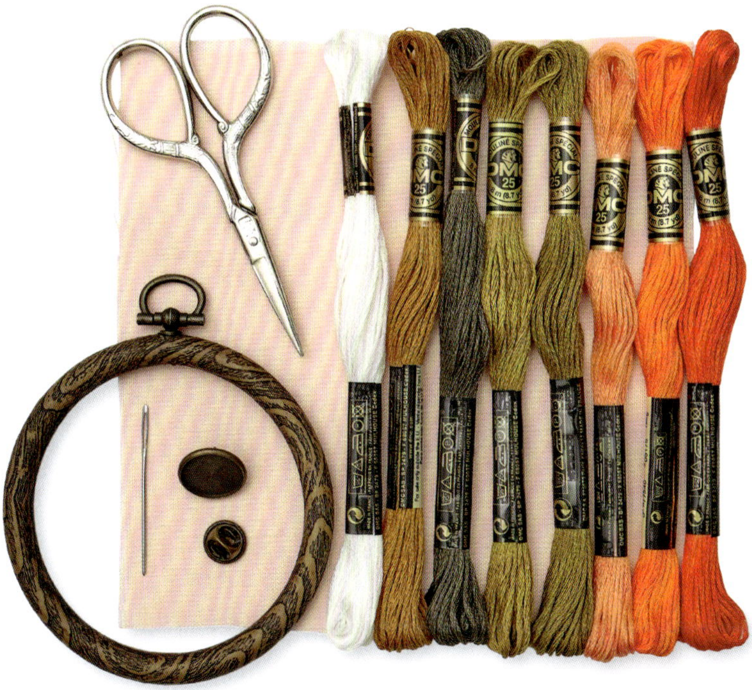

ANLEITUNG

Das Motiv auf den Stoff übertragen (siehe Vorlage Seite 119 oder die aufbügelbare Transferfolie hinten im Buch) und den Stoff in einen Stickring spannen (siehe Seite 12).

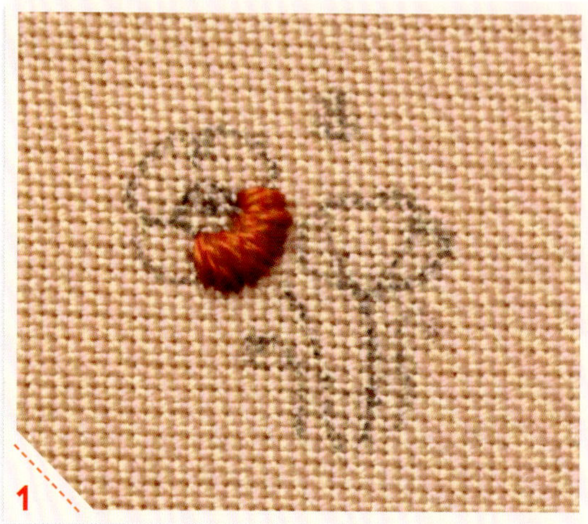

1

Mit der linken Mohnblüte beginnen. Sie hat vier Blütenblätter, zuerst wird das untere mit zwei Fäden in Leuchtendem Rotorange im Plattstich gestickt. Dabei die Stiche von außen nach innen zur Blütenmitte hin ausführen.

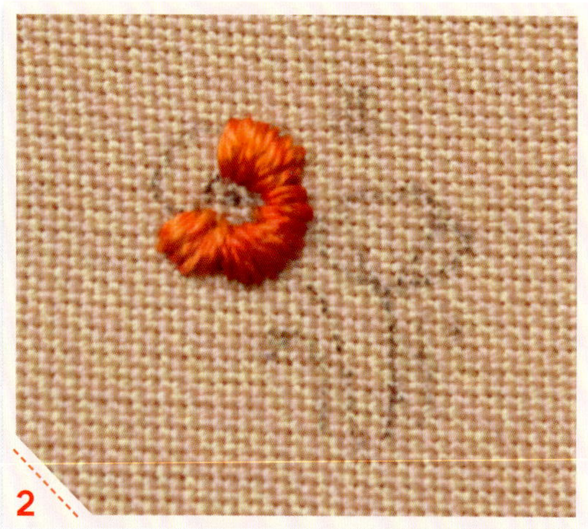

2

Die Blütenblätter links und rechts davon mit Plattstich und zwei Fäden in Leuchtendem Orange sticken, wieder von außen nach innen.

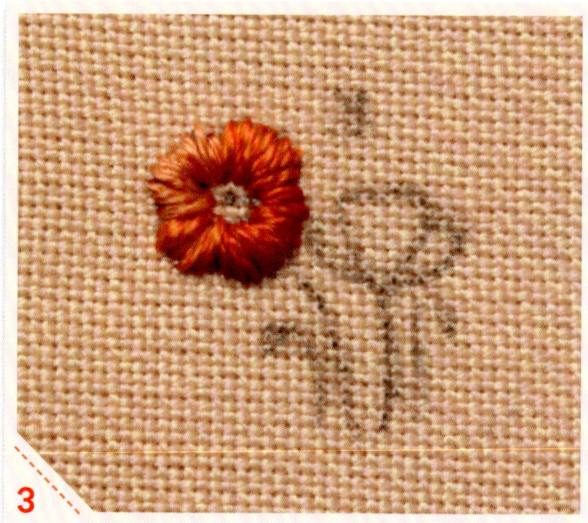

3

Das obere Blütenblatt mit zwei Fäden Mittlerem Apricot und dem Plattstich arbeiten, ebenfalls von außen nach innen.

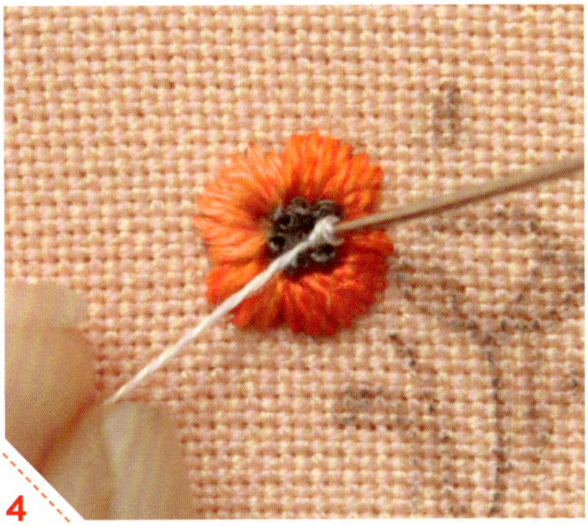

4

Die Blütenmitte mit einem Faden in Dunklem Braungrau und Knötchenstichen ausfüllen. Zum Schluss einen einzelnen Knötchenstich mit einem Faden Weiß in die Mitte setzen.

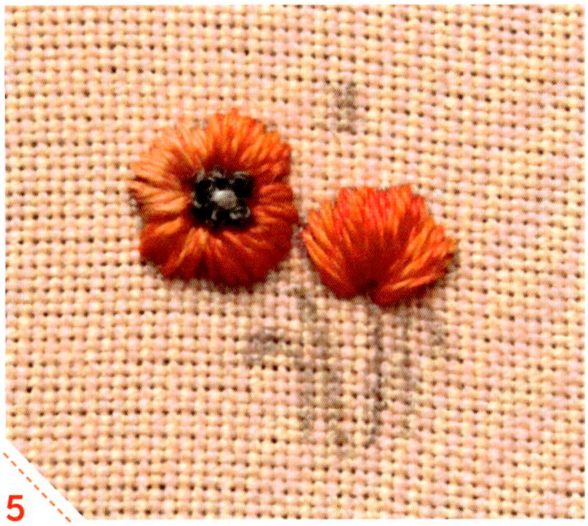

5

Bei der rechten Mohnblume zuerst das mittlere Blütenblatt mit zwei Fäden in Leuchtendem Rotorange und dem Plattstich sticken, dabei vom oberen Rand aus bis zum Stiel arbeiten. Für die Blütenblätter rechts und links davon zwei Fäden in Mittlerem Apricot verwenden und diese auf dieselbe Weise ausführen.

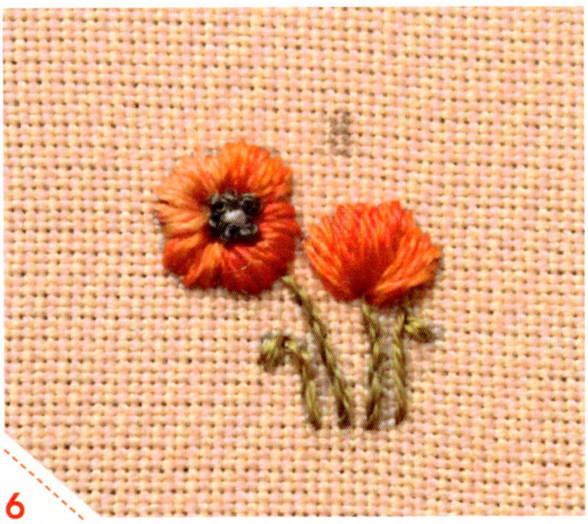

6

Mit einem Faden in Mittlerem Goldoliv und dem Stielstich die Stängel der Mohnblumen sticken. Die Stängel der Knospen mit einem Faden in Goldoliv (und dem Stielstich) sticken, die Knospen in kleinen Reisstichen.

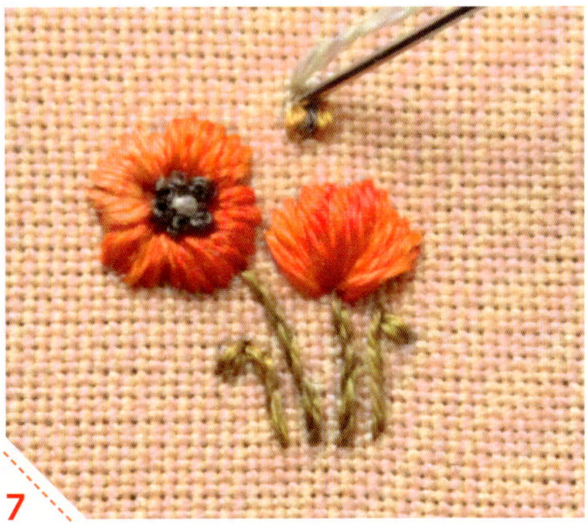

7

Die Biene mit Reisstichen sticken, dabei drei Fäden in Dunklem Hopfengelb für die dunkleren Bereiche und drei Fäden in Dunklem Braungrau für den schwarzen Bereich in der Mitte verwenden. Die Flügel jeweils mit einem einzelnen kleinen Reisstich und zwei Fäden Weiß sticken.

SATURN

VORLAGEN-REFERENZ Seite 119

Ein Blick auf den zweitgrößten Planeten in unserem Sonnensystem mit seinen unverwechselbaren Ringen lohnt sich unbedingt. Mit diesem ungewöhnlichen, fast schon außerirdisch hübschen Button holt man sich ein Stück Weltraum in die Garderobe.

MATERIAL UND ZUBEHÖR

- Transfer- und Markierutensilien
- Schwarzer Stoff
- Stickring
- Nadel
- Schere
- Cabochon-Papier (300 g)
- Button zum Selbstgestalten
- Kleber

GARNFARBEN

- Helles Kürbisrot, 2 Fäden
- Violett, 3 Fäden
- Dunkles Metallic-Gold, 2 Fäden

VERWENDETE STICHE

- Spaltstich
- Stielstich
- Geradstich

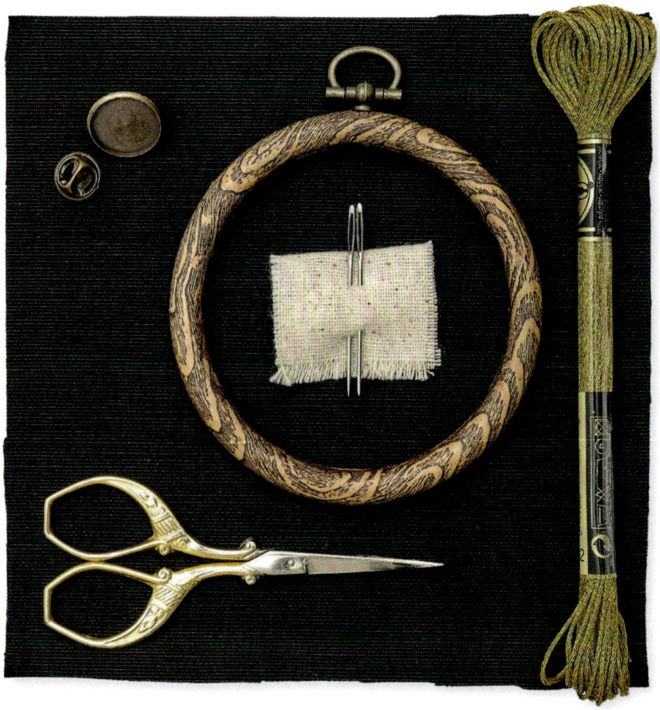

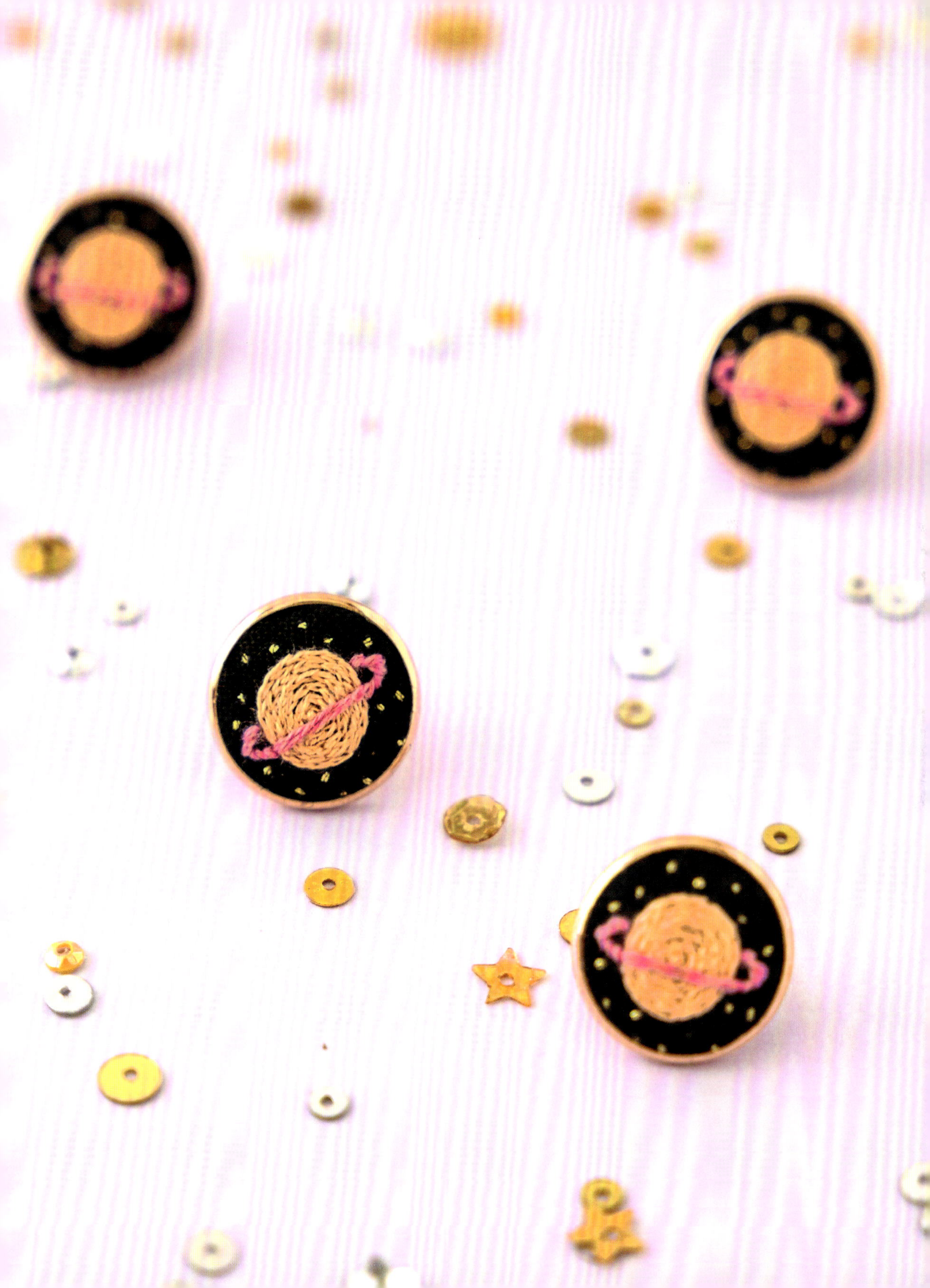

ANLEITUNG

Das Motiv auf den Stoff übertragen (siehe Vorlagen Seite 119 oder die aufbügelbare Transferfolie hinten im Buch) und den Stoff in einen Stickring spannen (siehe Seite 12).

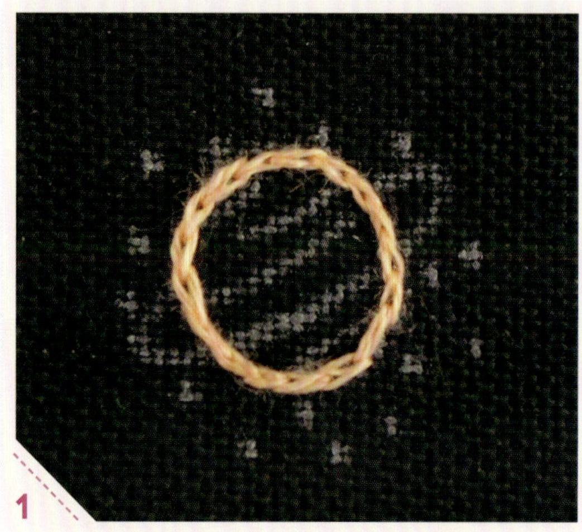

1

Zunächst die Konturen des Planeten mit zwei Fäden in Hellem Kürbisrot und Spaltstich sticken.

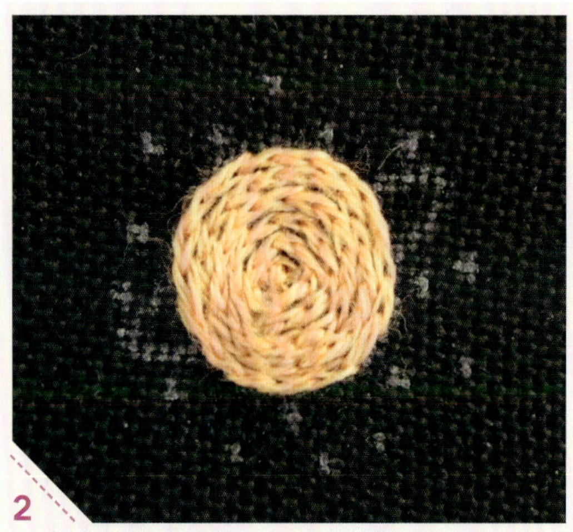

2

Dann weiter im Spaltstich arbeiten und in kleiner werdenden Runden zur Planetenmitte hin sticken.

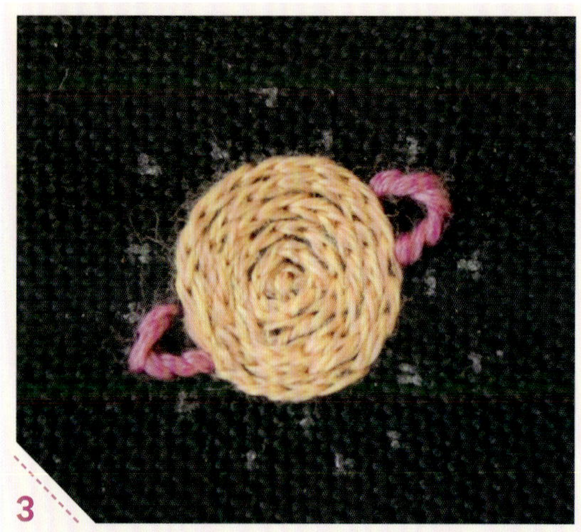

3

Für den Ring zuerst die äußeren Stellen rechts und links mit drei Fäden Violett im Stielstich sticken.

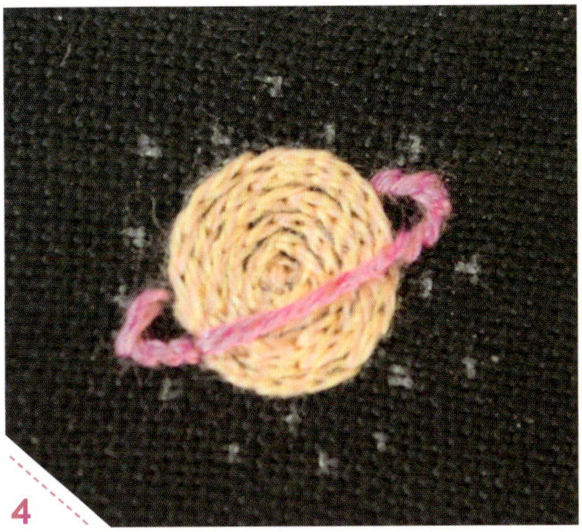

4

Mit einem einfachen Geradstich von rechts nach links über den Planeten den Ring beenden.

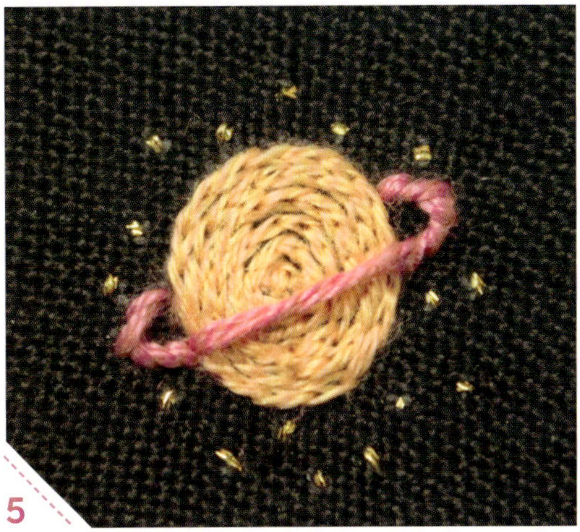

5

Zum Schluss die Sterne mit kleinen Geradstichen und zwei Fäden in Dunklem Metallic-Gold aufsticken.

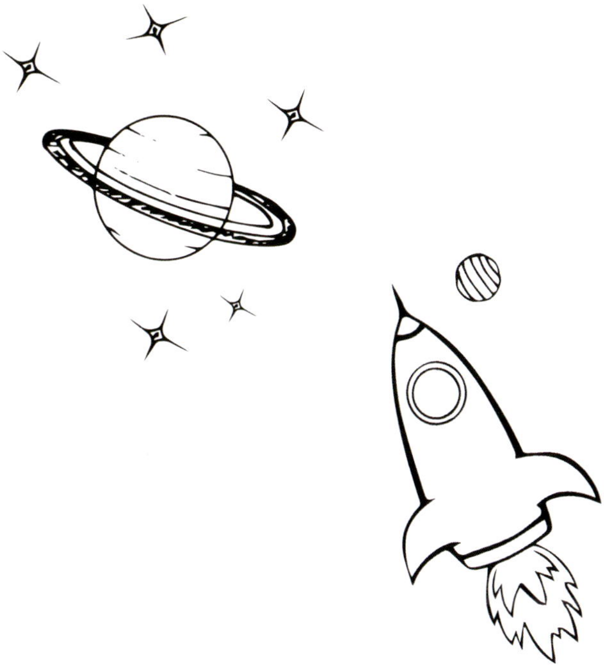

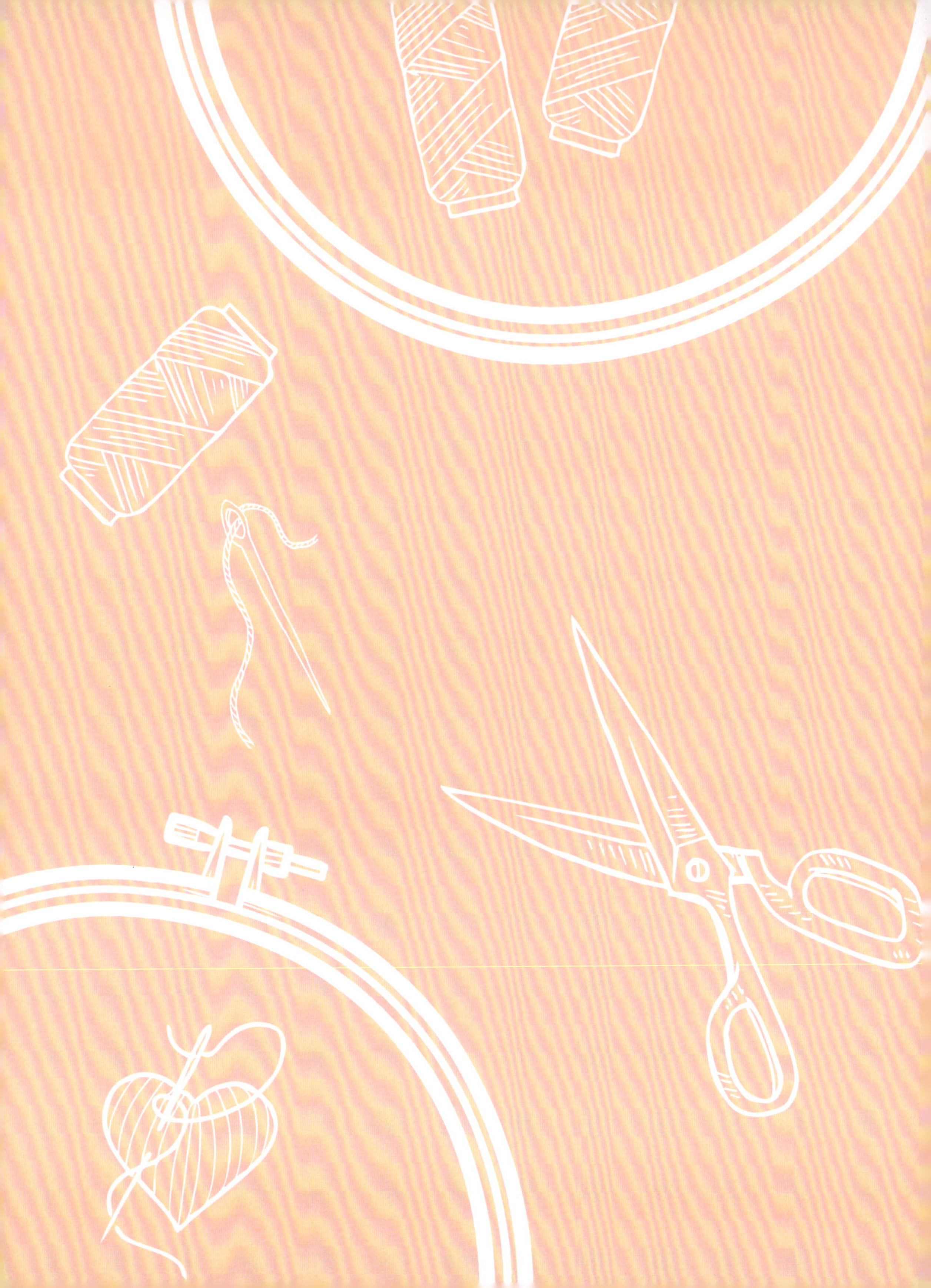

4 Klasse Knöpfe

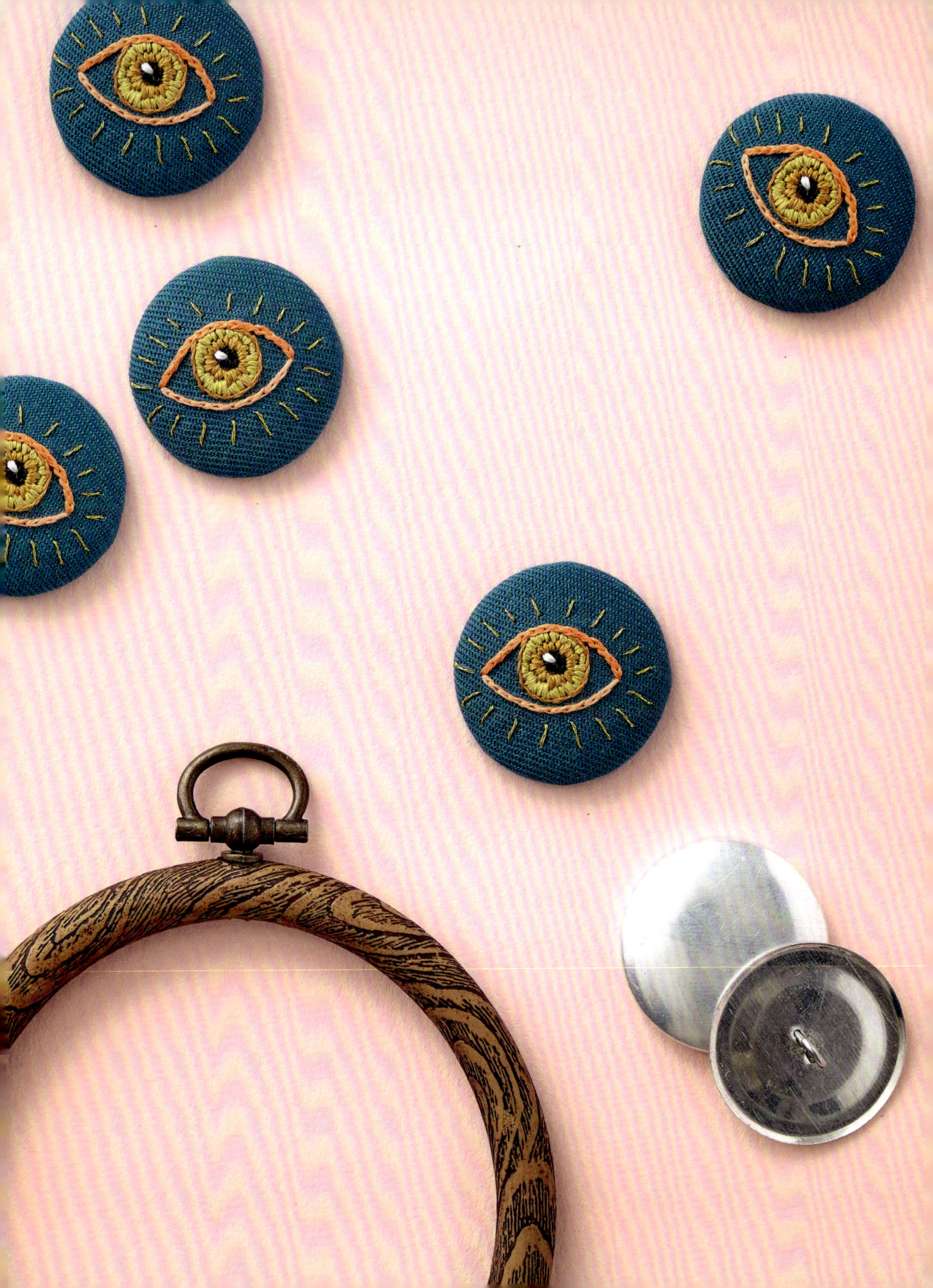

AUGE DER VORSEHUNG

VORLAGEN-REFERENZ
Seite 124

Jahrhundertelang haben Augen die Menschheit fasziniert. In unterschiedlichen Kulturkreisen symbolisieren sie Verschiedenes, von der Hellsichtigkeit über die Weisheit bis hin zum Glück. Das Beste ist, dass sie die perfekte Größe haben, um sie auf einen Knopf zu sticken.

MATERIAL UND ZUBEHÖR

- Transfer- und Markierutensilien
- Dunkelblauer oder dunkelgrüner Stoff
- Stickring
- Nadel
- Schere
- DIY-Set für Stoffknopf

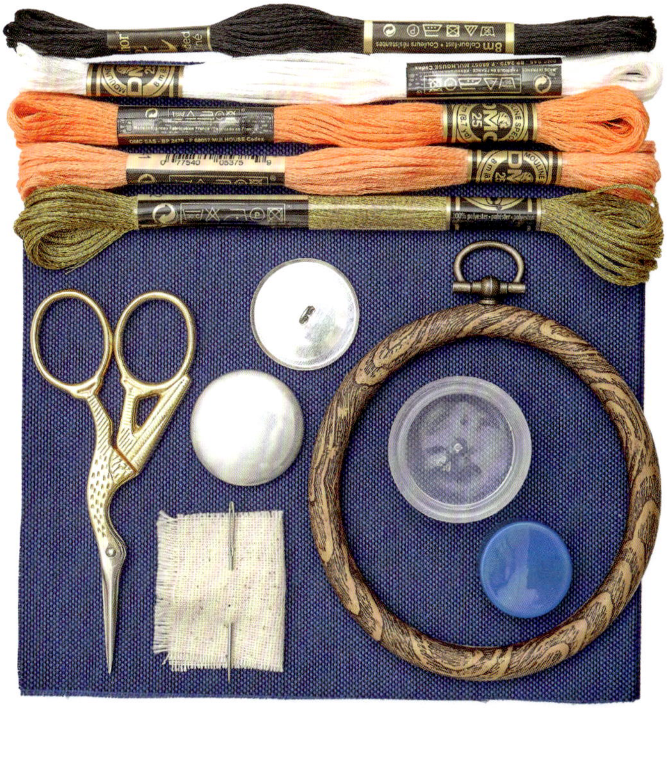

GARNFARBEN

- Schwarz, 2 Fäden
- Weiß, 3 Fäden
- Dunkles Gold, 3 Fäden
- Helles Goldoliv, 3 Fäden
- Hellbraun, 1 Faden
- Mittleres Apricot, 3 Fäden
- Apricot, 2 Fäden
- Dunkles Metallic-Gold, 1 Faden

VERWENDETE STICHE

- Plattstich
- Geradstich
- Spaltstich

ANLEITUNG

Das Motiv auf den Stoff übertragen (siehe Vorlagen Seite 124 oder die aufbügelbare Transferfolie hinten im Buch) und den Stoff in einen Stickring spannen (siehe Seite 12).

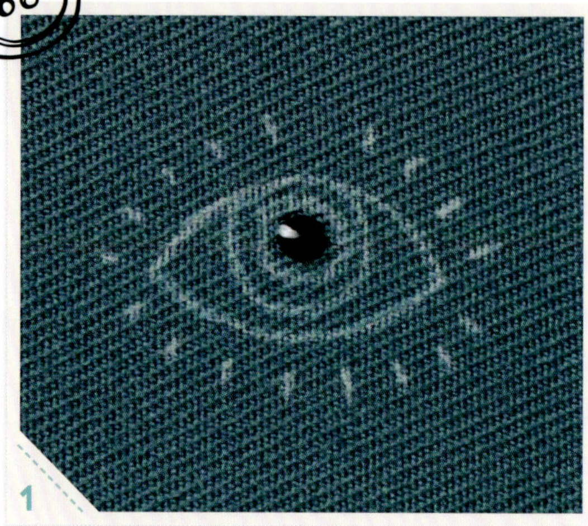

1

Zuerst die Pupille mit zwei Fäden Schwarz und Plattstich sticken. Für den Lichteffekt mit drei Fäden Weiß ein paar kleine Geradstiche aufsticken.

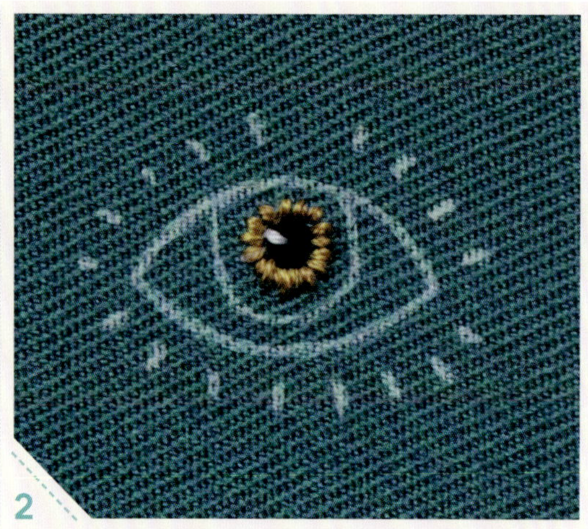

2

Die Iris mit drei Fäden in Dunklem Gold und Plattstich sticken. Dabei vom äußeren Rand bis zur Pupille hin arbeiten.

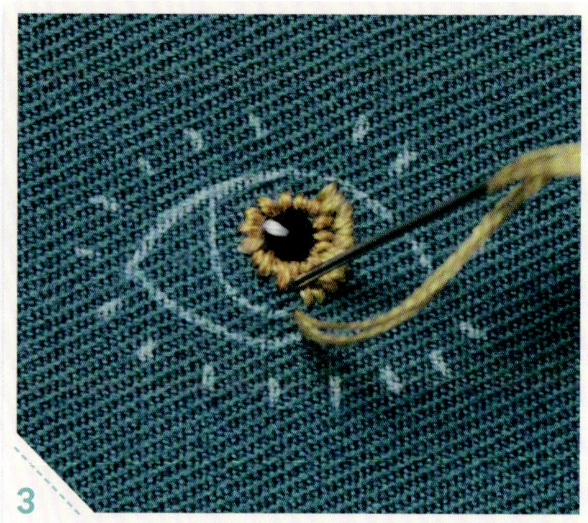

3

Den äußeren Bereich der Iris ebenfalls mit Plattstich und drei Fäden in Hellem Goldoliv sticken, ebenfalls wieder von außen nach innen.

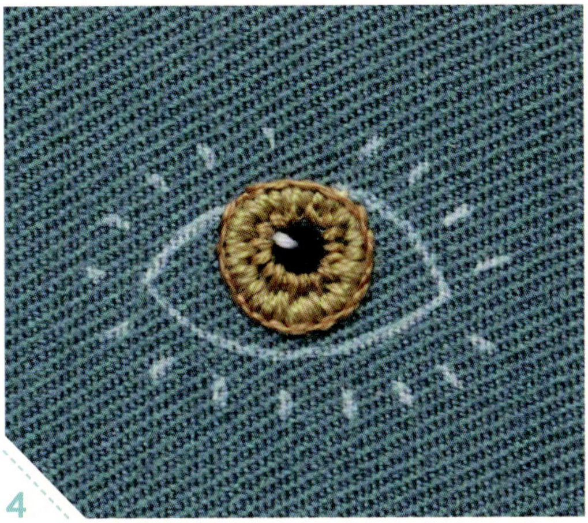

4

Die Iris mit Spaltstich und einem Faden in Hellbraun umranden.

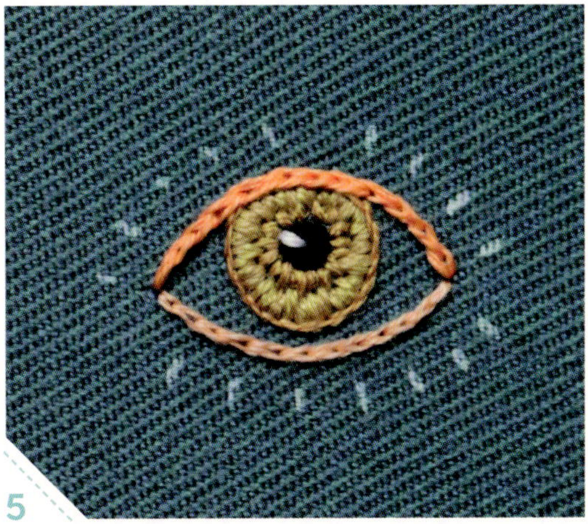

5

Anschließend den oberen Bogen um das Auge im Spaltstich mit 3 Fäden in Mittlerem Apricot sticken, dann den unteren Bogen mit 2 Fäden in Apricot.

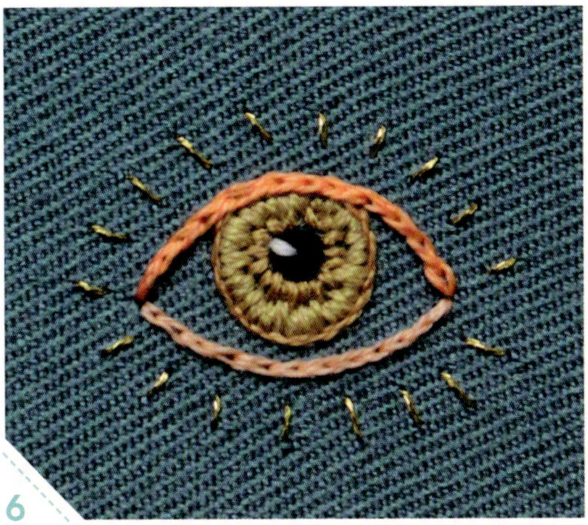

6

Die Wimpern mit einem Faden in Dunklem Metallic-Gold und kleinen Geradstichen aufsticken.

SCHMETTERLING

VORLAGEN-REFERENZ Seite 120

Fange die zarte Schönheit eines kleinen Falters auf diesem zierlichen Knopf ein. Es gibt unzählige Schmetterlingsarten, von denen man sich inspirieren lassen kann. Entsprechend kann man Farben und Design leicht abändern und dem eigenen Geschmack anpassen.

MATERIAL UND ZUBEHÖR

- Transfer- und Markierutensilien
- Weißer oder cremeweißer Stoff
- Stickring
- Nadel
- Schere
- DIY-Set für Stoffknopf

GARNFARBEN

- Tiefdunkles Goldoliv, 2 Fäden
- Helles Apricot, 2 Fäden
- Helles Jadegrün, 3 Fäden
- Helles Olivgrün, 4 Fäden
- Helles Zitronengelb, 6 Fäden
- Apricot, 4 Fäden
- Schwarz, 1 Faden

VERWENDETE STICHE

- Plattstich
- Knötchenstich
- Geradstich
- Stielstich
- Rückstich

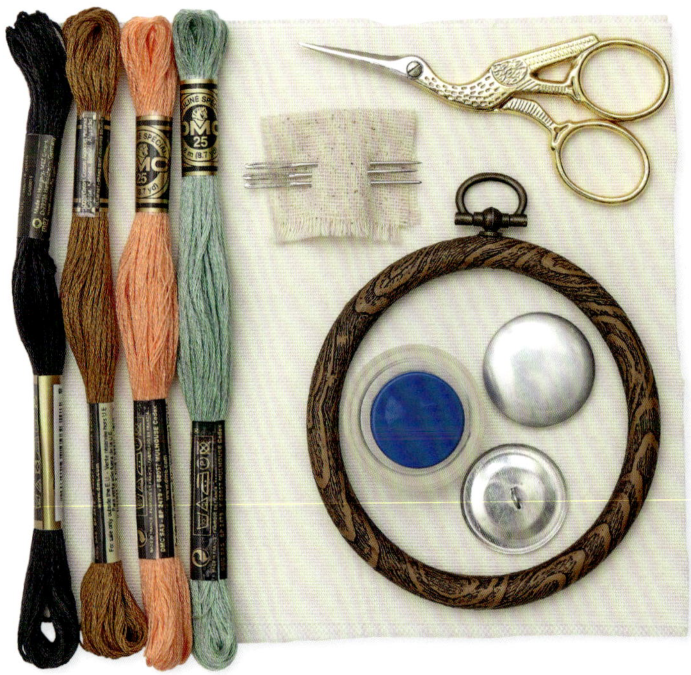

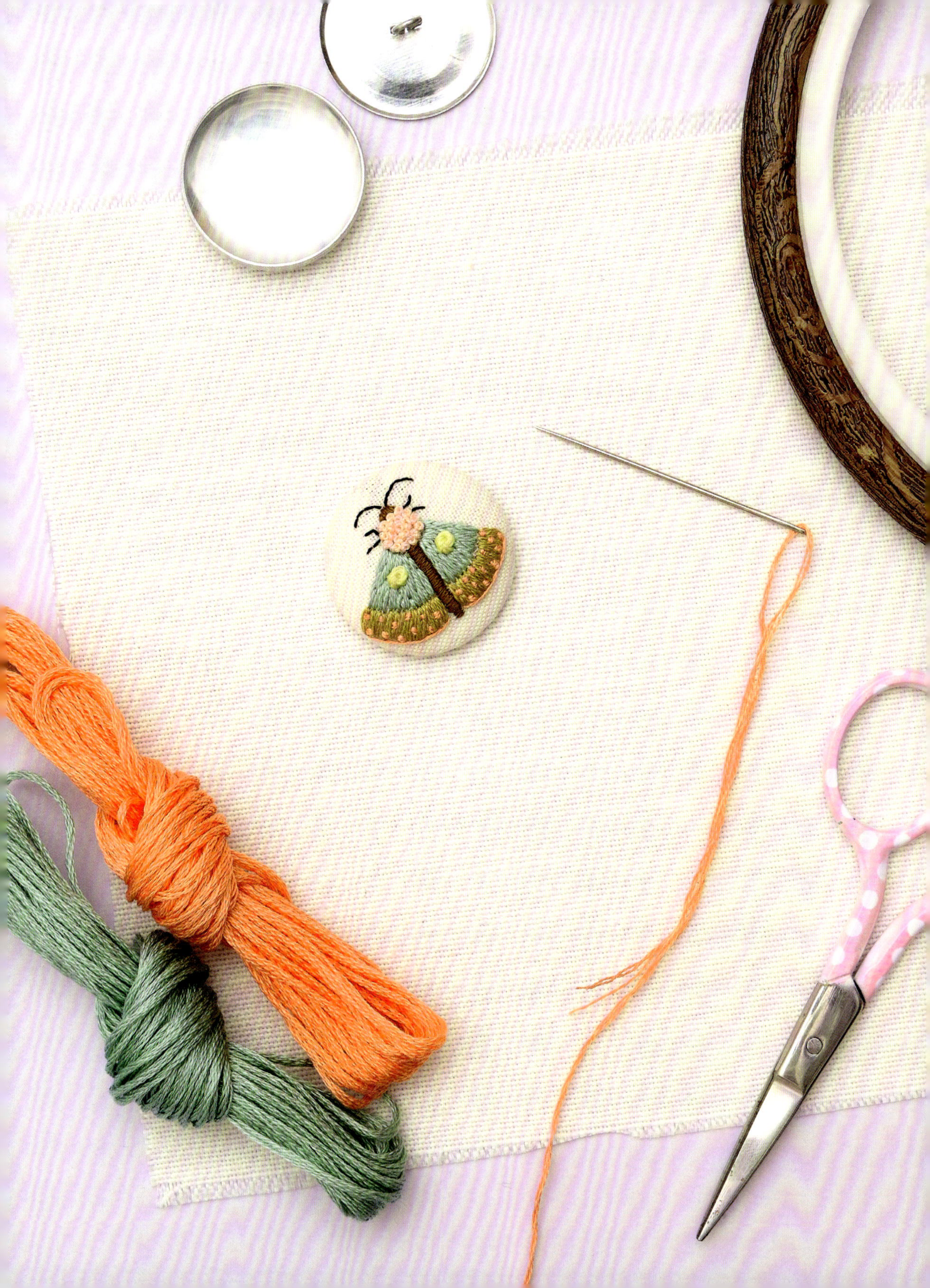

ANLEITUNG

Das Motiv auf den Stoff übertragen (siehe Vorlagen Seite 120 oder die aufbügelbare Transferfolie hinten im Buch) und den Stoff in einen Stickring spannen (siehe Seite 12).

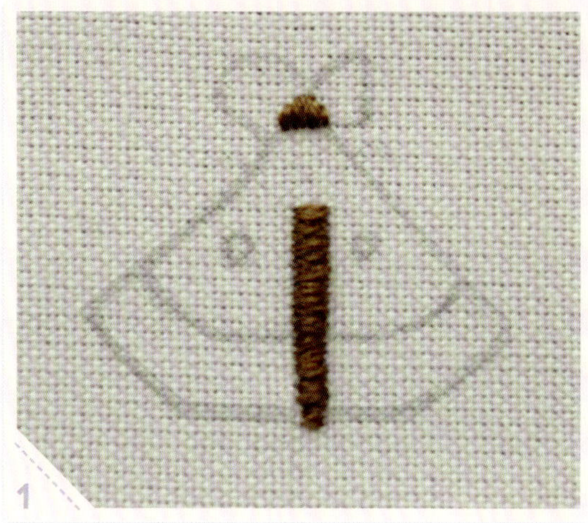

1

Zunächst den Kopf mit Plattstich und zwei Fäden in Tiefdunklem Goldoliv sticken. Dann mit derselben Farbe wie oben gezeigt den Körper arbeiten.

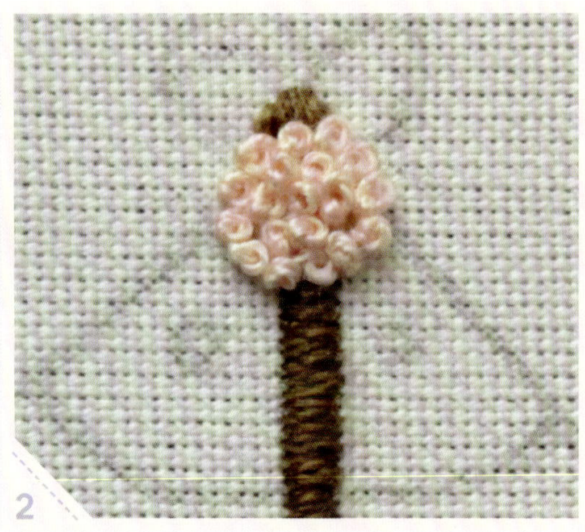

2

Den Nackenbereich mit dicht beieinander liegenden Knötchenstichen und zwei Fäden Hellem Apricot ausfüllen.

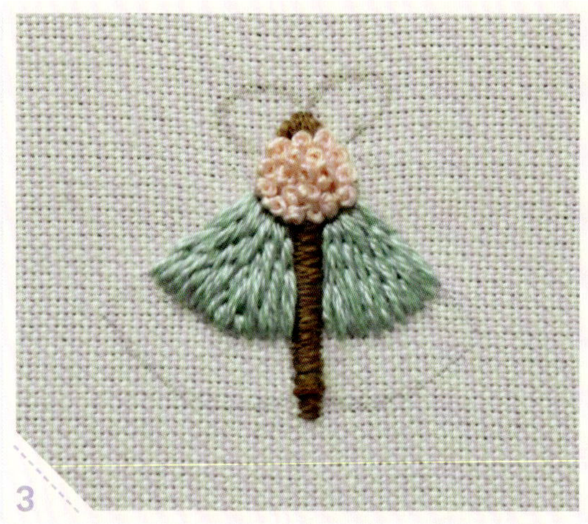

3

Anschließend die oberen Bereiche der Flügel mit langen und kurzen Geradstichen und drei Fäden in Hellem Jadegrün sticken.

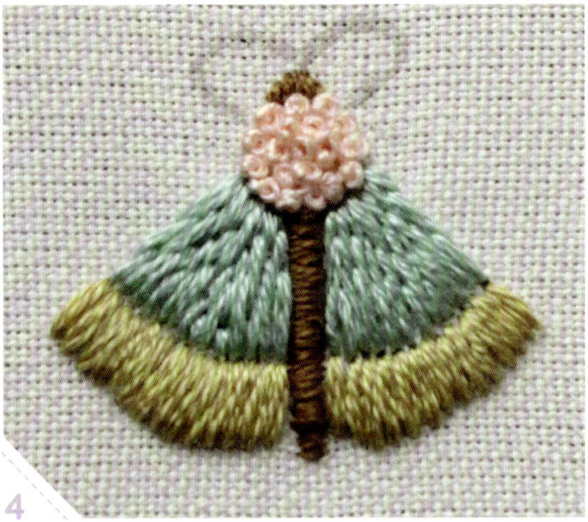

4

Die unteren Bereiche der Flügel mit Plattstich und vier Fäden in Hellem Olivgrün sticken.

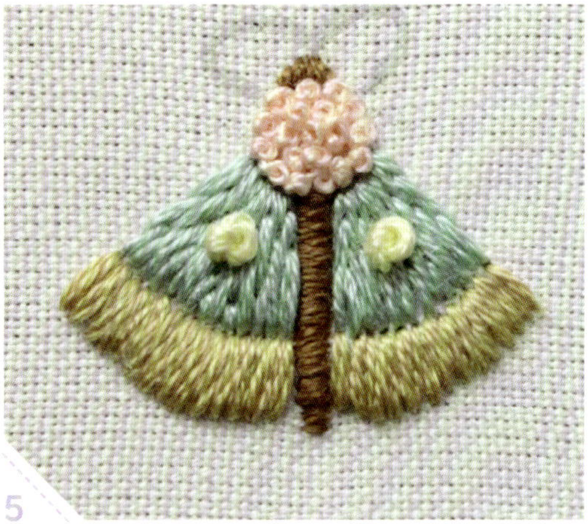

5

In die Mitte der Flügel zur Verzierung jeweils einen Knötchenstich mit sechs Fäden in Hellem Zitronengelb aufsetzen.

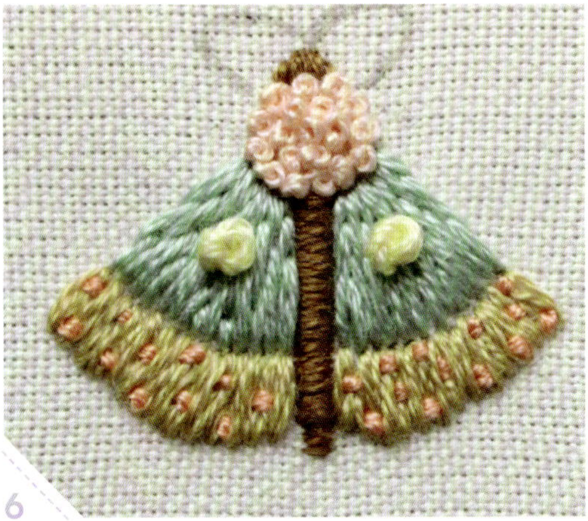

6

Die Pünktchen auf den unteren Flügelbereichen mit kleinen Geradstichen und drei Fäden Apricot am Rand entlang sticken.

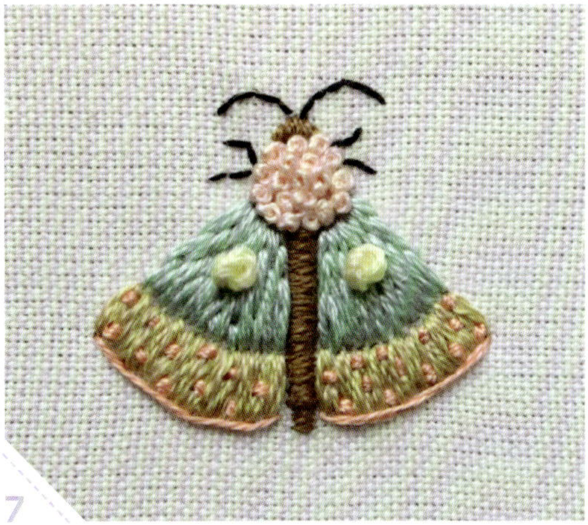

7

Die Unterkante beider Flügel im Stielstich und einem Faden in Apricot umranden. Zum Schluss die Fühler und Beine mit Rückstich und einem Faden in Schwarz aufsticken.

KAKTUS

VORLAGEN-REFERENZ
Seite 124

Wer ein Faible für diese grünen, stacheligen Pflanzen hat, ist hier an der richtigen Adresse. Mit diesem niedlichen Knopf kann man seiner Kakteen-Vorliebe für alle sichtbar Tribut zollen.

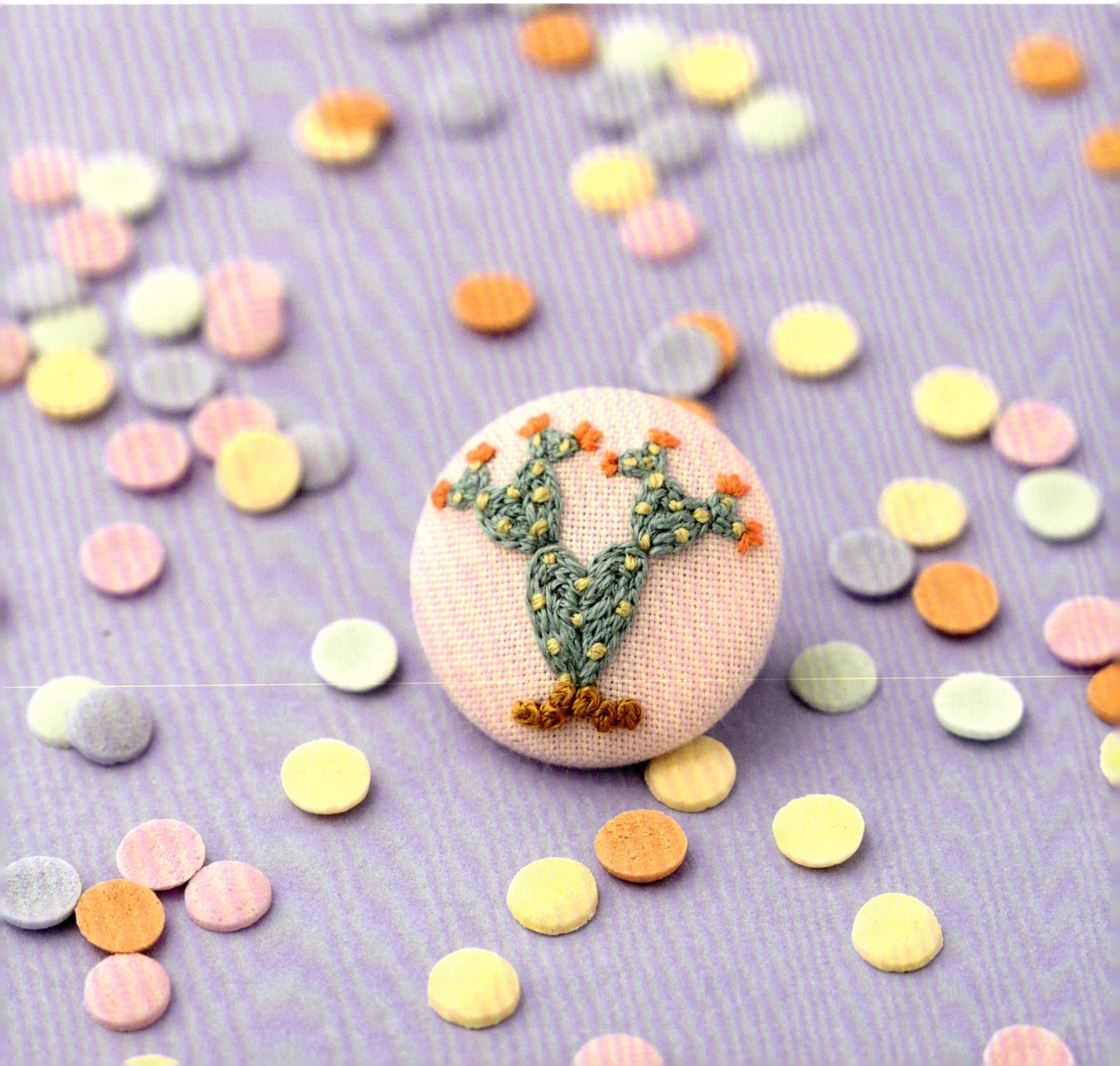

MATERIAL UND ZUBEHÖR

- Transfer- und Markierutensilien
- Rosafarbener Stoff
- Stickring
- Nadel
- Schere
- DIY-Set für Stoffknopf

GARNFARBEN

- Meergrün, 2 Fäden
- Helles Strohgelb, 3 Fäden
- Mittleres Apricot, 3 Fäden
- Dunkles Hopfengelb, 3 Fäden

VERWENDETE STICHE

- Spaltstich
- Geradstich
- Reisstich
- Knötchenstich

ANLEITUNG

Das Motiv auf den Stoff übertragen (siehe Vorlagen Seite 124 oder die aufbügelbare Transferfolie hinten im Buch) und den Stoff in einen Stickring spannen (siehe Seite 12).

1 Den unteren Bereich des Kaktus mit zwei Fäden in Meergrün und Spaltstich sticken. Zuerst die Konturen arbeiten und diese dann in Runden ausfüllen. Die anderen Bereiche ebenso sticken.

2 Für die Stacheln auf dem Kaktus mit drei Fäden in Hellem Strohgelb kleine, ganz kurze Geradstiche auf dem gestickten Bereich sticken.

3 Mit drei Fäden in Mittlerem Apricot und kleinen, kurzen Reisstichen Blüten hinzufügen.

4 Zum Schluss mit drei Fäden in Dunklem Hopfengelb und einer Reihe Knötchenstiche die Erde hinzufügen.

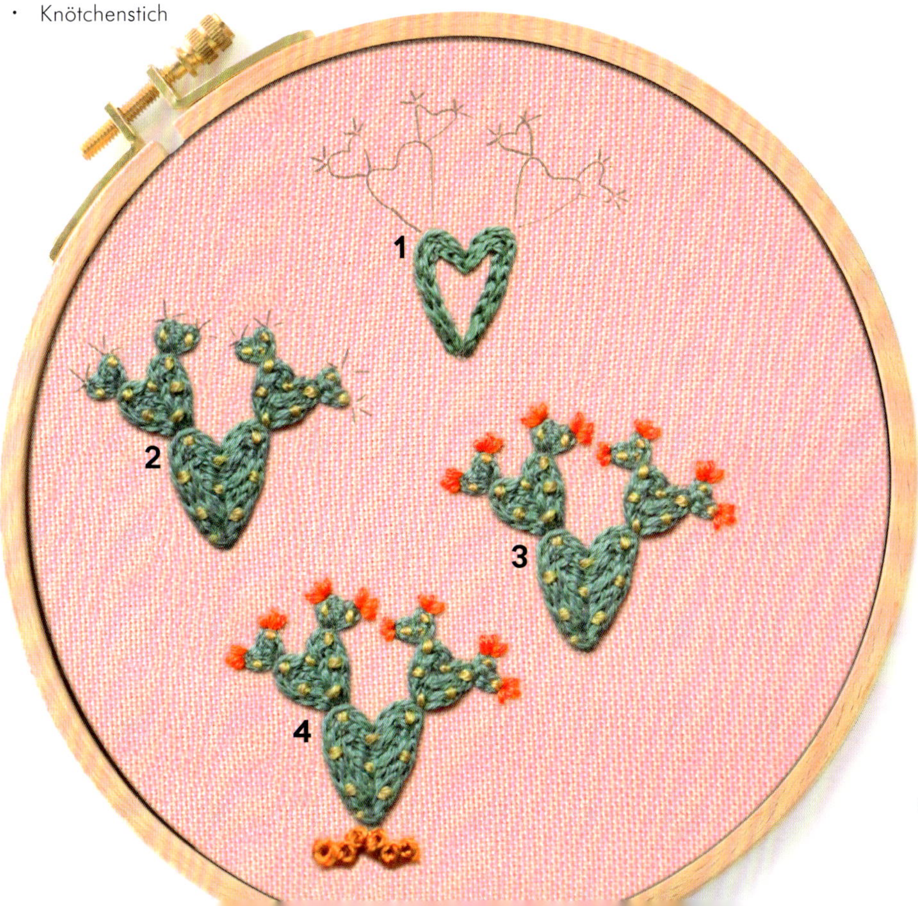

EIS IN DER WAFFEL

VORLAGEN-REFERENZ Seite 120

Was gibt es Leckereres im Sommer als ein kühlendes Eis? Dieser süße Knopf macht sich wunderbar an einer Badetasche oder auf einem Top. Man kann die Farben natürlich entsprechend seiner Lieblings-Eissorten abändern.

MATERIAL UND ZUBEHÖR

- Transfer- und Markierutensilien
- Lilafarbener Stoff
- Stickring
- Nadel
- Schere
- DIY-Set für Stoffknopf

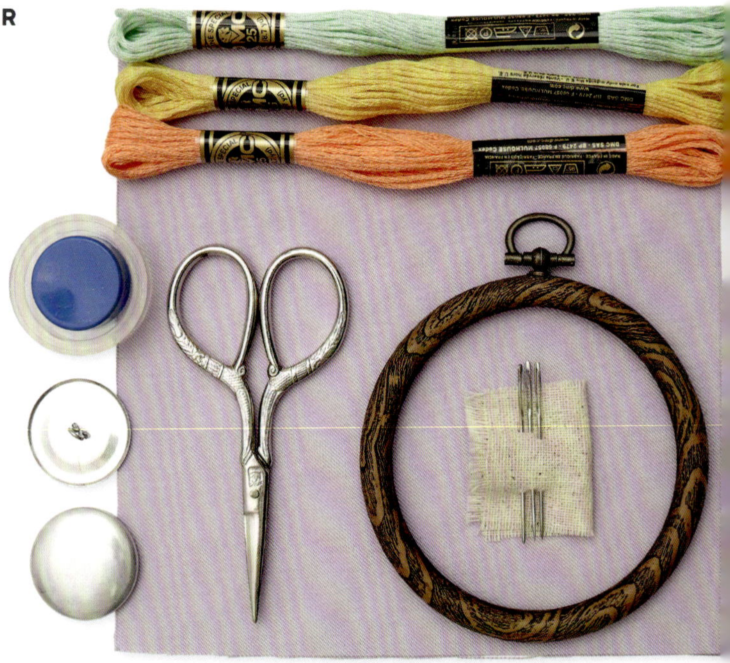

GARNFARBEN

- Apricot, 1 Faden
- Helles Seegrün, 1 Faden
- Helles Strohgelb, 2 Fäden
- Mittleres Gold, 3 Fäden
- Hellbraun, 2 Fäden
- Helles Nilgrün, 2 Fäden

VERWENDETE STICHE

- Knötchenstich
- Reisstich
- Spaltstich
- Plattstich
- Geradstich

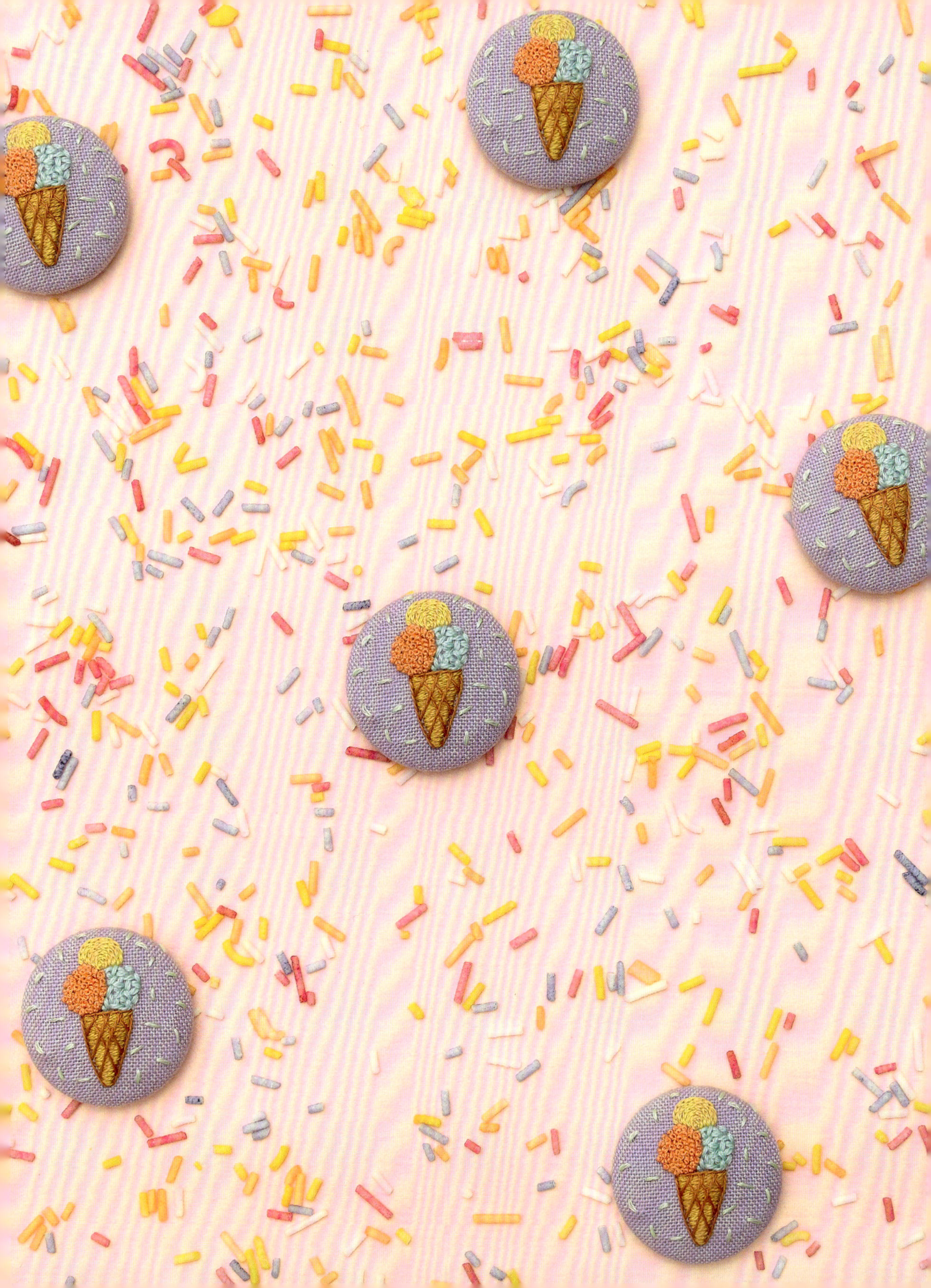

ANLEITUNG

Das Motiv auf den Stoff übertragen (siehe Vorlagen Seite 120 oder die aufbügelbare Transferfolie hinten im Buch) und den Stoff in einen Stickring spannen (siehe Seite 12).

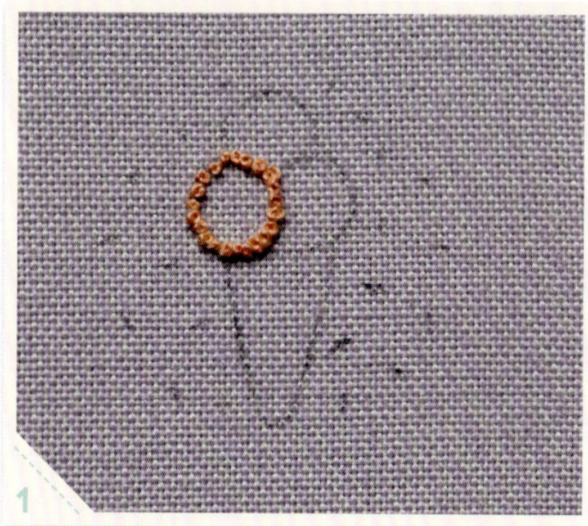

Mit der linken Eiskugel beginnen. Die Konturen mit einem Faden Apricot und Knötchenstich arbeiten. Dann die Kugel mit Knötchenstichen in derselben Farbe ausfüllen.

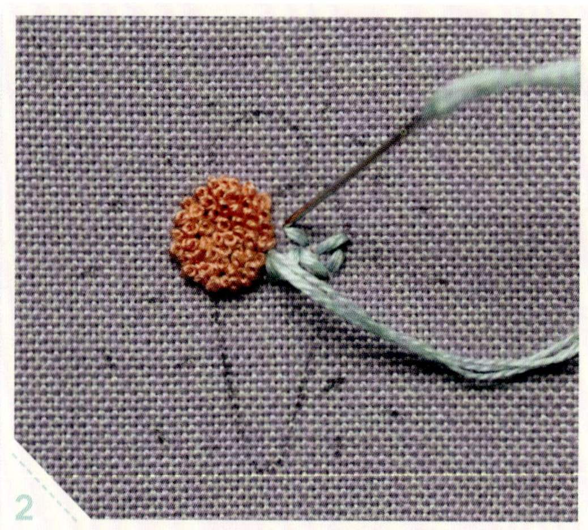

Die rechte Kugel mit unregelmäßigen kleinen Reisstichen und einem Faden in Hellem Seegrün sticken.

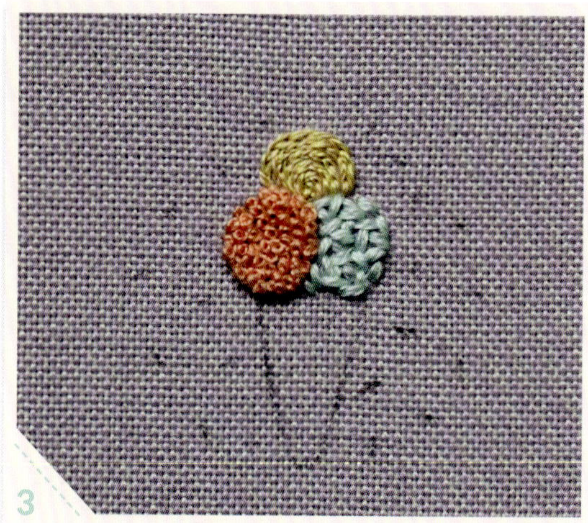

Bei der oberen Kugel zuerst die Konturen mit Spaltstich und zwei Fäden in Hellem Strohgelb sticken, dann die Kugel kreisförmig nach innen hin ausfüllen.

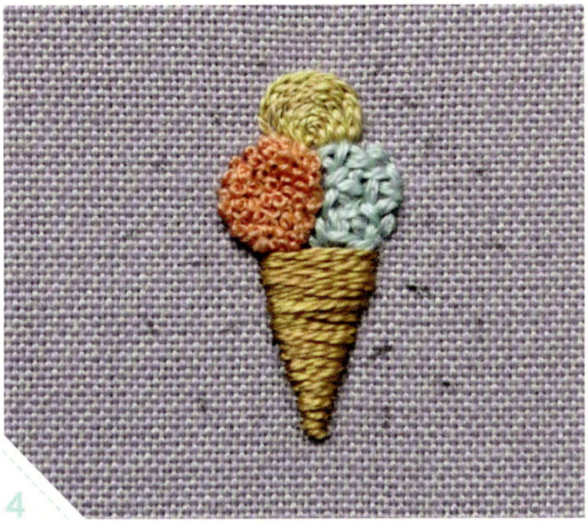

4

Mit drei Fäden in Mittlerem Gold und Plattstich die Eiswaffel sticken.

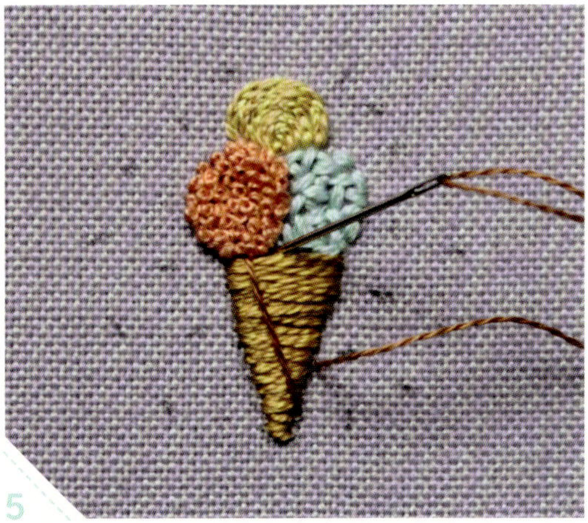

5

Für das Waffelmuster parallele Geradstiche mit einem Faden in Hellbraun vom oberen Rand zur rechten Seitenkante und danach zur linken sticken (sie sollten sich überkreuzen). Anschließend die Konturen der Waffel mit Geradstich und einem Faden in Hellbraun nachsticken.

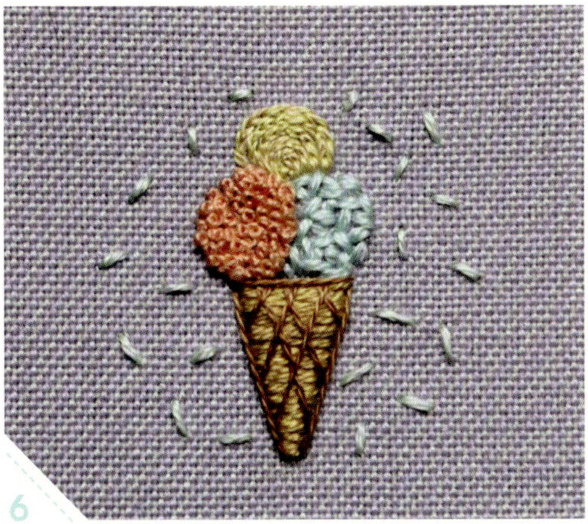

6

Zum Schluss mit zwei Fäden in Hellem Nilgrün und kurzen Reisstichen Streusel rund um die Eiswaffel hinzufügen.

VORLAGEN-REFERENZ Seite 124

MONDSICHEL

Diese hübsche Mondsichel verbindet die aktuellen Trends der astronomischen Symbole und floralen Muster in einem wunderschönen Design, das sich sowohl auf Schmuck und Accessoires als auch auf Knöpfen gut macht.

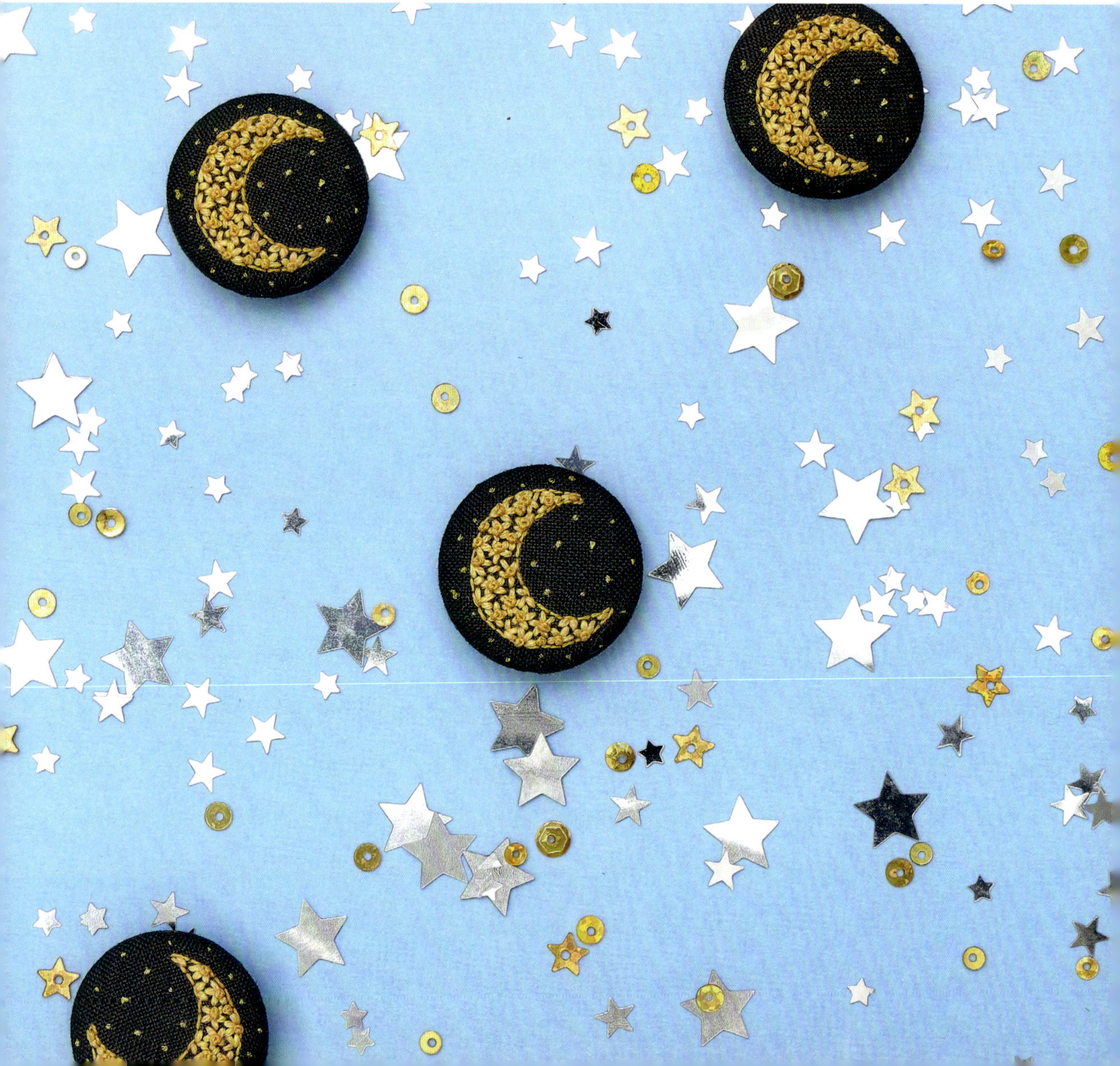

MATERIAL UND ZUBEHÖR

- Transfer- und Markierutensilien
- Schwarzer Stoff
- Stickring
- Nadel
- Schere
- DIY-Set für Stoffknopf

GARNFARBEN

- Mittleres Gold, 3 Fäden
- Leuchtendes Gold, 3 Fäden
- Dunkles Metallic-Gold, 3 Fäden

VERWENDETE STICHE

- Rückstich
- Reisstich
- Knötchenstich
- Geradstich

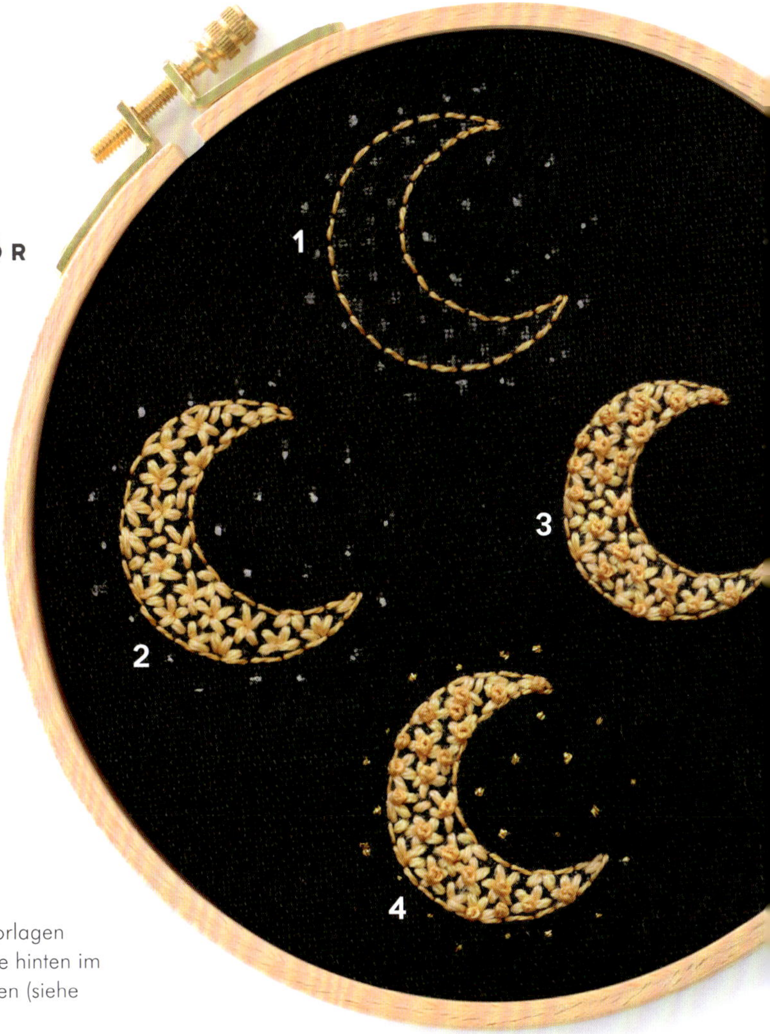

ANLEITUNG

Das Motiv auf den Stoff übertragen (siehe Vorlagen Seite 124 oder die aufbügelbare Transferfolie hinten im Buch) und den Stoff in einen Stickring spannen (siehe Seite 12).

1 Zunächst die Kontur des Mondes mit einem Faden in Mittlerem Gold und Rückstich aufsticken.

2 Den Mond mit kleinen Blütenblättern ausfüllen. Dafür einen Punkt in der Mitte des Mondes festlegen und fünf Blütenblätter darum herum mit drei Fäden in Leuchtendem Gold und kleinen Reisstichen sticken. So oft wiederholen, bis die Fläche im Mond ausgefüllt ist. Dabei hier und da weniger Blütenblätter arbeiten.

3 In die Mitte der Blütenblätter jeweils mit zwei Fäden in Mittlerem Gold einen Knötchenstich sticken. Es können auch die schwarzen Zwischenräume mit Knötchenstichen bestickt werden, um den Eindruck von weiteren Blüten zu erzeugen.

4 Mit drei Fäden in Dunklem Metallic-Gold und ganz kleinen Geradstichen kleine Punkte um den Mond herum sticken.

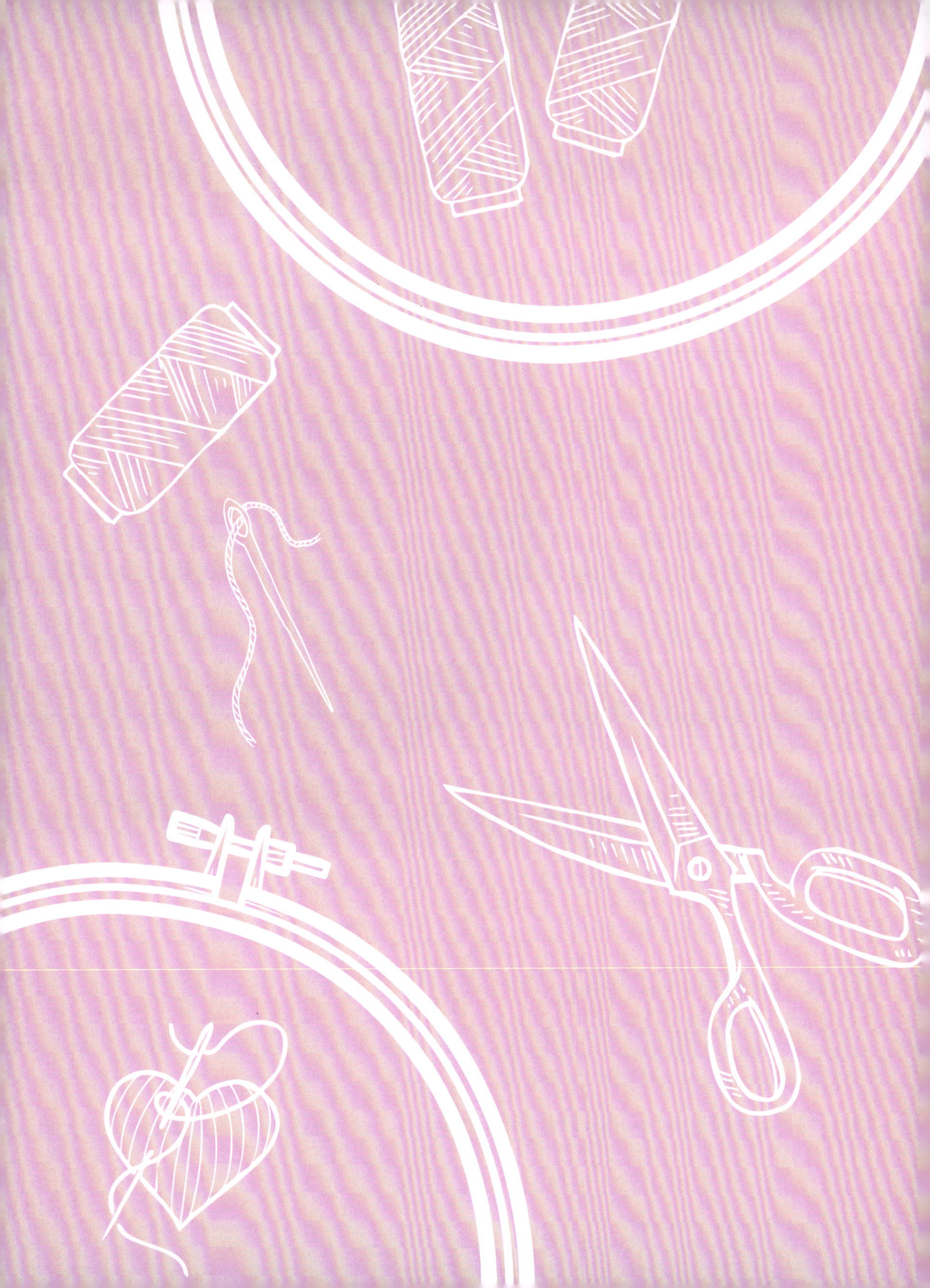

5 fabelhafte flicken

LIEBESBLICKE

VORLAGEN-REFERENZ Seite 121

Im England des 18. Jahrhunderts tauschten Liebende gerne sogenannte »Lovers' Eyes« aus – fange die Opulenz dieser Ära mit diesem kleinen Kunstwerk ein, das mit Tränen aus Perlen eingerahmt ist.

MATERIAL UND ZUBEHÖR

- Transfer- und Markierutensilien
- Weißer oder hellbrauner Baumwollcanvas
- Stickring
- Nadel
- Schere
- Perlen, 4 mm groß
- Dunkler Filz
- Kleines Schwämmchen
- Kleber

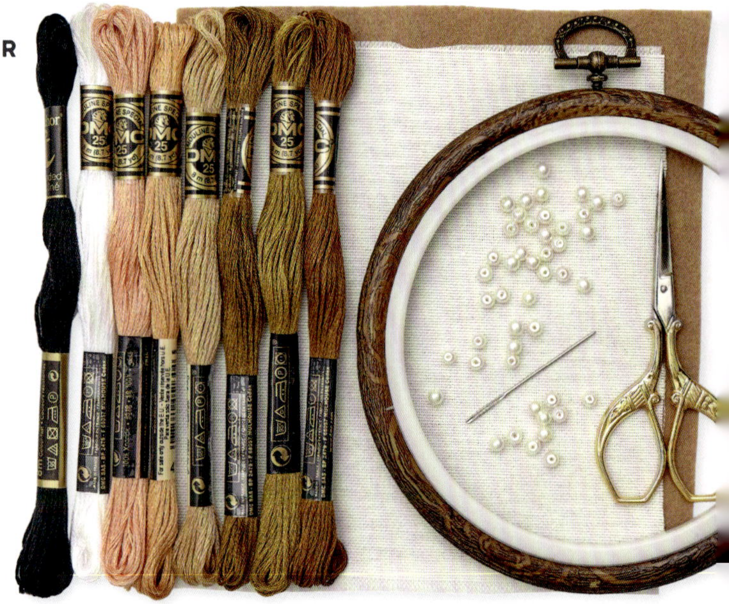

GARNFARBEN

- Schwarz, 2 Fäden
- Weiß, 6 Fäden
- Dunkles Goldoliv, 3 Fäden
- Mittleres Goldoliv, 3 Fäden
- Helles Rotbraun, 2 Fäden
- Helles Nussbraun, 2 Fäden
- Helles Terracotta, 3 Fäden
- Tiefdunkles Goldoliv, 2 Fäden

VERWENDETE STICHE

- Plattstich
- Geradstich

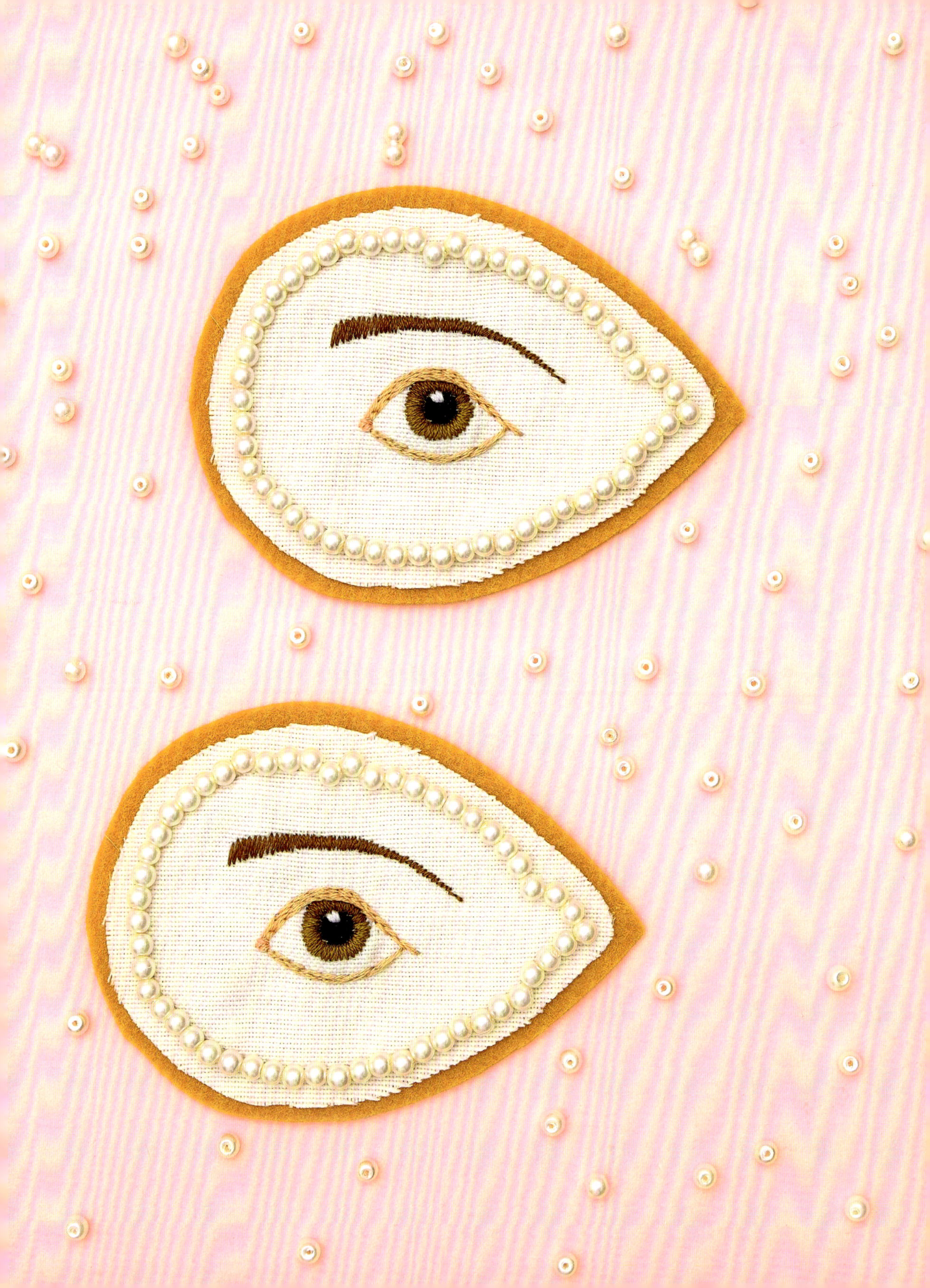

ANLEITUNG

Das Motiv auf den Stoff übertragen (siehe Vorlagen Seite 121 oder die aufbügelbare Transferfolie hinten im Buch) und den Stoff in einen Stickring spannen (siehe Seite 12).

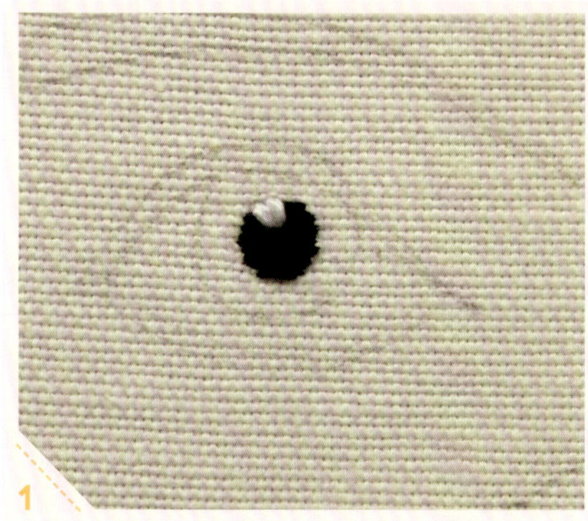

1

Mit der Pupille beginnen und den Bereich mit Plattstich und zwei Fäden in Schwarz sticken. Für den Lichteffekt mit sechs Fäden in Weiß kleine, kurze Geradstiche auf die Pupille setzen.

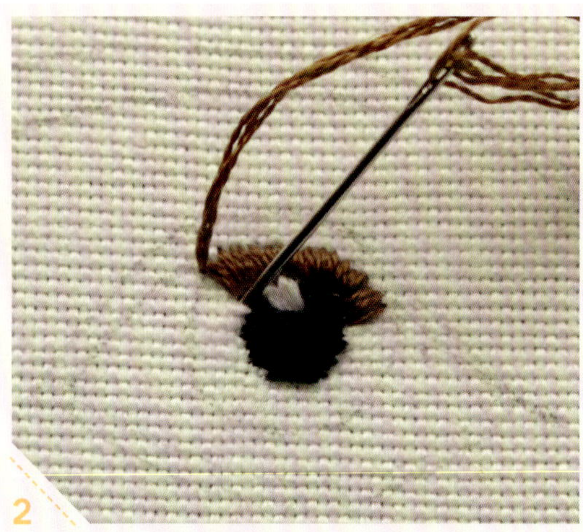

2

Den oberen Bereich der Iris mit drei Fäden in Dunklem Goldoliv und Plattstich sticken. Dabei vom Augenlid in Richtung Pupille arbeiten.

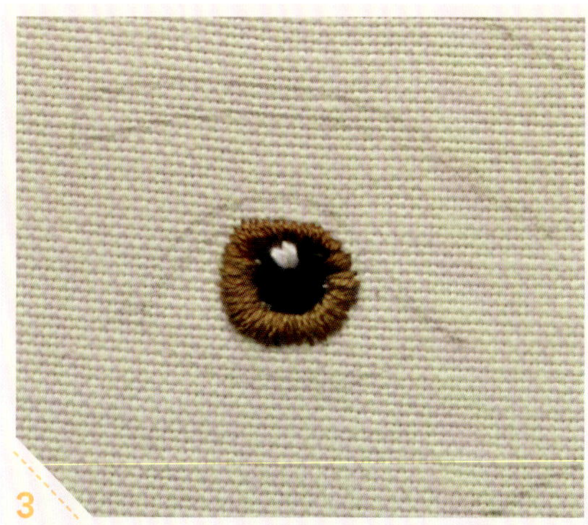

3

Den unteren Bereich der Iris ebenfalls mit Plattstich mit drei Fäden in Mittlerem Goldoliv sticken. Dabei in dieselbe Richtung wie zuvor arbeiten, vom Rand der Iris zur Pupille hin.

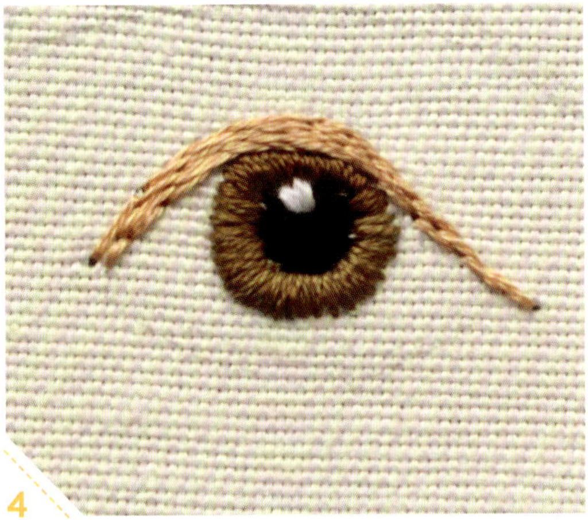

Das obere Augenlid mit zwei Fäden in Hellem Rotbraun und langen und kurzen Geradstichen sticken. Darauf achten, dass die Stiche bogenförmig verlaufen und der Lidform folgen.

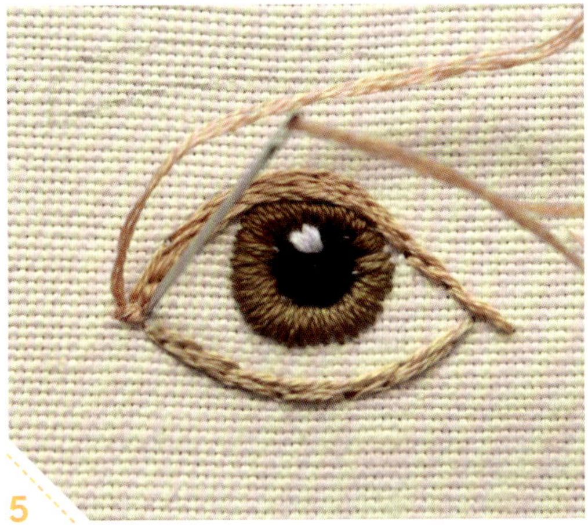

Das untere Augenlid auf dieselbe Weise sticken, aber dafür zwei Fäden in Hellem Nussbraun verwenden. Mit Plattstich und drei Fäden in Hellem Terracotta die Stelle, an der das Unter- und Oberlid aufeinandertreffen, sticken.

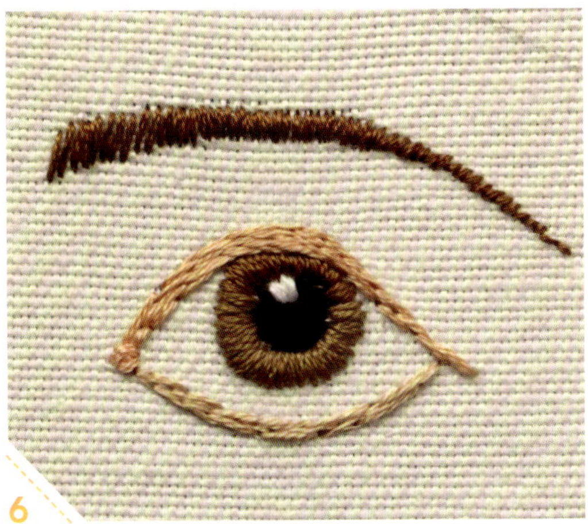

Die Augenbraue mit Plattstich und zwei Fäden in Tiefdunklem Goldoliv aufsticken. Dabei zwischen den Stichen etwas Platz lassen, um die Struktur der Augenbraue nachzubilden.

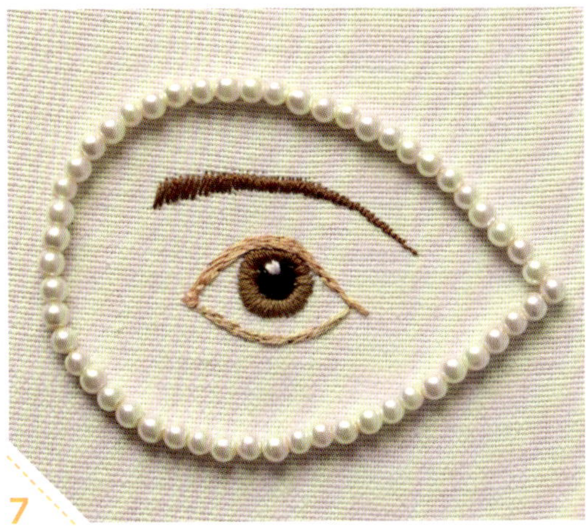

Die Perlen um das Auge herum aufsticken, dabei die Kontur einer Träne nachbilden.

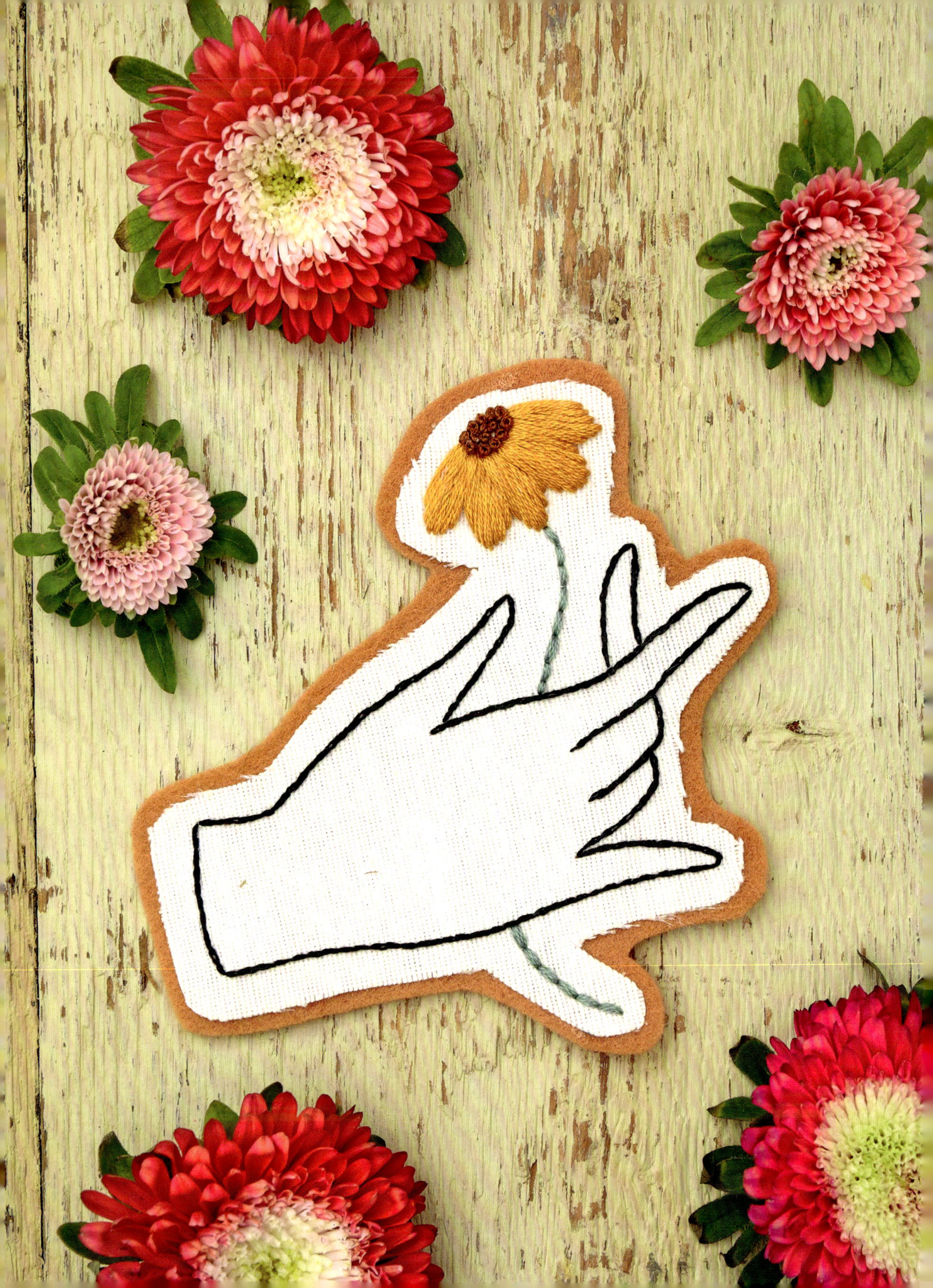

HAND MIT BLUME

VORLAGEN-REFERENZ
Seite 120

Manchmal brauchen wir alle eine helfende Hand, und dieses Motiv mit dem überall gültigen Zeichen für Freundschaft ist ein fantastischer Schmuck für viele Dinge, von Taschen bis hin zu Anhängern.

MATERIAL UND ZUBEHÖR

- Transfer- und Markierutensilien
- Weißer Baumwollcanvas
- Stickring
- Nadel
- Schere
- Filz in beliebiger Farbe
- Kleines Schwämmchen
- Kleber

GARNFARBEN

- Schwarz, 2 Fäden
- Mittleres Hopfengelb, 6 Fäden
- Mittelbraun, 3 Fäden
- Dunkles Blaugrün, 6 Fäden

VERWENDETE STICHE

- Spaltstich
- Plattstich
- Knötchenstich
- Rückstich

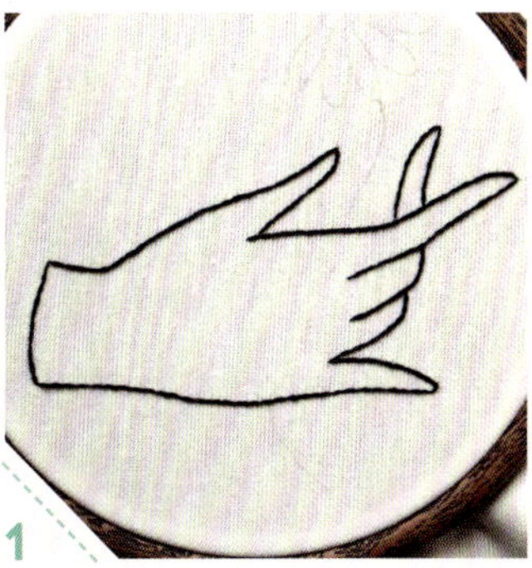

1

Das Motiv auf den Stoff übertragen (siehe Vorlagen Seite 120 oder die aufbügelbare Transferfolie hinten im Buch) und den Stoff in einen Stickring spannen (siehe Seite 12).

Die Konturen der Hand mit Spaltstich und zwei Fäden in Schwarz sticken.

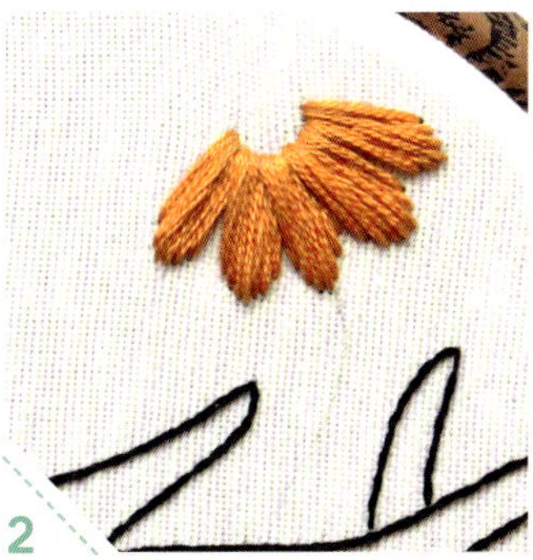

2

Als Nächstes die Blüte arbeiten. Mit den Blütenblättern beginnen und diese mit Plattstich und sechs Fäden in Mittlerem Hopfengelb sticken.

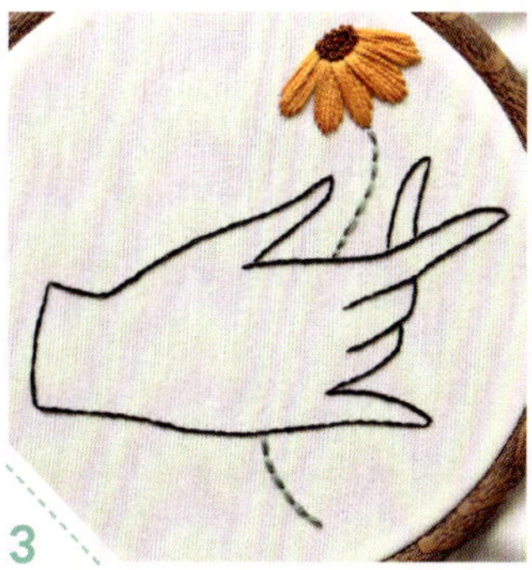

3

Die Blütenmitte mit dicht beieinander liegenden Knötchenstichen und drei Fäden in Mittelbraun sticken. Zum Schluss den Stiel in Rückstichen und sechs Fäden in Dunklem Blaugrün hinzufügen.

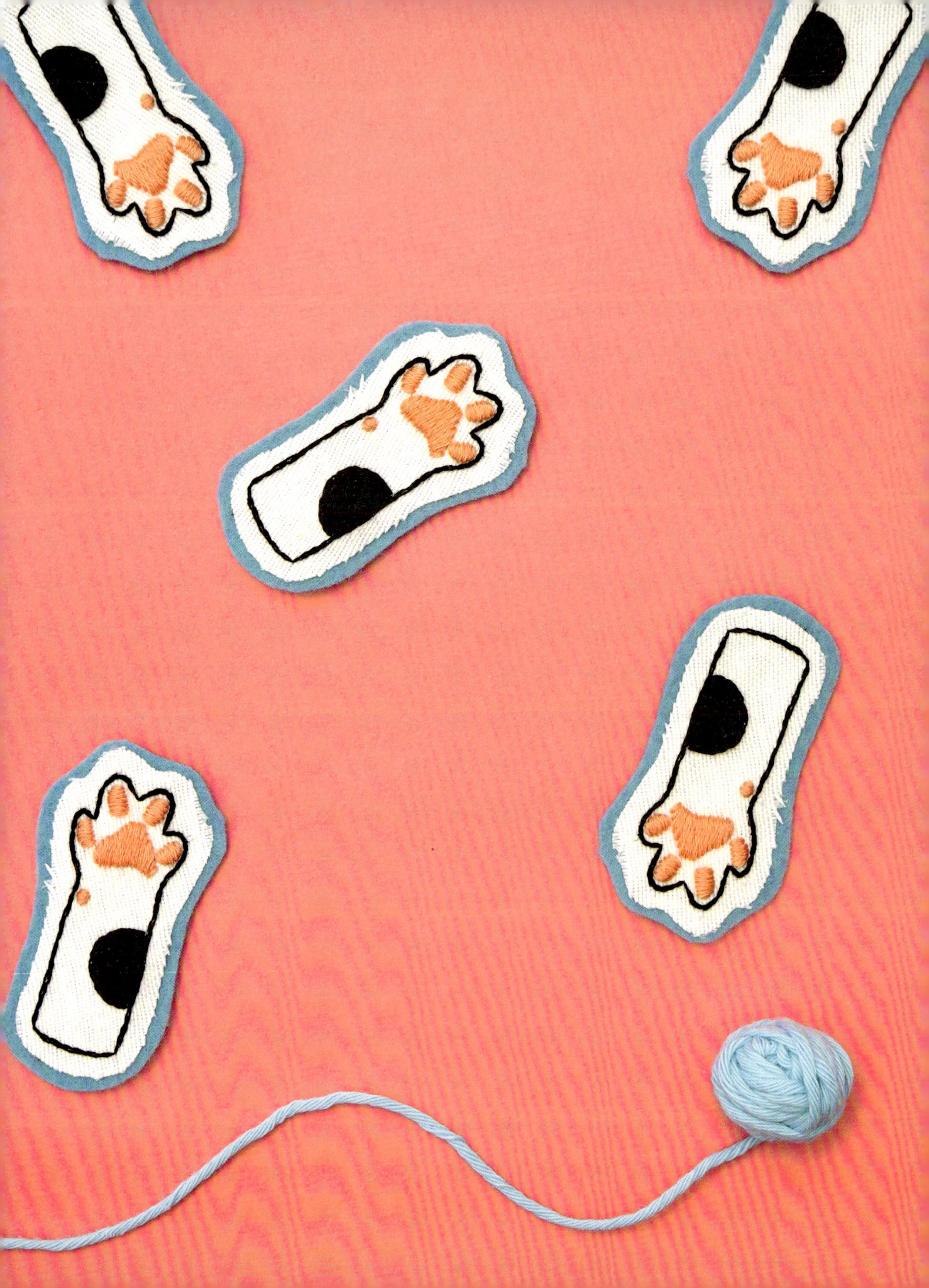

VORLAGEN-REFERENZ Seite 121

KATZENPFOTE

Süße Kätzchen lieben wir alle, und dieser wundervolle Flicken mit einer samtigen Katzenpfote ist das perfekte Geschenk für Katzenliebhaber. Man kann ihn auch als Anhänger an einem Katzenhalsband anbringen.

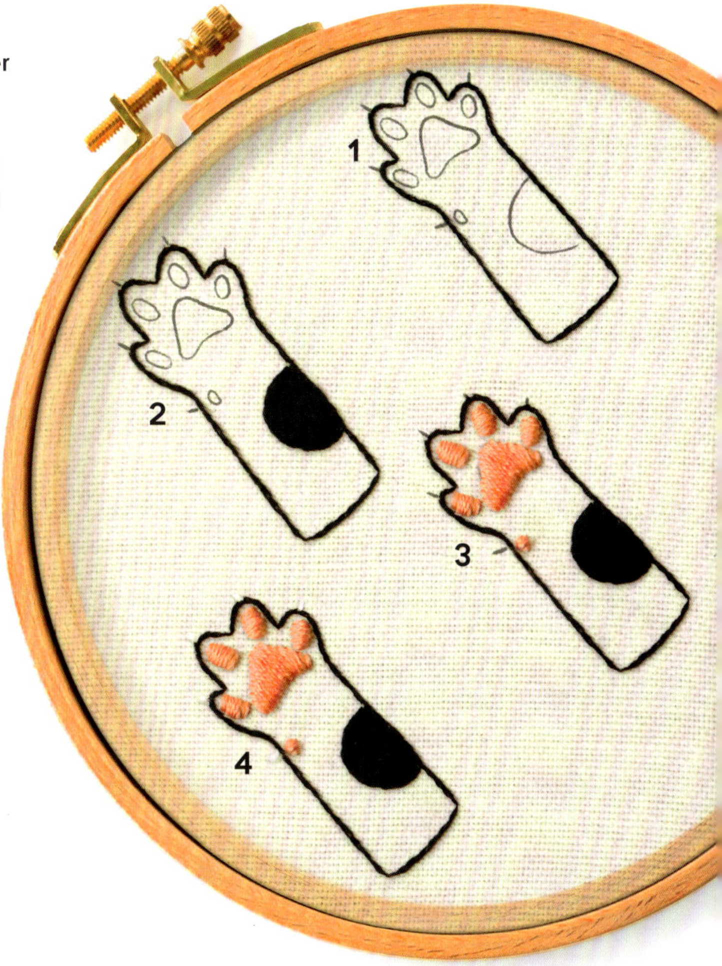

MATERIAL UND ZUBEHÖR

- Transfer- und Markierutensilien
- Weißer Baumwollcanvas
- Stickring
- Nadel
- Schere
- Filz in beliebiger Farbe
- Kleines Schwämmchen
- Kleber

GARNFARBEN

- Schwarz, 6 Fäden
- Helles Korallenrot, 6 Fäden
- Weiß, 3 Fäden

VERWENDETE STICHE

- Spaltstich
- Plattstich
- Reisstich

ANLEITUNG

1 Das Motiv auf den Stoff übertragen (siehe Vorlagen Seite 121 oder die aufbügelbare Transferfolie hinten im Buch) und den Stoff in einen Stickring spannen (siehe Seite 12). Zuerst die Konturen der Pfote mit Spaltstich und zwei Fäden in Schwarz sticken.

2 Den Flecken auf der Pfote mit Spaltstich und vier Fäden in Schwarz sticken. Zuerst die Konturen arbeiten und in kleineren Kreisen die Fläche ausfüllen.

3 Als Nächstes die rosa Stellen mit Plattstich und sechs Fäden in Hellem Korallenrot sticken. Dabei wie oben zu sehen der Richtung der Zehen folgen.

4 Die Krallen mit drei Fäden in Weiß und jeweils einem einzelnen Reisstich sticken.

STIEFMÜTTERCHEN

VORLAGEN-REFERENZ Seite 125

Diese bunten Blumen gibt es das ganze Jahr über. In den persönlichen Lieblingsfarben gestickt setzen sie Akzente auf Pullovern, Jeans und vielem mehr.

MATERIAL UND ZUBEHÖR

- Transfer- und Markierutensilien
- Baumwollcanvas in beliebiger Farbe
- Stickring
- Nadel
- Schere
- Perlen
- Filz in beliebiger Farbe
- Kleines Schwämmchen
- Kleber

GARNFARBEN

- Tiefdunkles Türkis, 6 Fäden
- Dunkles Marineblau, 6 Fäden
- Helles Hopfengelb, 6 Fäden
- Dunkles Granatrot, 6 Fäden
- Helles Terracotta, 6 Fäden
- Mittleres Hopfengelb, 6 Fäden

VERWENDETE STICHE

- Plattstich
- Geradstich

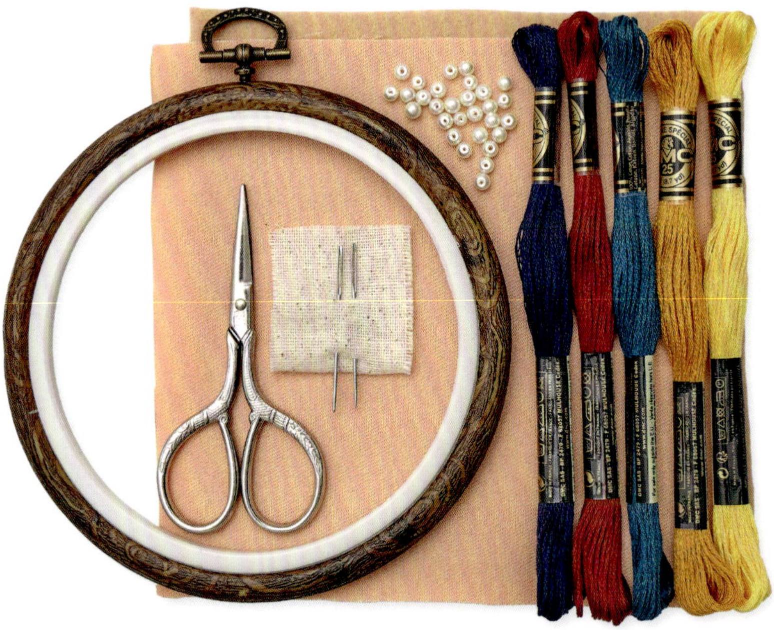

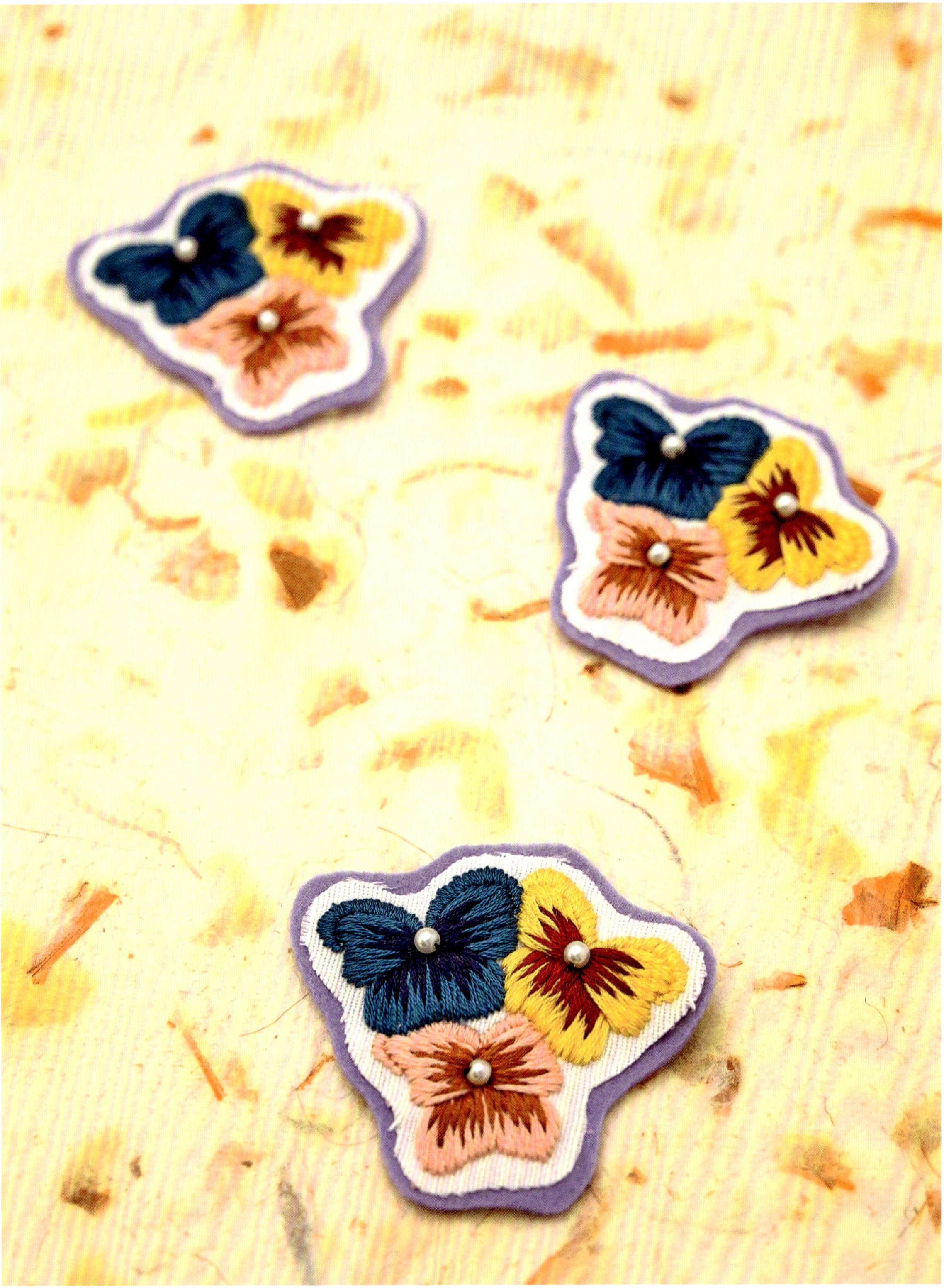

ANLEITUNG

Das Motiv auf den Stoff übertragen (siehe Vorlagen Seite 125 oder die aufbügelbare Transferfolie hinten im Buch) und den Stoff in einen Stickring spannen (siehe Seite 12).

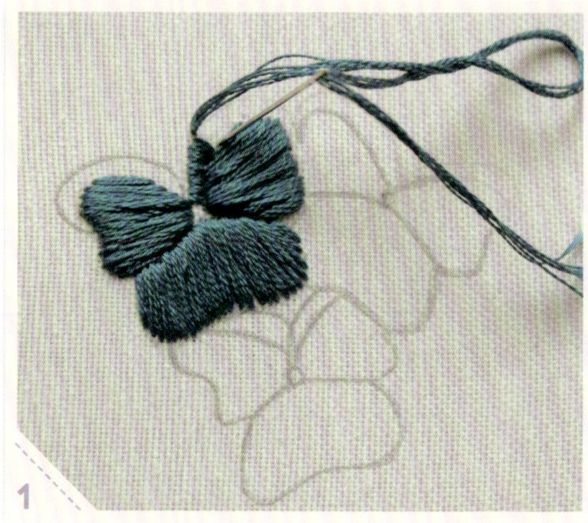

Mit dem Stiefmütterchen oben links beginnen und mit Plattstich und sechs Fäden in Tiefdunklem Türkis die Blütenblätter sticken.

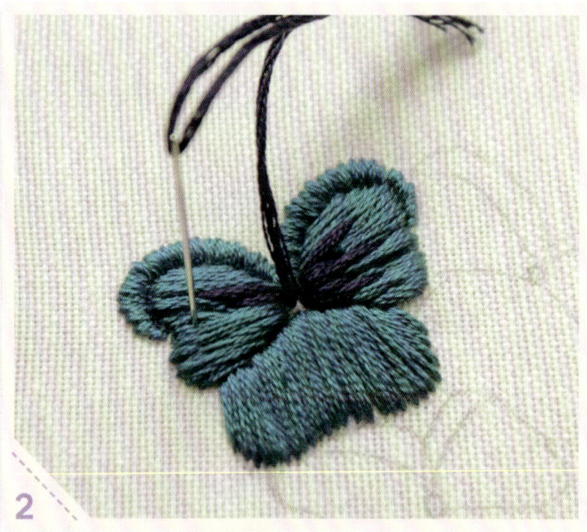

Für das Muster lange und kurze Geradstiche innen auf jedes Blütenblatt mit sechs Fäden in Dunklem Marineblau sticken. Dabei von der Mitte aus bis zum Rand des Blütenblatts arbeiten.

Anschließend das obere rechte Stiefmütterchen auf dieselbe Weise wie in Schritt 1 beschrieben sticken, diesmal mit sechs Fäden in Hellem Hopfengelb.

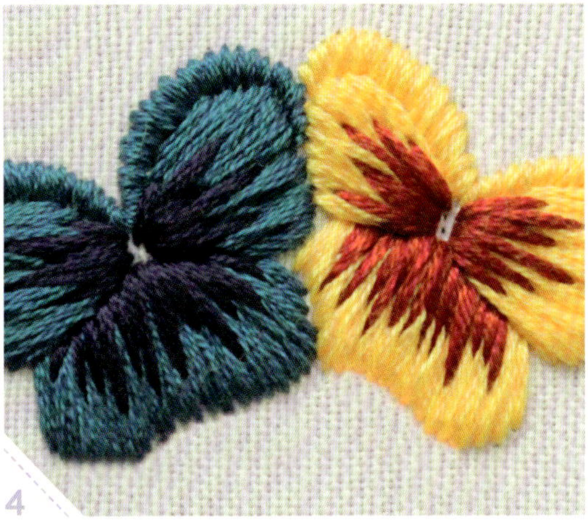

Mit sechs Fäden in Dunklem Granatrot das Muster auf die Blütenblätter sticken, wieder mit langen und kurzen Geradstichen von der Mitte nach außen.

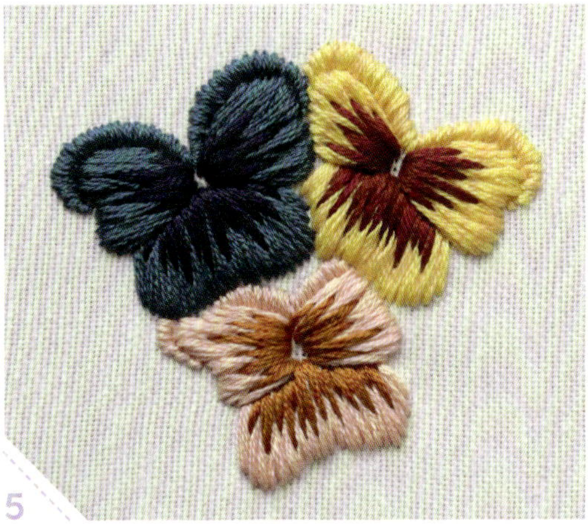

Dann das untere Stiefmütterchen auf genau dieselbe Weise wie in Schritt 1 und 2 erklärt sticken. Dafür sechs Fäden in Hellem Terracotta und sechs Fäden in Mittlerem Hopfengelb für die Mitte verwenden.

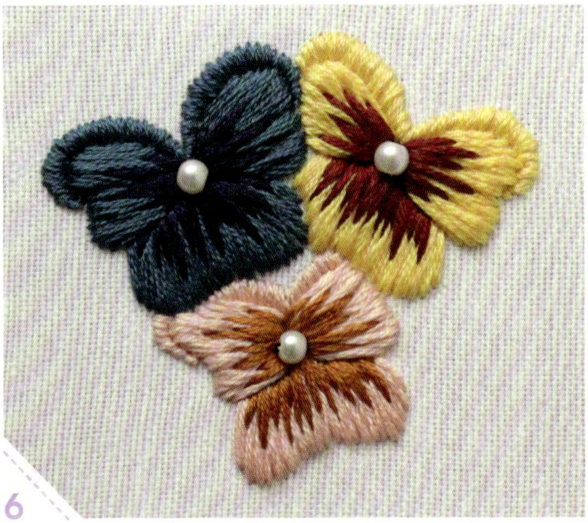

Zum Schluss in die Mitte jeder Blüte mit zwei Fäden jeweils eine Perle aufnähen.

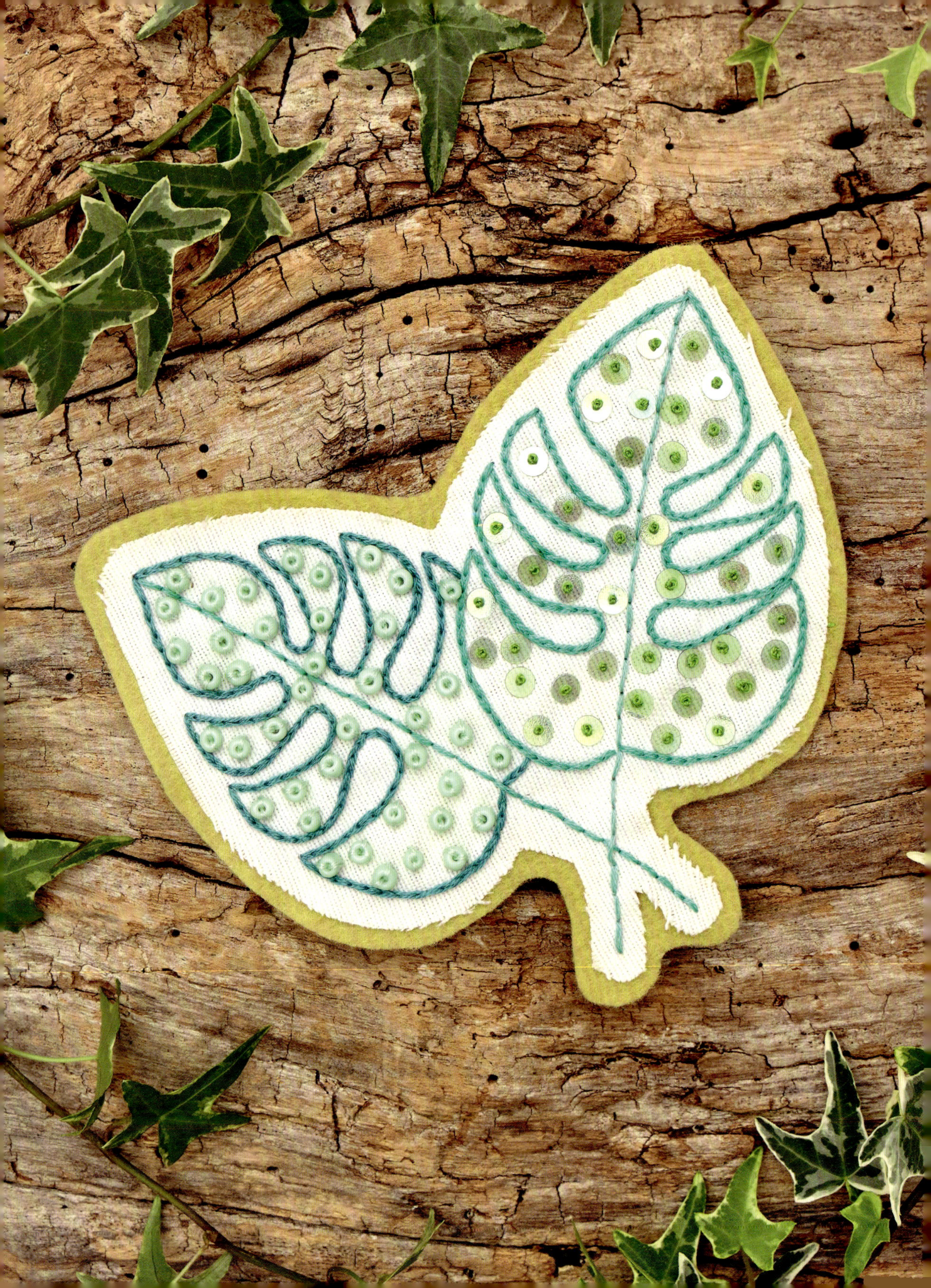

MONSTERA-BLÄTTER

VORLAGEN-REFERENZ Seite 119

Der Tropical Look gerät nie außer Mode – was spricht also dagegen, mit diesen wunderhübschen Monstera-Blättern auf glamouröse Botanik zu setzen?

MATERIAL UND ZUBEHÖR

- Transfer- und Markierutensilien
- Baumwollcanvas in beliebiger Farbe
- Stickring
- Nadel
- Schere
- Mintgrüne Kunststoffperlen
- Grüne Pailletten
- Filz in beliebiger Farbe
- Kleines Schwämmchen
- Kleber

GARNFARBEN

- Mittleres Seegrün, 4 Fäden
- Hellgrün, 7 Fäden
- Helles Aquamarin, 3 Fäden
- Helles Nilgrün, 2 Fäden
- Likörgrün, 2 Fäden

VERWENDETE STICHE

- Spaltstich
- Rückstich
- Knötchenstich

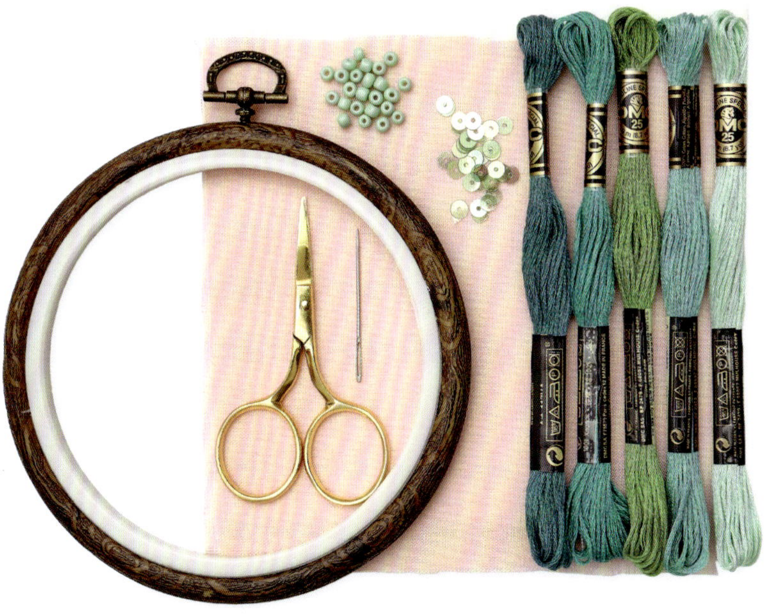

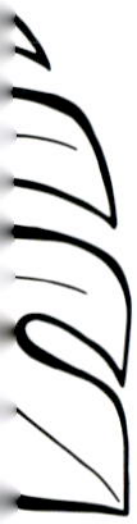

ANLEITUNG

Das Motiv auf den Stoff übertragen (siehe Vorlagen Seite 119 oder die aufbügelbare Transferfolie hinten im Buch) und den Stoff in einen Stickring spannen (siehe Seite 12).

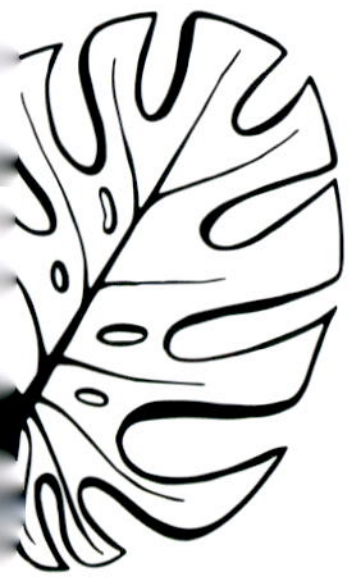

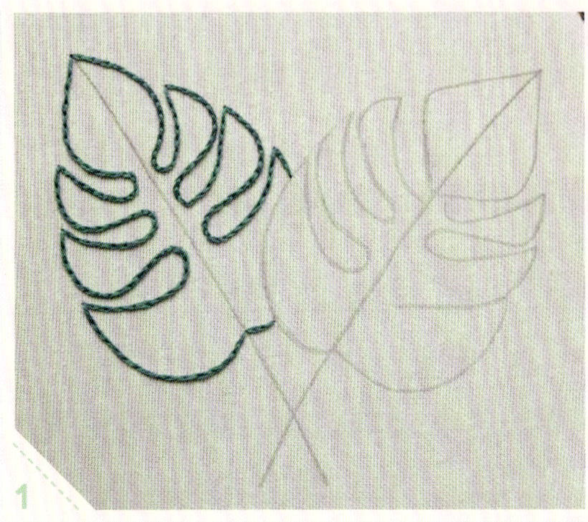

1

Mit dem linken Monstera-Blatt beginnen und die Konturen mit Spaltstich und vier Fäden in Mittlerem Seegrün sticken.

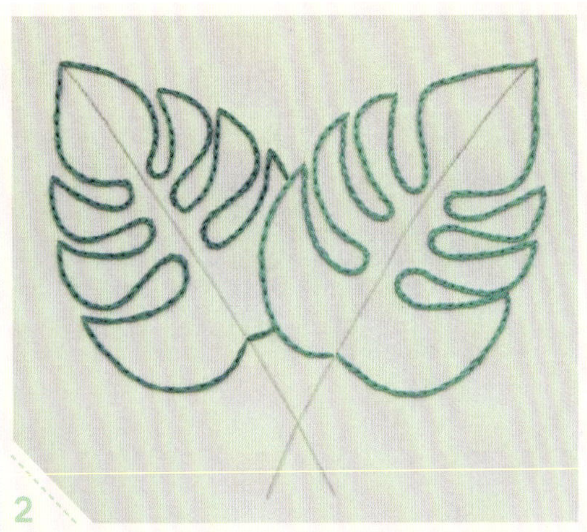

2

Das rechte Blatt mit Spaltstich und vier Fäden in Hellgrün sticken.

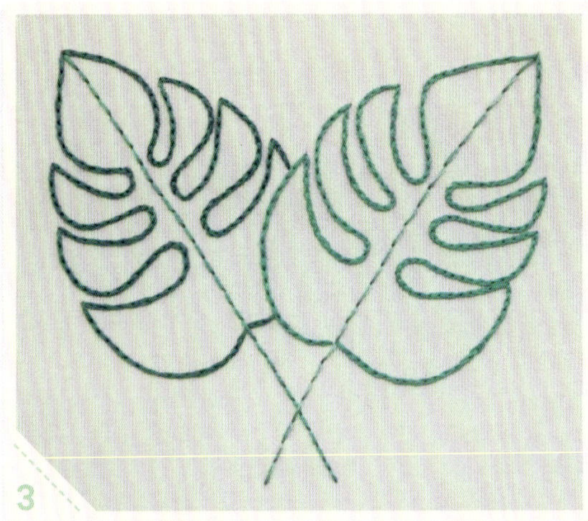

3

Den Stiel des rechten Blattes mit Rückstich und drei Fäden in Hellgrün, den des linken Blattes mit drei Fäden in Hellem Aquamarin sticken.

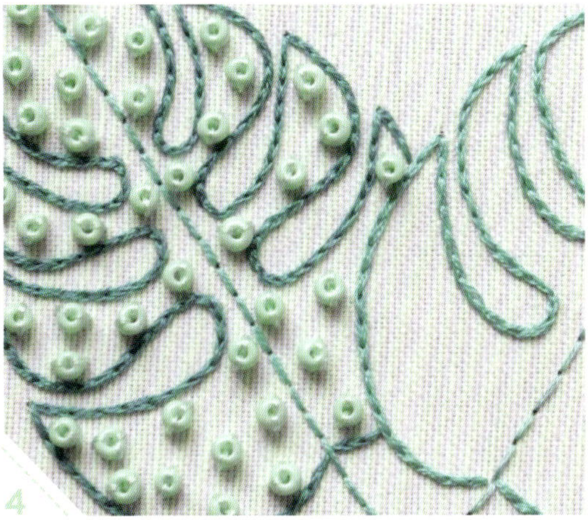

Mit zwei Fäden in Hellem Nilgrün die Perlen auf das linke Blatt nähen, dabei die Perlen mit Abstand zueinander anbringen.

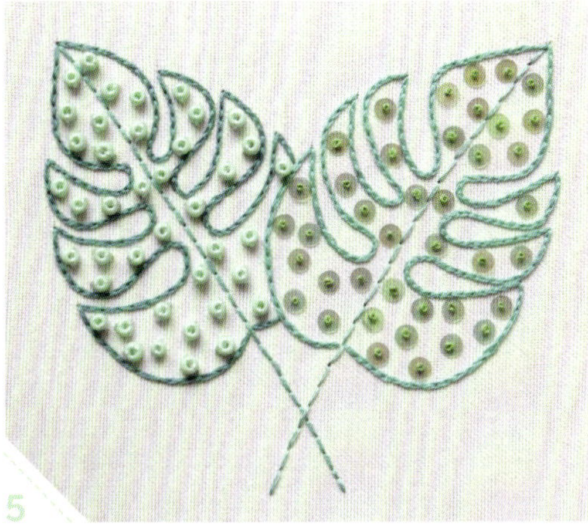

Die Pailletten mit zwei Fäden in Likörgrün auf das rechte Blatt sticken, dabei jeweils einen Knötchenstich durch das Loch in der Paillettenmitte arbeiten.

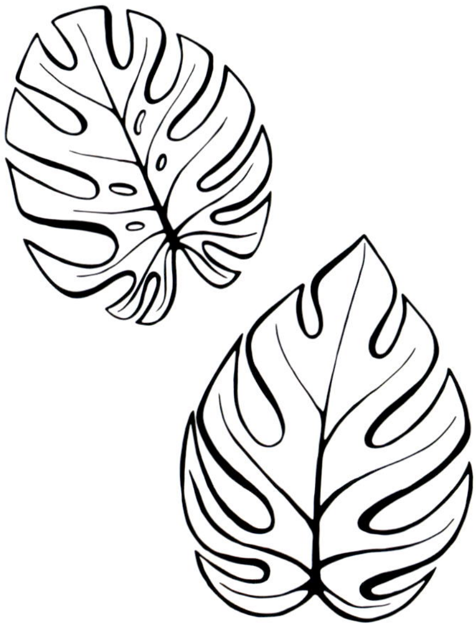

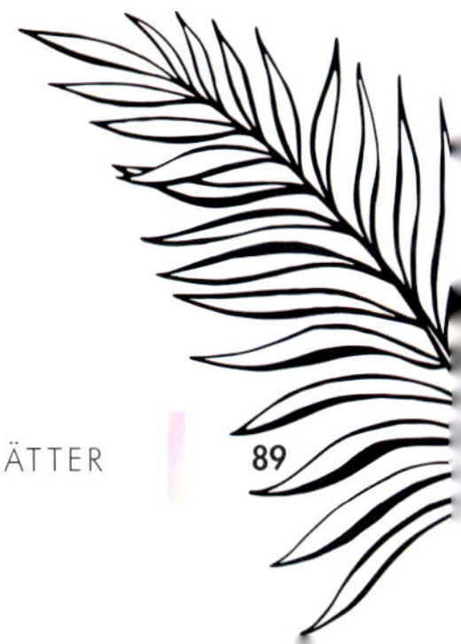

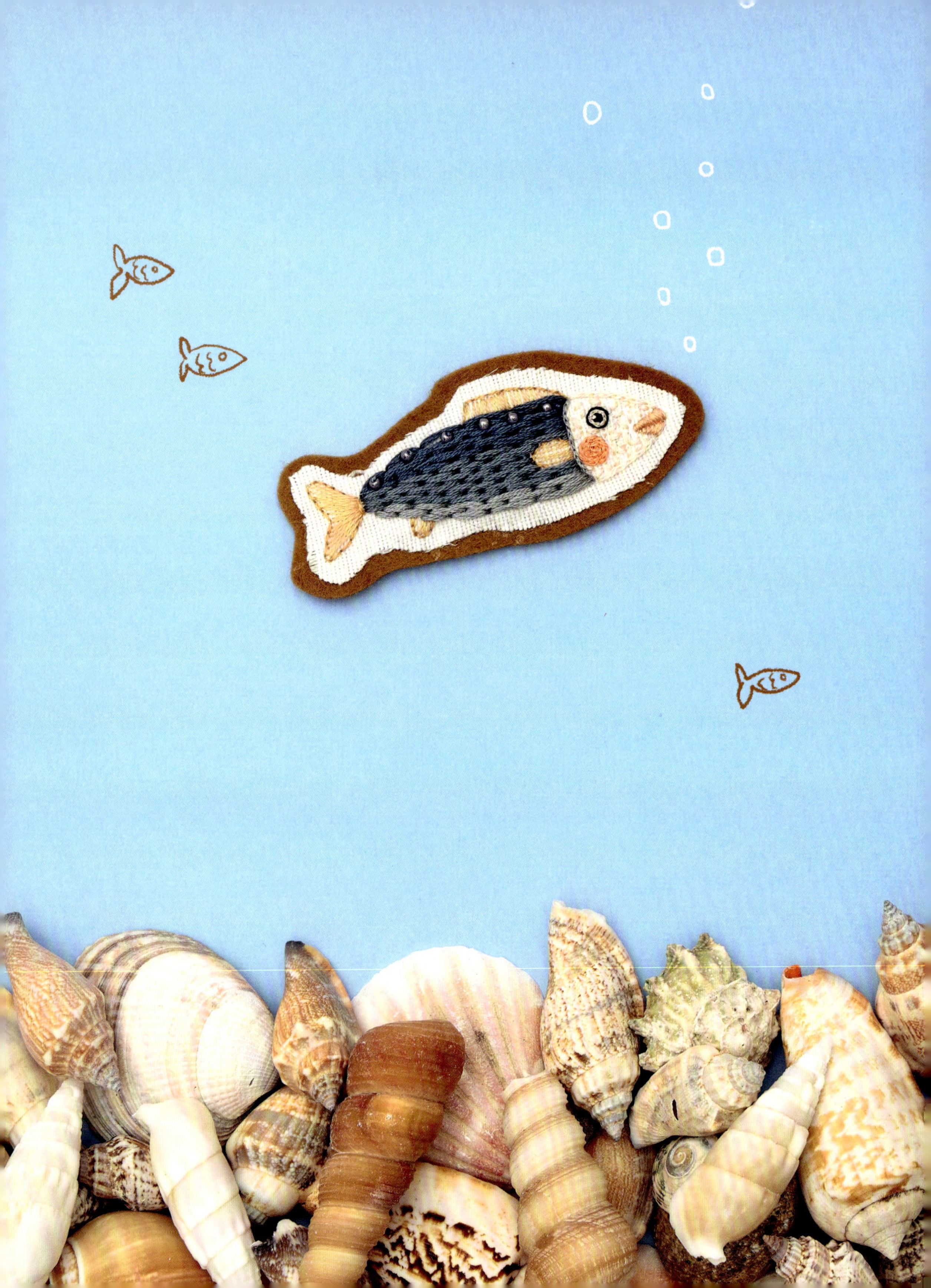

FISCH

VORLAGEN-REFERENZ
Seite 120

Wer fühlt sich nicht gerne so wohl »wie ein Fisch im Wasser«? Mit diesem fröhlich aussehenden Fischlein auf der Tasche macht es noch mehr Spaß, sich die Badesachen zu schnappen und in die Wellen zu springen …

MATERIAL UND ZUBEHÖR

- Transfer- und Markierutensilien
- Baumwollcanvas in beliebiger Farbe
- Stickring
- Nadel
- Schere
- Graue oder blaue Perlen, 0,8 mm (optional)
- Filz in beliebiger Farbe
- Kleines Schwämmchen
- Kleber

GARNFARBEN

- Schwarz, 3 Fäden
- Ecru, 2 Fäden
- Weiß, 1 Faden
- Helles Terracotta, 3 Fäden
- Apricot, 4 Fäden
- Helles Pfirsich, 5 Fäden
- Rotbraun, 1 Faden
- Helles Rotbraun, 1 Faden
- Tiefes Graugrün, 6 Fäden
- Dunkles Graugrün, 6 Fäden
- Helles Zinngrau, 8 Fäden

VERWENDETE STICHE

- Plattstich
- Spaltstich
- Geradstich
- Stielstich
- Versetzter Plattstich

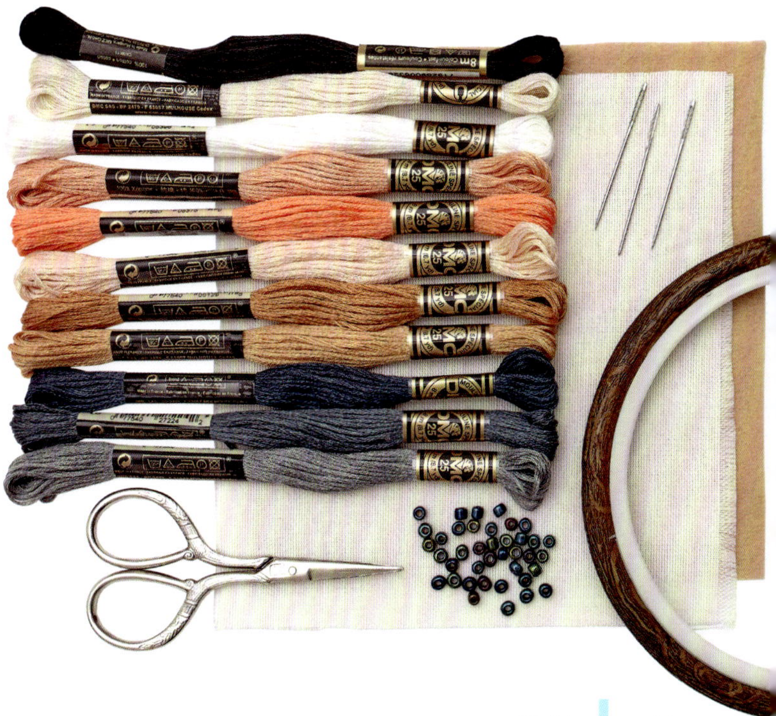

ANLEITUNG

Das Motiv auf den Stoff übertragen (siehe Vorlagen Seite 120 oder die aufbügelbare Transferfolie hinten im Buch) und den Stoff in einen Stickring spannen (siehe Seite 12).

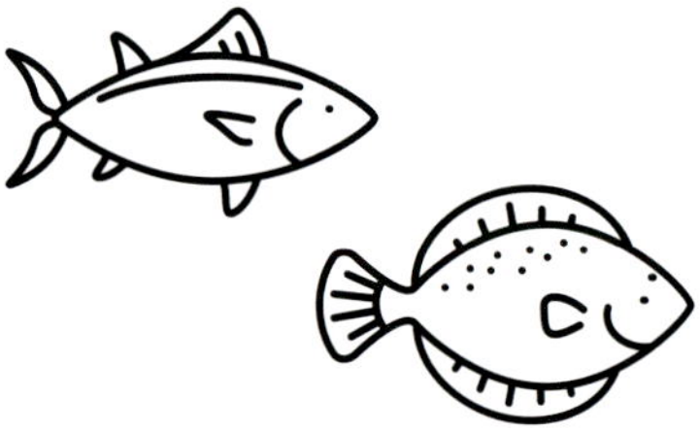

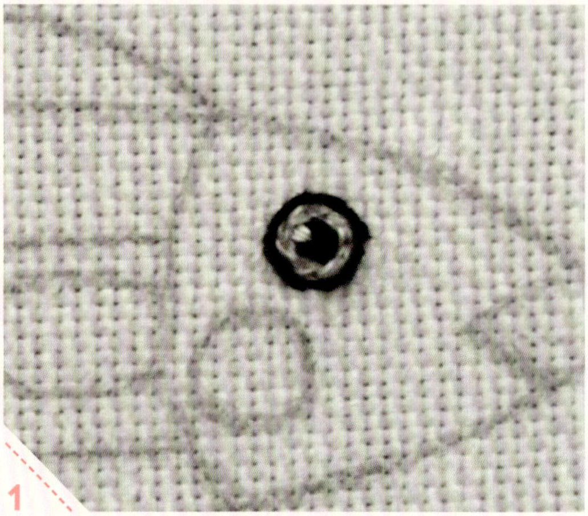

Zuerst das Auge sticken, dafür die Pupille mit Plattstich und zwei Fäden in Schwarz sticken. Dann mit Spaltstich und zwei Fäden in Ecru einen Ring um die Pupille arbeiten. Anschließend mit einem kleinen Geradstich und einen Faden in Weiß den Lichteffekt auf der Pupille anbringen. Zum Schluss mit Stielstich und einem Faden in Schwarz den hellen Ring umranden.

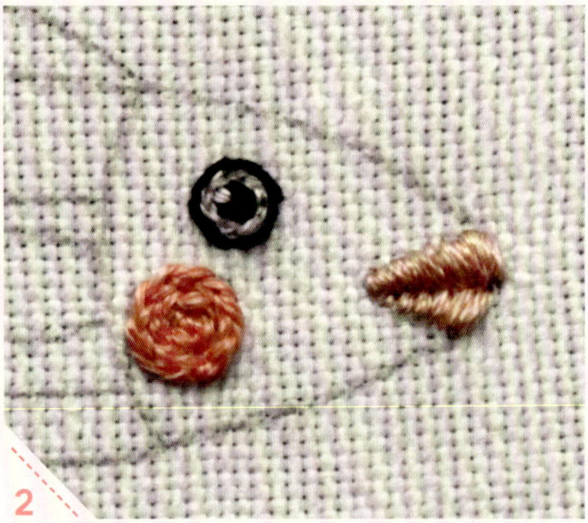

Die Lippen mit Plattstich und drei Fäden in Hellem Terracotta sticken. Die Wange mit Spaltstich und vier Fäden in Apricot sticken. Dabei von außen nach innen in fortschreitenden Kreisen mit zunehmend kleineren Stichen arbeiten.

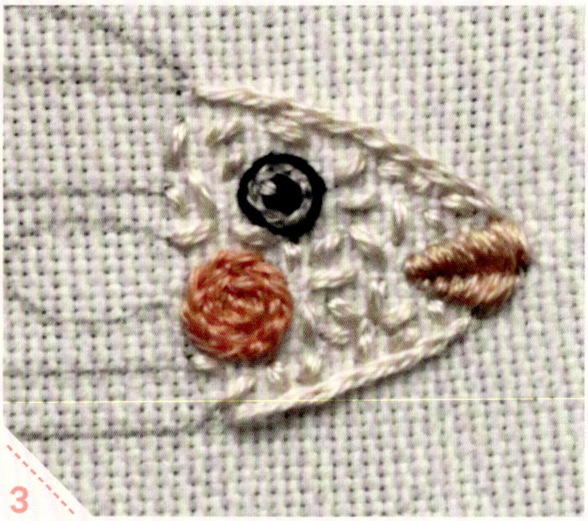

Die Konturen des Kopfes mit Spaltstich und zwei Fäden in Hellem Pfirsich sticken. Dann die Innenfläche mit kleinen Geradstichen in unterschiedliche Richtungen mit drei Fäden in Hellem Pfirsich ausfüllen.

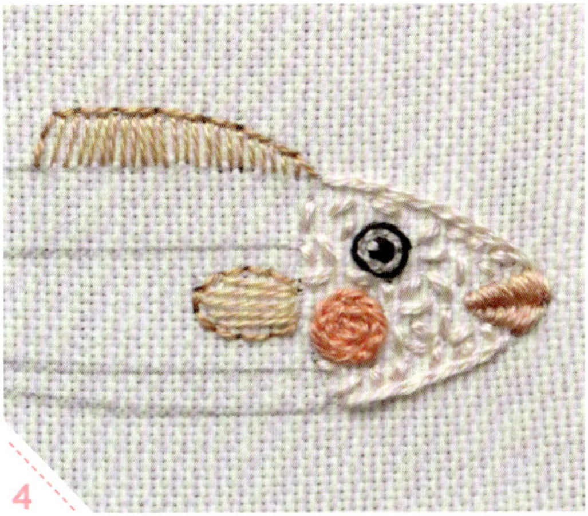

Die Konturen der Schwimm- und Schwanzflossen mit Stielstich und einem Faden in Rotbraun aufsticken. Diese jeweils mit Geradstichen und einem Faden in Hellem Rotbraun ausfüllen. Dabei für ein hübsches Muster jeweils etwas Platz zwischen den Stichen lassen.

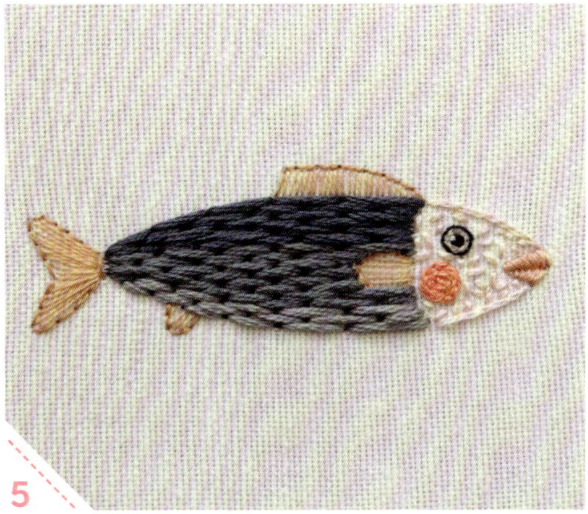

Den oberen Bereich des Körpers mit Versetzten Plattstichen und sechs Fäden in Tiefem Graugrün ausfüllen. Den Körper weiter mit Versetzten Plattstichen sticken, dabei für den mittleren Bereich sechs Fäden in Dunklem Graugrün und für den unteren Bereich sechs Fäden in Hellem Zinngrau verwenden.

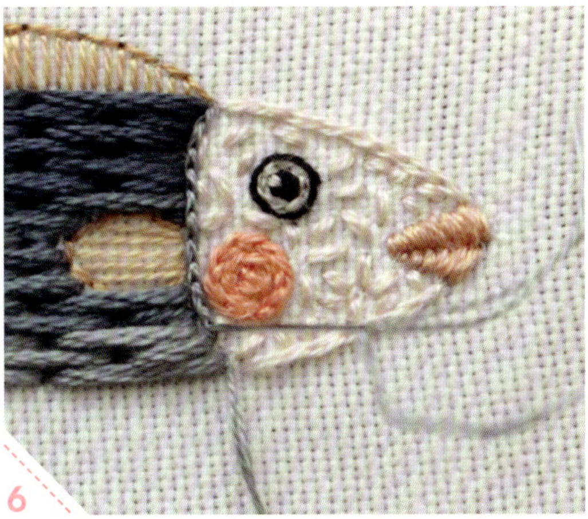

Die Linie zwischen Kopf und Körper (neben der Wange) mit Spaltstich und zwei Fäden in Hellem Zinngrau aufsticken.

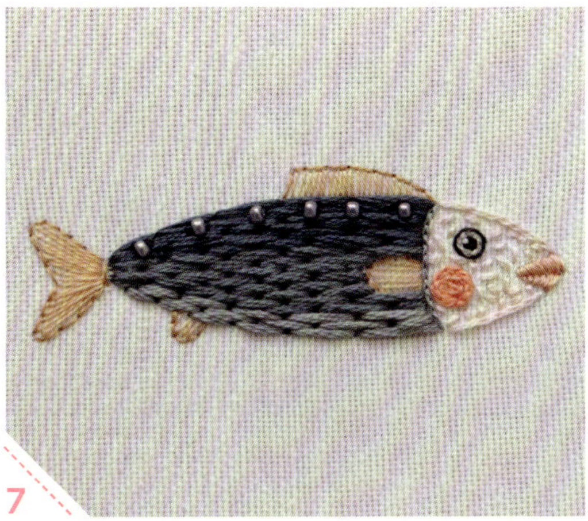

Zum Schluss die Stickerei mit Perlen verzieren (optional), diese dafür am oberen Körperrand des Fisches aufnähen.

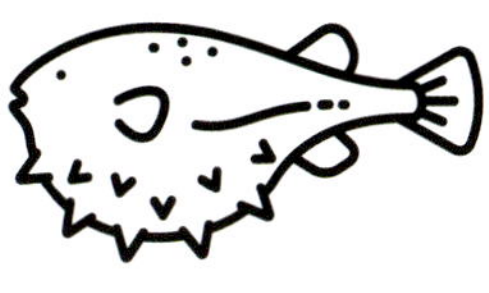

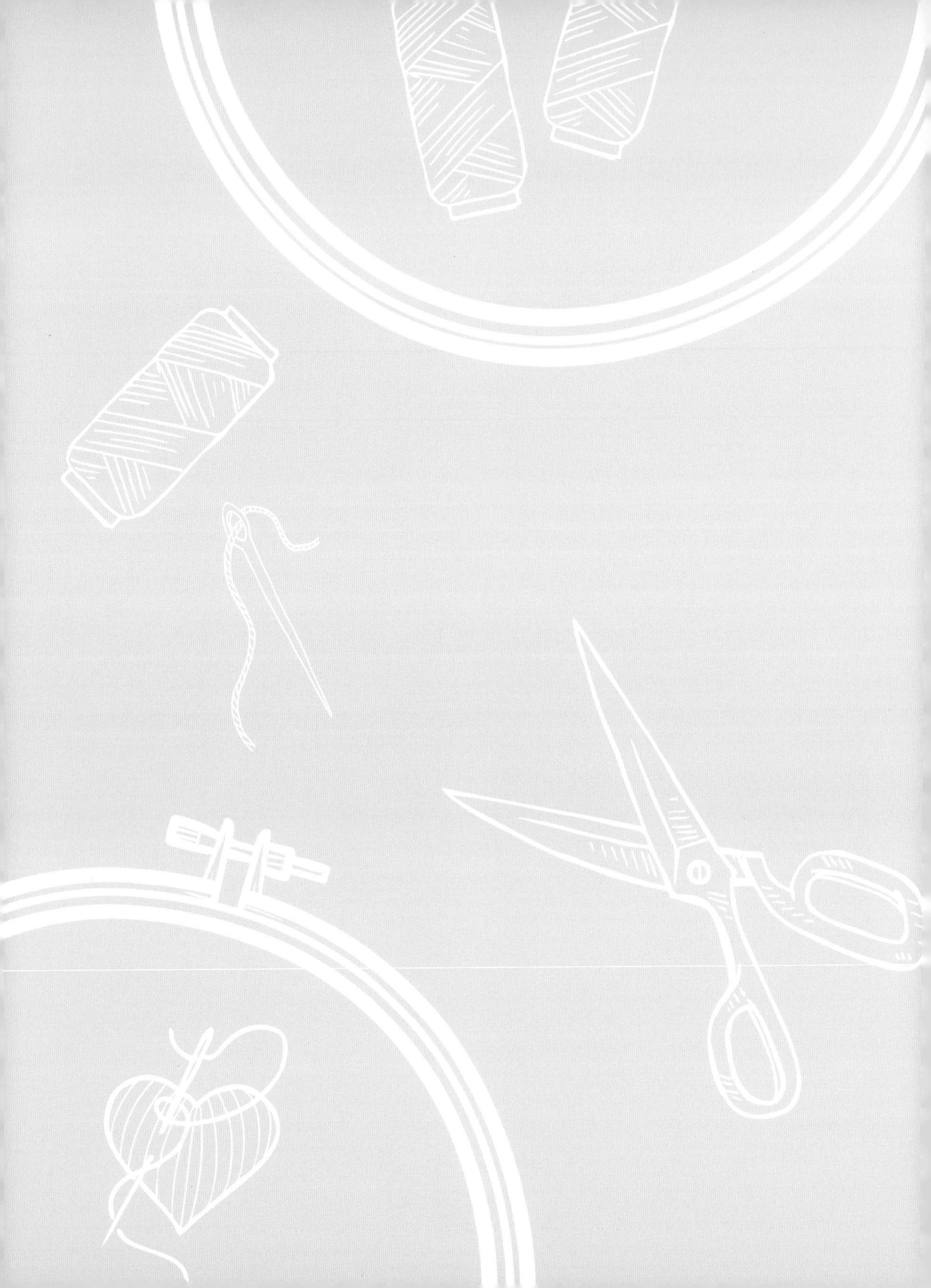

Statement-Aufnäher

MEIN FREUND, DER BAUM

VORLAGEN-REFERENZ Seite 119

Es ist wissenschaftlich erwiesen, dass es die Stimmung hebt, wenn man ab und zu einen Baum umarmt. Dieser Aufnäher ist eine Hommage an unsere grünen Freunde.

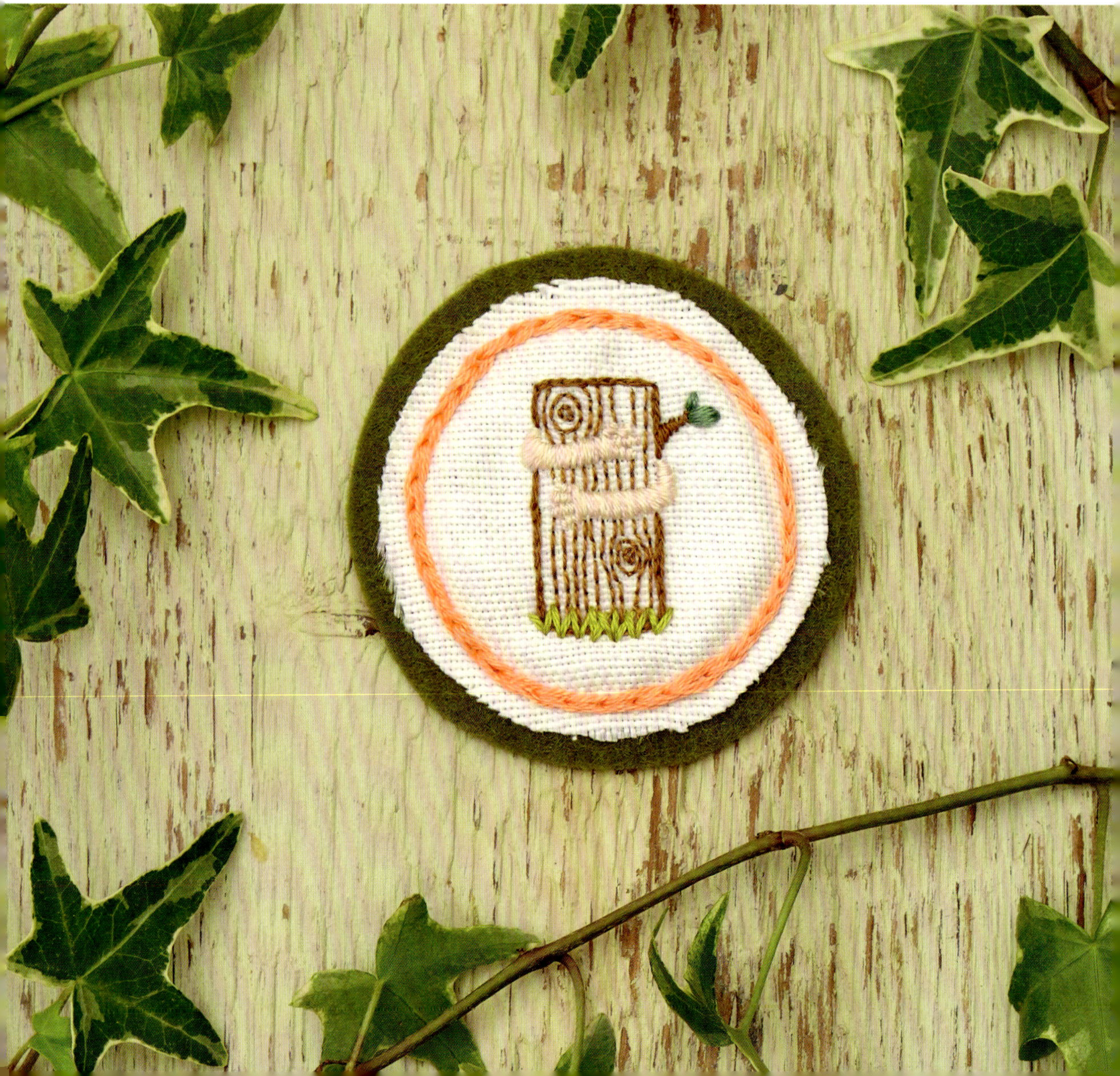

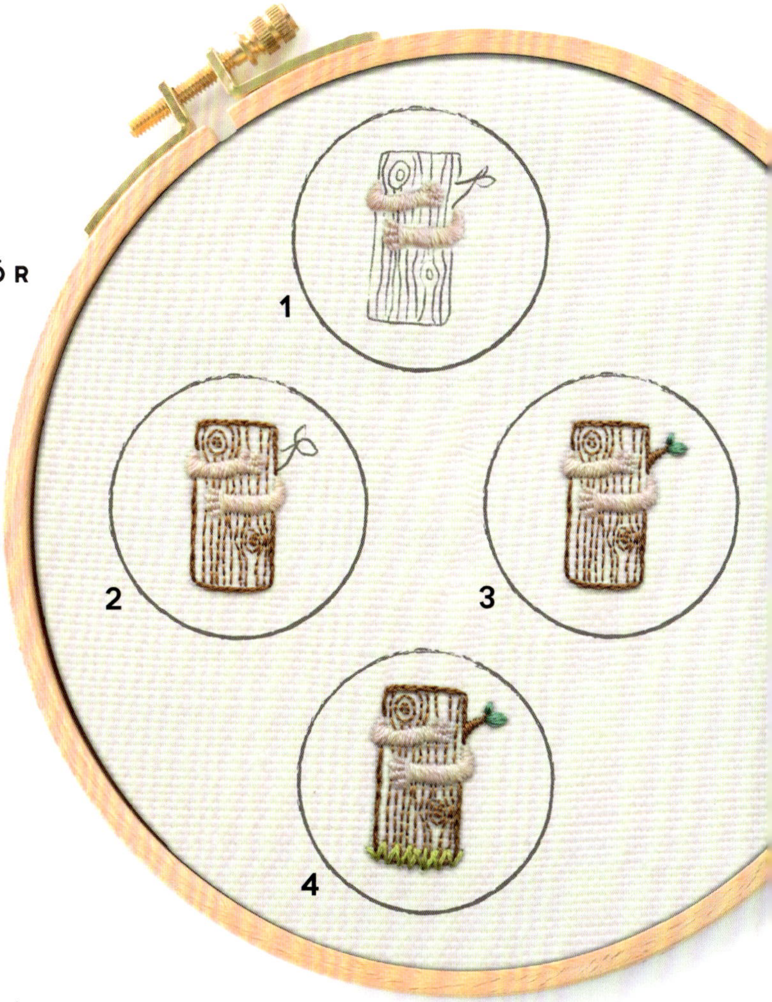

MATERIAL UND ZUBEHÖR

- Transfer- und Markierutensilien
- Baumwollcanvas in beliebiger Farbe
- Stickring
- Nadel
- Schere
- Filz in beliebiger Farbe

GARNFARBEN

- Eierschalenbraun, 2 Fäden
- Tiefdunkles Nussbraun, 4 Fäden
- Dunkles Nussbraun, 1 Faden
- Mittleres Jadegrün, 6 Fäden
- Mittelhelles Moosgrün, 2 Fäden

VERWENDETE STICHE

- Plattstich
- Spaltstich
- Rückstich
- Geradstich

ANLEITUNG

Das Motiv auf den Stoff übertragen (siehe Vorlagen Seite 119 oder die aufbügelbare Transferfolie hinten im Buch) und den Stoff in einen Stickring spannen (siehe Seite 12).

1 Zuerst die Arme mit Plattstich und zwei Fäden in Eierschalenbraun aufsticken. Die Finger mit noch dichterem Plattstich sticken.

2 Die Konturen des Baums mit Spaltstich und zwei Fäden in Tiefdunklem Nussbraun sticken. Die Holzmaserungen mit Rückstich und einem Faden in Dunklem Nussbraun arbeiten.

3 Den kleinen Zweig rechts mit Plattstich und zwei Fäden in Tiefdunklem Nussbraun sticken. Dann die Blätter mit Geradstich und sechs Fäden in Mittlerem Jadegrün hinzufügen.

4 Zum Schluss unten am Baum etwas Gras sticken, dafür mit v-förmigen Geradstiche und zwei Fäden in Mittelhellem Moosgrün arbeiten.

BLICK IN DIE STERNE

VORLAGEN-REFERENZ Seite 123

Errate das Sternbild und freue dich über dieses trendige Stückchen Astronomie. Der Aufnäher eignet sich auch hervorragend als Anhänger oder als hübsche Ergänzung an einem Hemdkragen.

MATERIAL UND ZUBEHÖR

- Transfer- und Markierutensilien
- Schwarzer oder dunkelblauer Baumwollcanvas
- Stickring
- Nadel
- Schere
- Filz in beliebiger Farbe

GARNFARBEN

- Weiß, 6 Fäden
- Hellleuchtendes Gold, 1 Faden

VERWENDETE STICHE

- Rückstich
- Knötchenstich
- Geradstich

ANLEITUNG

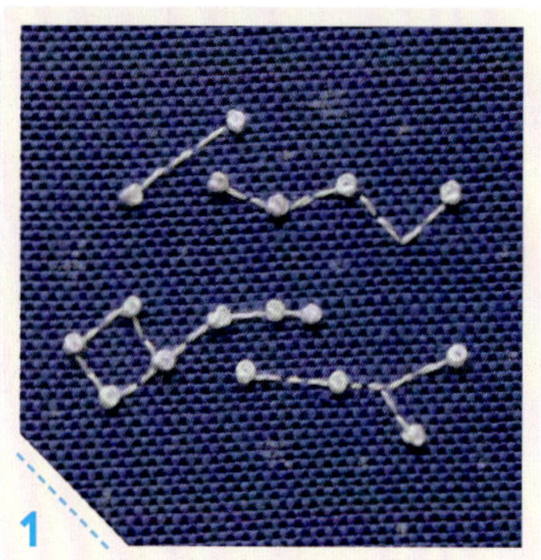

1

Das Motiv auf den Stoff übertragen (siehe Vorlagen Seite 123 oder die aufbügelbare Transferfolie hinten im Buch) und den Stoff in einen Stickring spannen (siehe Seite 12).

Zunächst alle Verbindungslinien mit Rückstich und einem Faden in Weiß aufsticken. Dann auf die Linien mit Knötchenstich und zwei Fäden in Weiß kleine Punkte setzen.

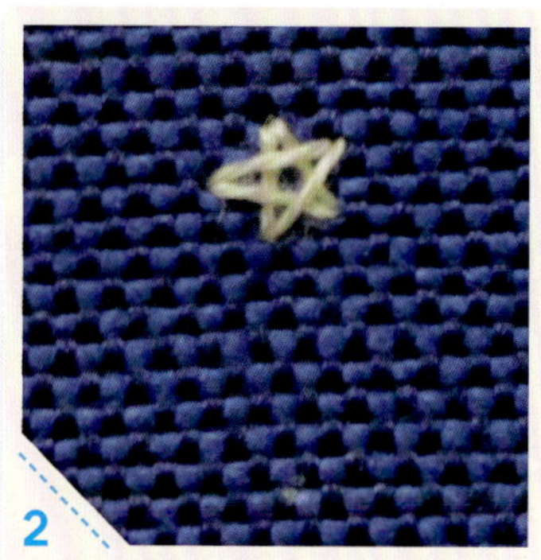

2

Die Konturen der Sterne mit Geradstich und einem Faden in Hellleuchtendem Gold sticken. Dabei so vorgehen, als wenn man einen Stern auf Papier zeichnen würde.

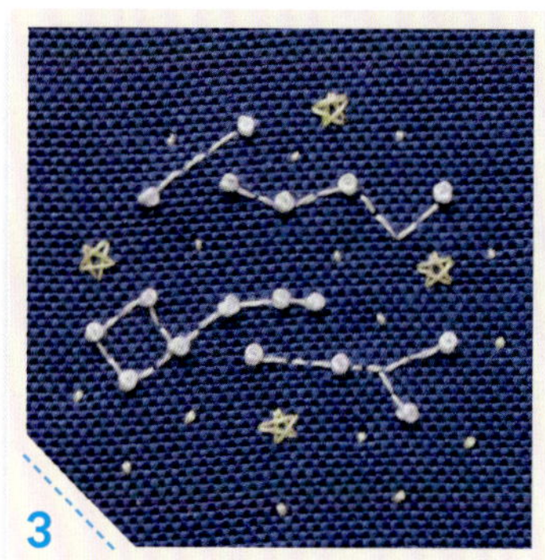

3

Zum Schluss rundherum kleine Pünktchen mit Geradstich und drei Fäden in Weiß hinzufügen.

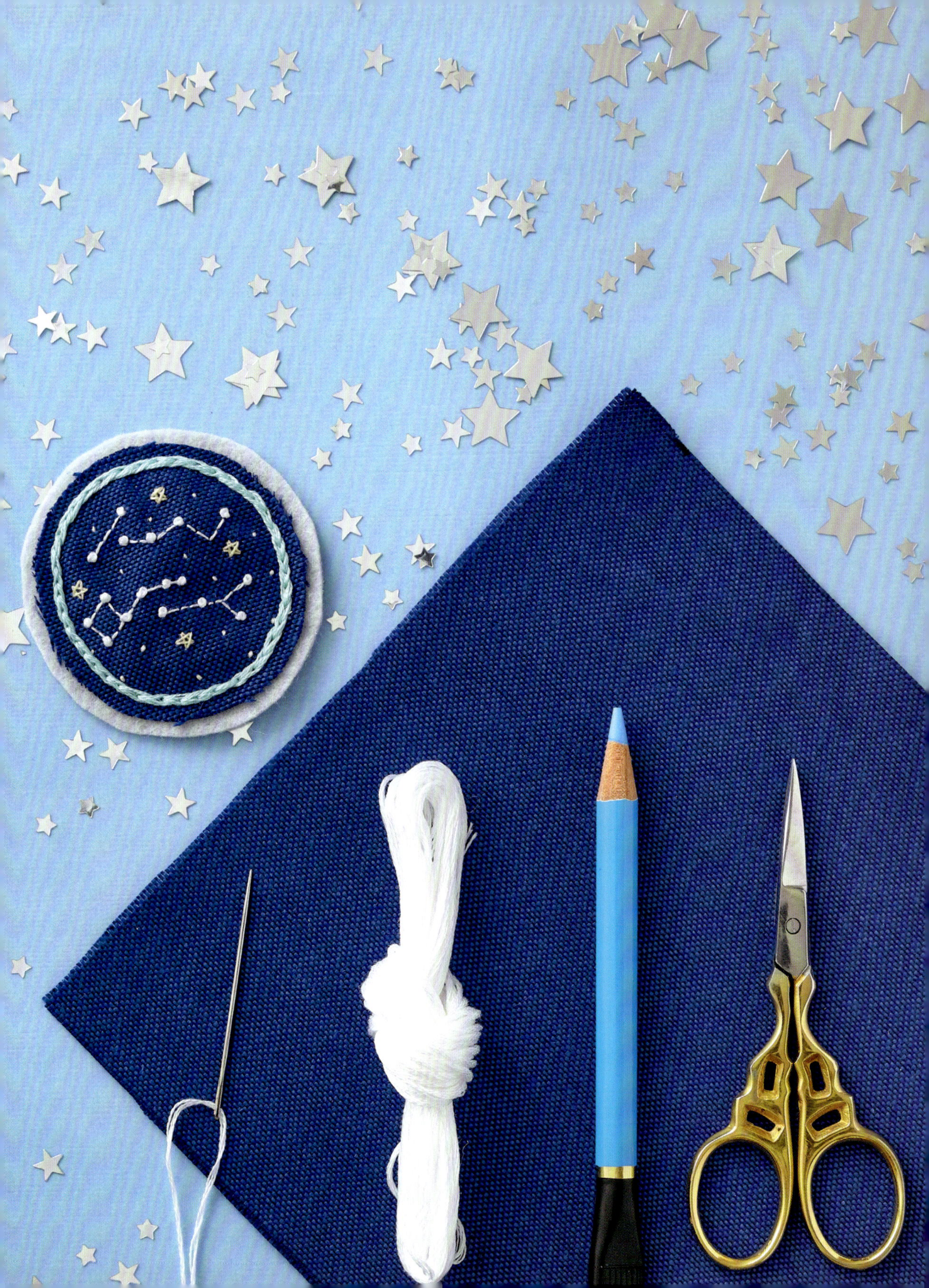

»I LOVE STICKEN«

VORLAGEN-REFERENZ Seite 120

Welch schönere Art könnte es geben, die Liebe zum Sticken zu feiern, als mit diesem supersüßen Aufnäher? Präsentiere ihn stolz an deiner Jacke oder Tasche und zeige der ganzen Welt dein Handarbeitsgeschick.

MATERIAL UND ZUBEHÖR

- Transfer- und Markierutensilien
- Baumwollcanvas in beliebiger Farbe
- Stickring
- Nadel
- Schere
- Filz in beliebiger Farbe

GARNFARBEN

- Metallic-Silber, 3 Fäden
- Leuchtend Rot, 5 Fäden
- Mittleres Graublau, 1 Faden

VERWENDETE STICHE

- Rückstich
- Spaltstich
- Reisstich

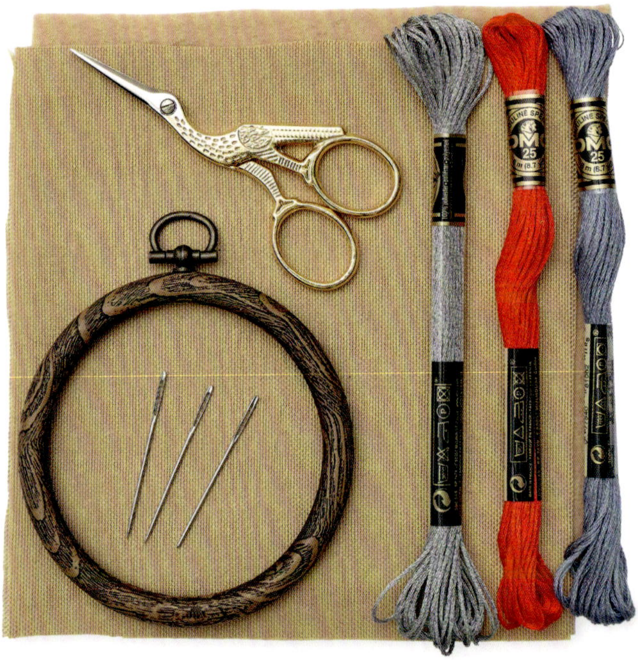

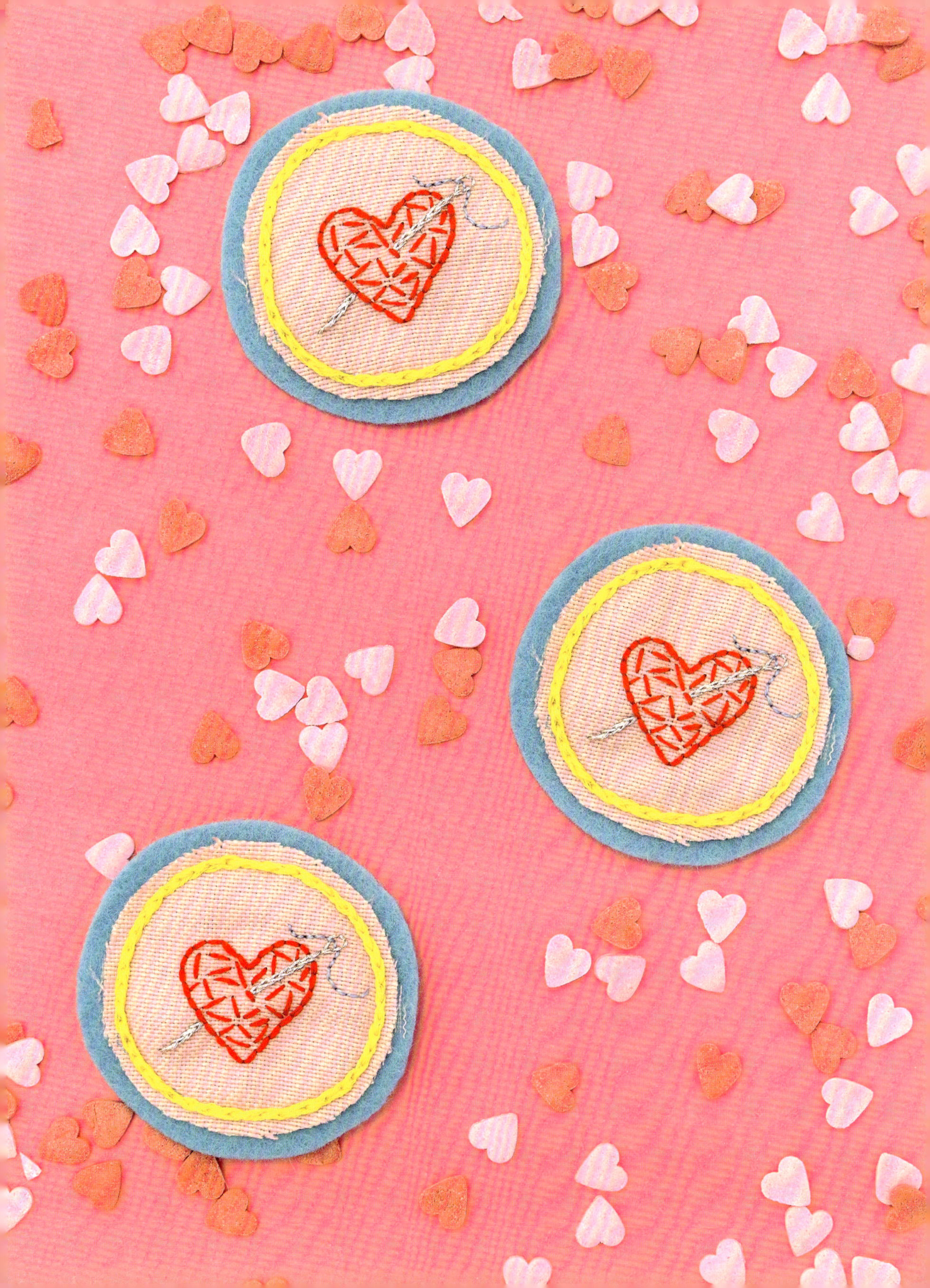

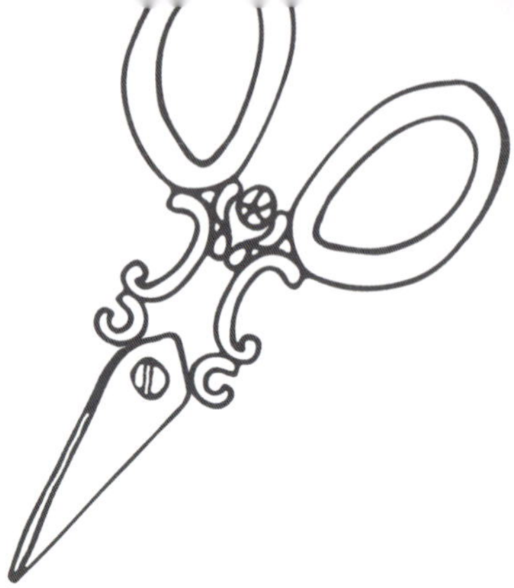

ANLEITUNG

Das Motiv auf den Stoff übertragen (siehe Vorlagen Seite 120 oder die aufbügelbare Transferfolie hinten im Buch) und den Stoff in einen Stickring spannen (siehe Seite 12).

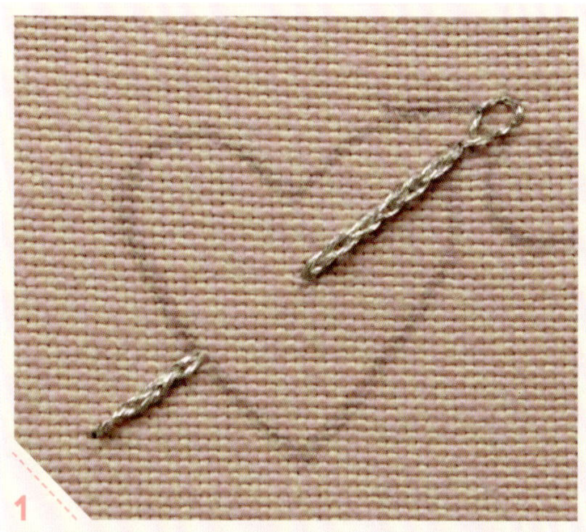

Zuerst das Nadelöhr mit Rückstich und einem Faden in Metallic-Silber sticken. Anschließend die Nadel mit Spaltstich und zwei Fäden in Metallic-Silber sticken.

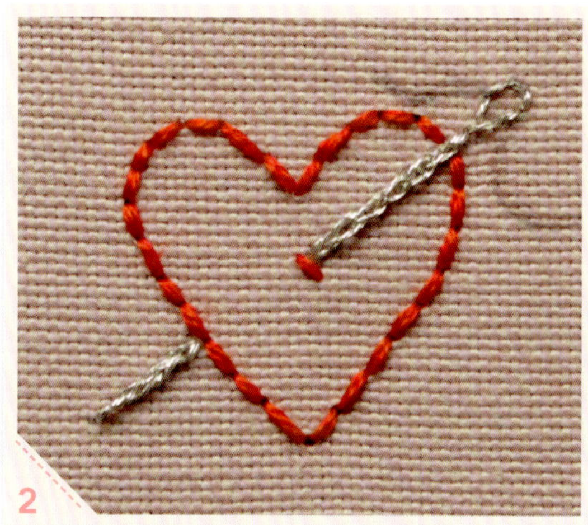

Die Konturen des Herzens mit Rückstich und drei Fäden in Leuchtend Rot arbeiten.

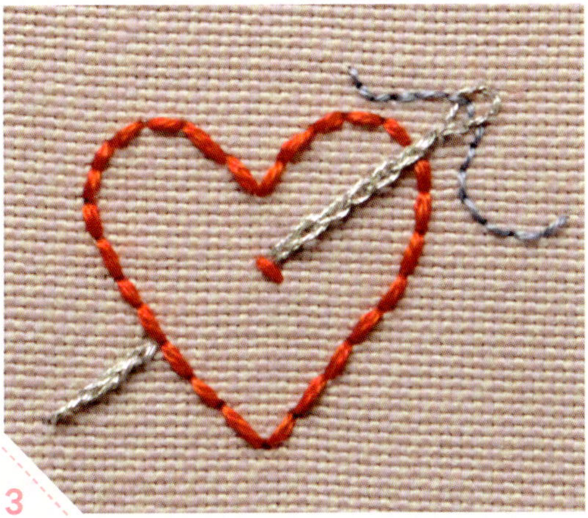

3

Das Fadenende mit Rückstich und einem Faden in Mittlerem Graublau sticken.

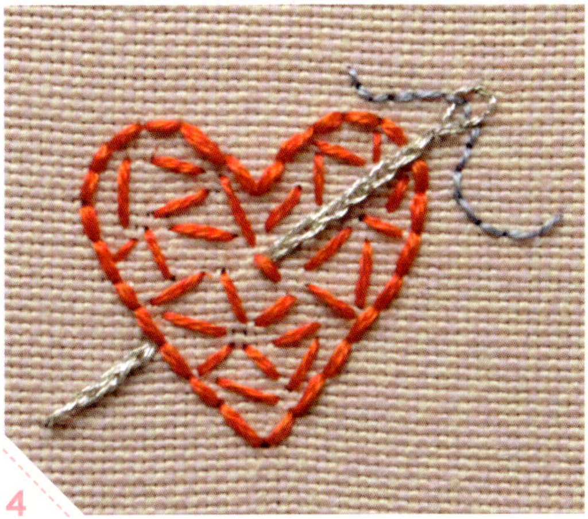

4

Zum Schluss das Herz mit Reisstich und zwei Fäden in Leuchtend Rot ausfüllen.

MORGENKAFFEE

VORLAGEN-REFERENZ Seite 119

Wir kennen alle das Gefühl, morgens nicht aus dem Bett zu kommen. Manchmal braucht es da schon eine Tasse Kaffee, damit es klappt. Zelebriere deinen Sieg über deinen inneren Morgenmuffel und huldige dem grandiosen Wachmacher mit diesem Aufnäher.

MATERIAL UND ZUBEHÖR

- Transfer- und Markierutensilien
- Baumwollcanvas in beliebiger Farbe
- Stickring
- Nadel
- Schere
- Filz in beliebiger Farbe

GARNFARBEN

- Apricot, 2 Fäden
- Dunkles Kaffeebraun, 3 Fäden
- Mittleres Hopfengelb, 9 Fäden
- Aquamarin, 2 Fäden
- Mittleres Apricot, 1 Faden
- Helles Jadegrün, 3 Fäden
- Hellleuchtendes Gold, 1 Faden

VERWENDETE STICHE

- Plattstich
- Geradstich
- Spaltstich
- Reisstich
- Rückstich

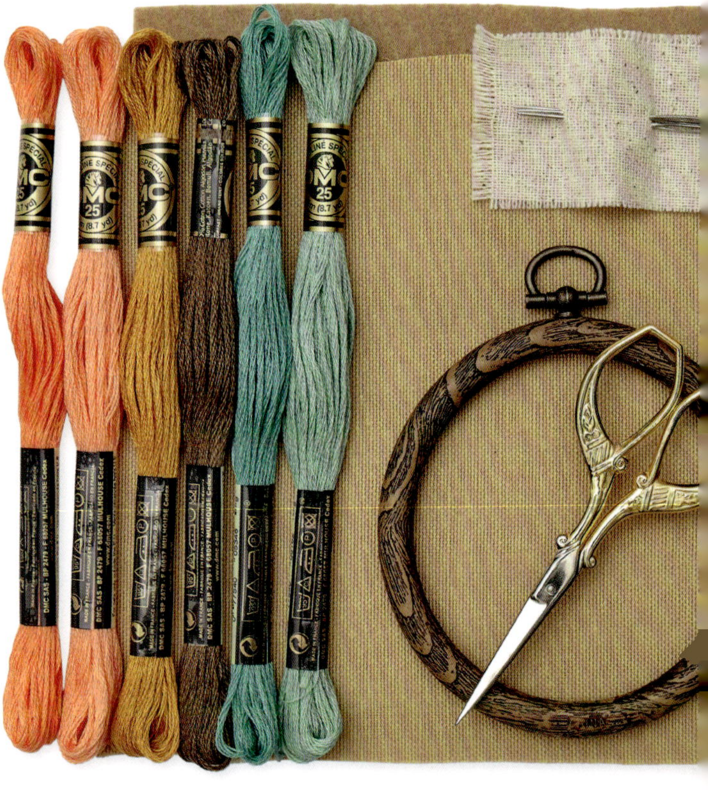

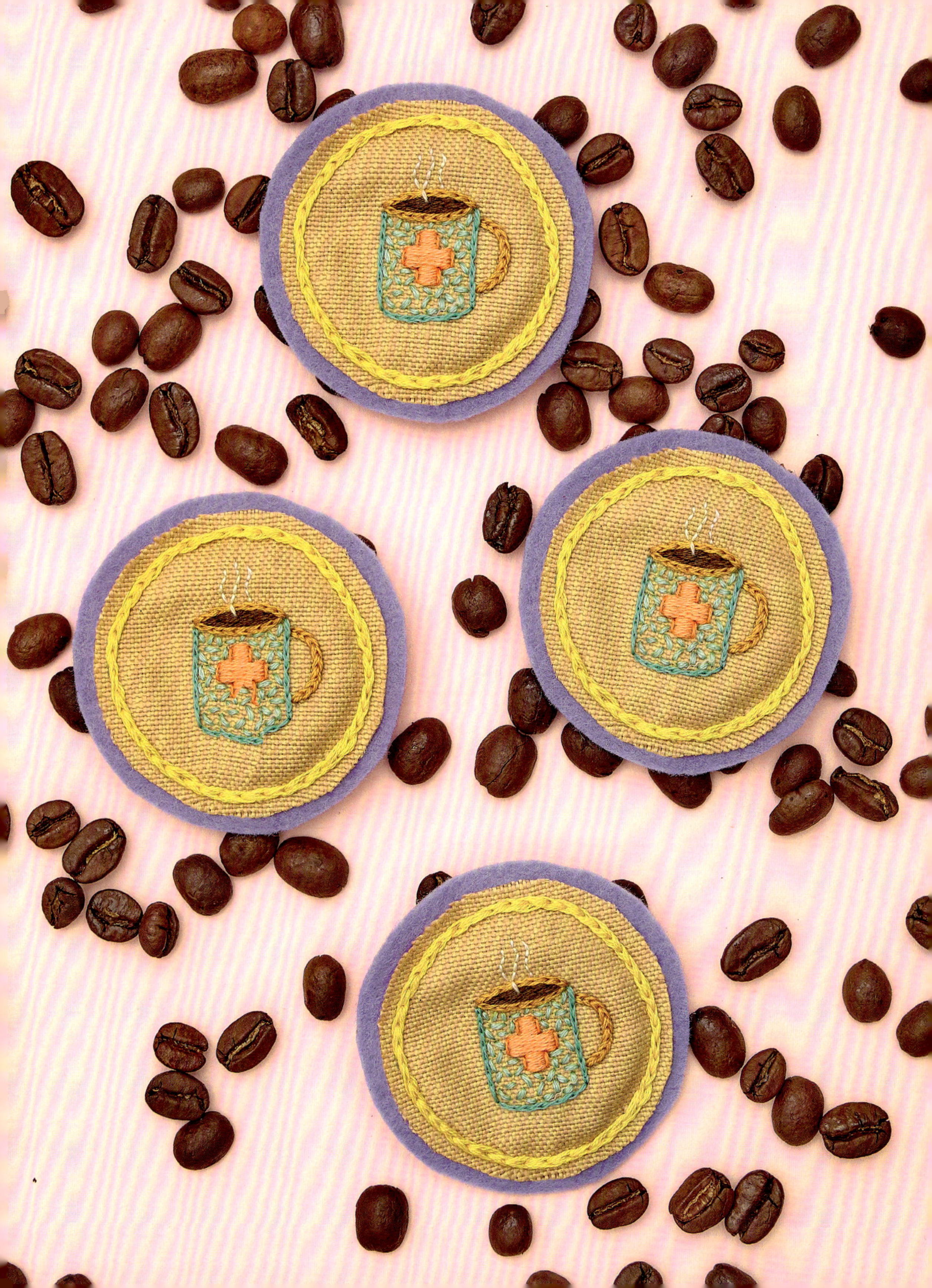

ANLEITUNG

Das Motiv auf den Stoff übertragen (siehe Vorlagen Seite 119 oder die aufbügelbare Transferfolie hinten im Buch) und den Stoff in einen Stickring spannen (siehe Seite 12).

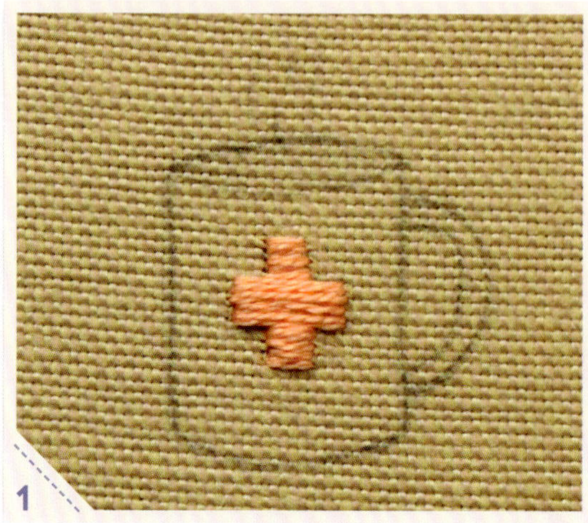

Mit dem Erste-Hilfe-Kreuz auf der Tasse beginnen und dafür mit Plattstich und zwei Fäden in Apricot arbeiten.

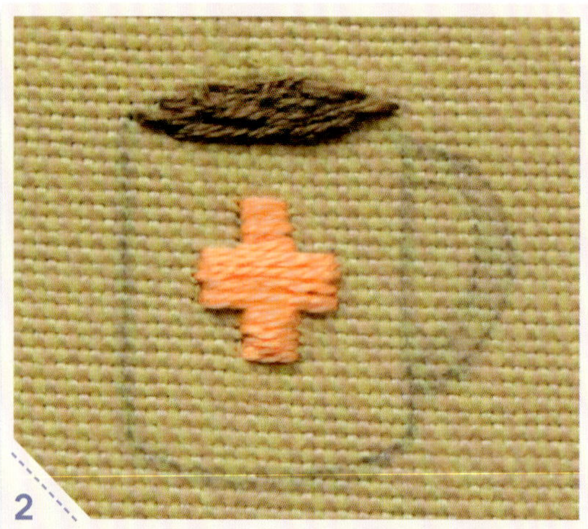

Für den Kaffee im Becher freie, quer verlaufende lange und kurze Geradstiche mit drei Fäden in Dunklem Kaffeebraun sticken.

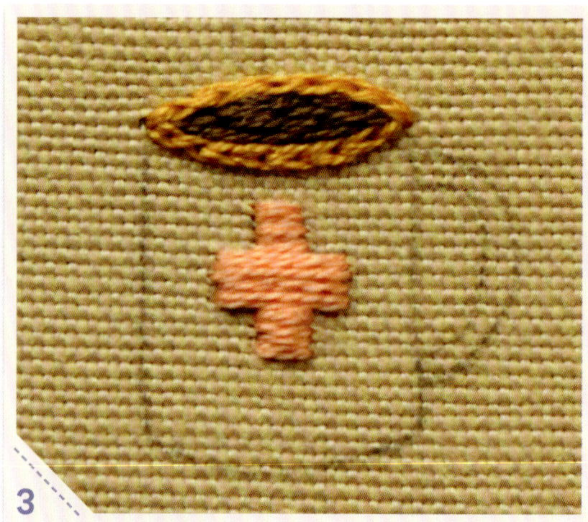

Den Becherrand mit Spaltstich und drei Fäden in Mittlerem Hopfengelb sticken.

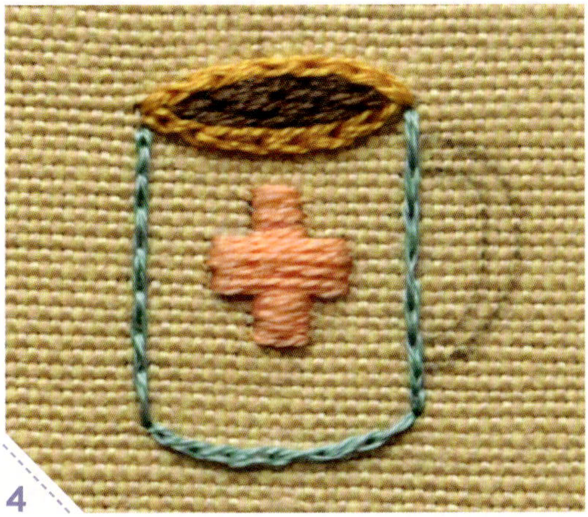

4

Die Konturen des Bechers mit Spaltstich und zwei Fäden in Aquamarin sticken.

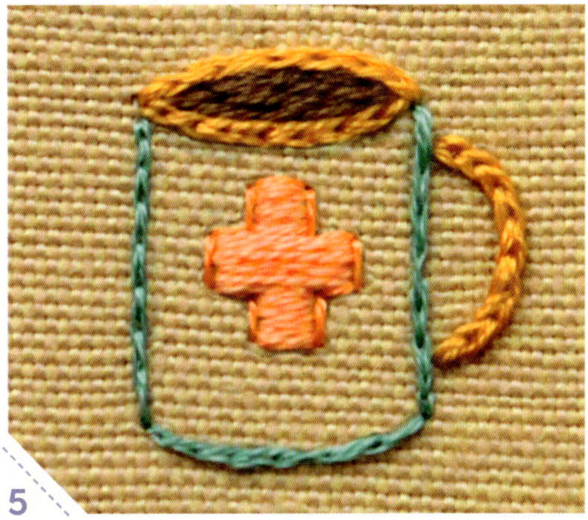

5

Den Griff mit Spaltstich und sechs Fäden in Mittlerem Hopfengelb sticken, dabei darauf achten, dass die erste Schlaufe in der Mitte liegt. Die Konturen des Erste-Hilfe-Kreuzes mit Geradstich und einem Faden in Mittlerem Apricot sticken.

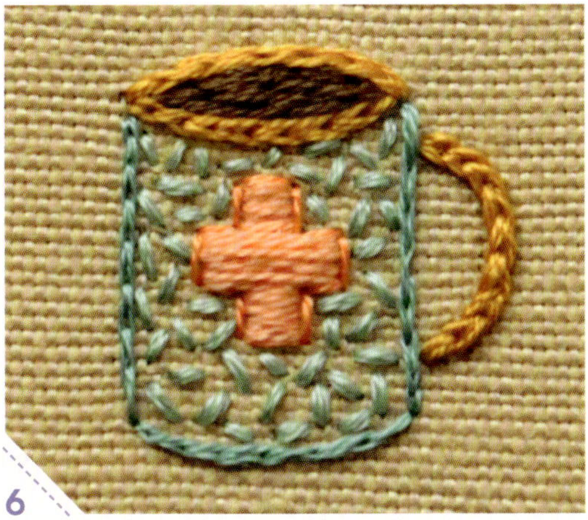

6

Die Fläche des Bechers mit kleinen Reisstichen und drei Fäden in Hellem Jadegrün ausfüllen.

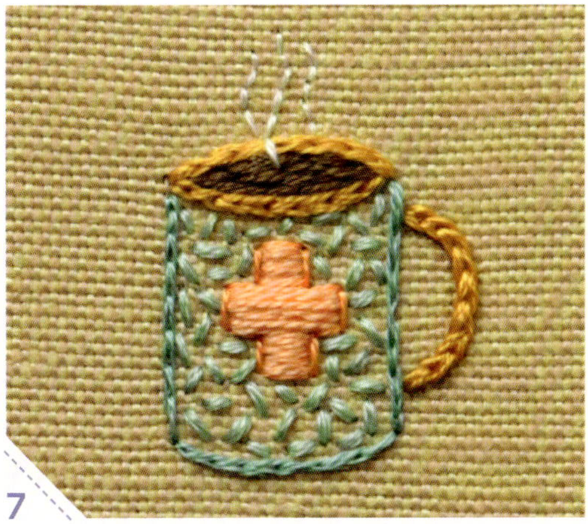

7

Zum Schluss den Dampf in Rückstichen und einem Faden in Hellleuchtendem Gold aufsticken.

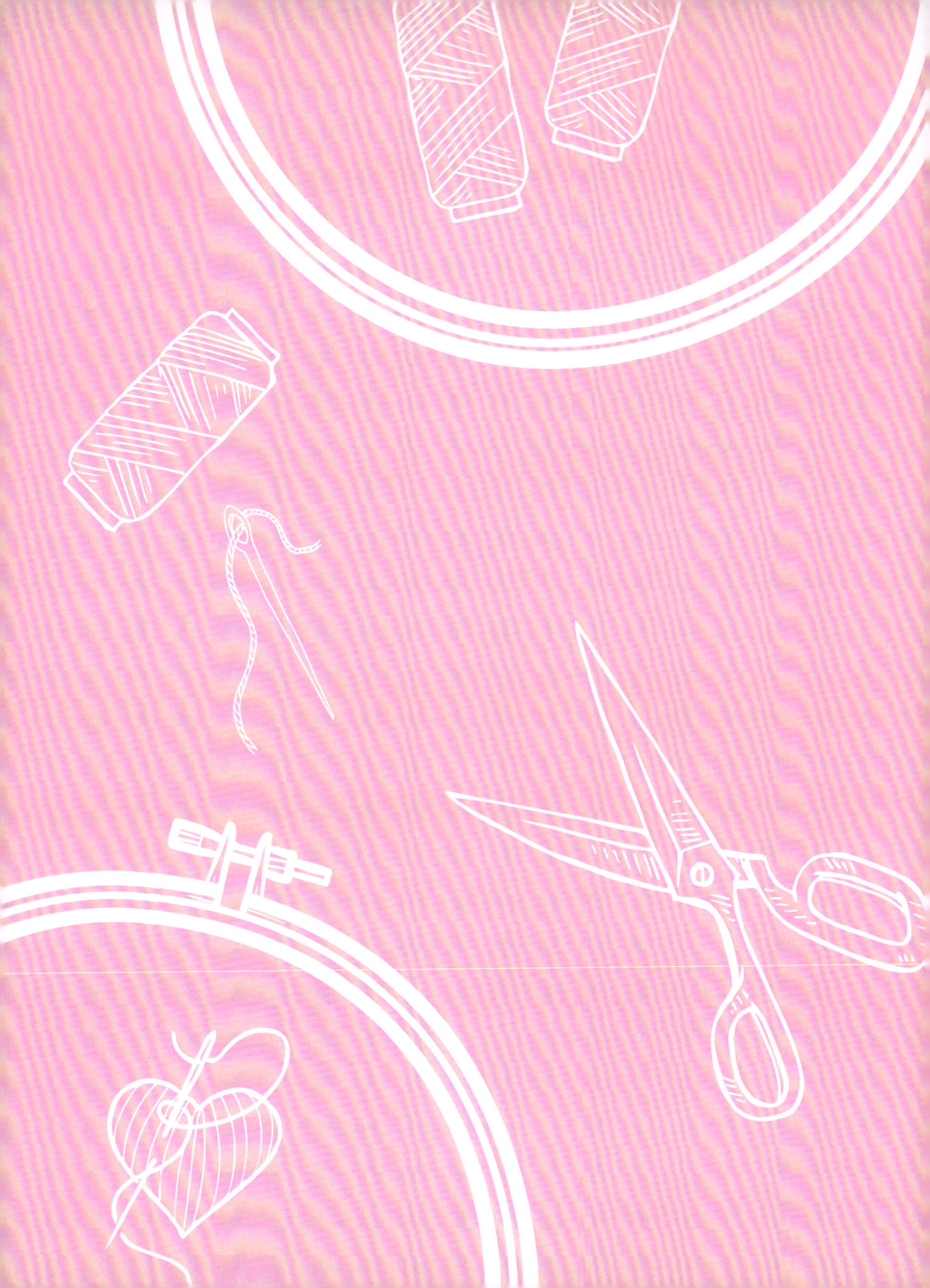

7 Sticharten und Techniken

STICHARTEN

In diesem Kapitel wird gezeigt, wie man die für die Projekte in diesem Buch verwendeten Stiche ausführt. Jeder Stickstich wird Schritt für Schritt mit Zeichnungen erklärt. Die fertigen Beispiele veranschaulichen jeweils, wofür man ihn einsetzen kann.

GERADSTICH

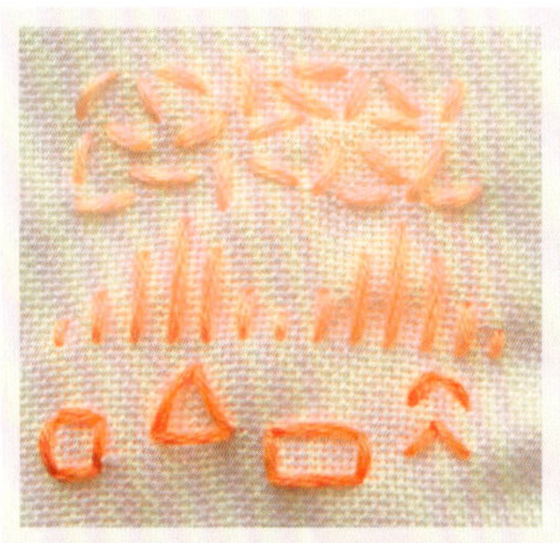

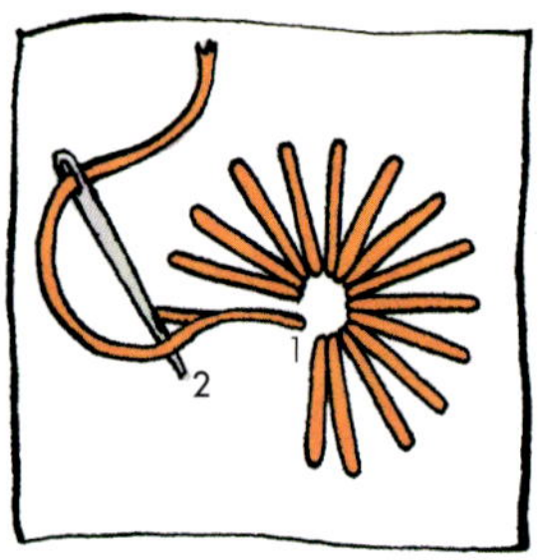

Mit der Nadel an Punkt 1 ausstechen und an Punkt 2 wieder in den Stoff einstechen. Den Vorgang wie in der Anleitung beschrieben wiederholen.

Hinweis
Ähnlich lange (kurze) Geradstiche, die wie zufällig auf einer Fläche verteilt werden, nennt man auch »Reisstiche«.

PLATTSTICH

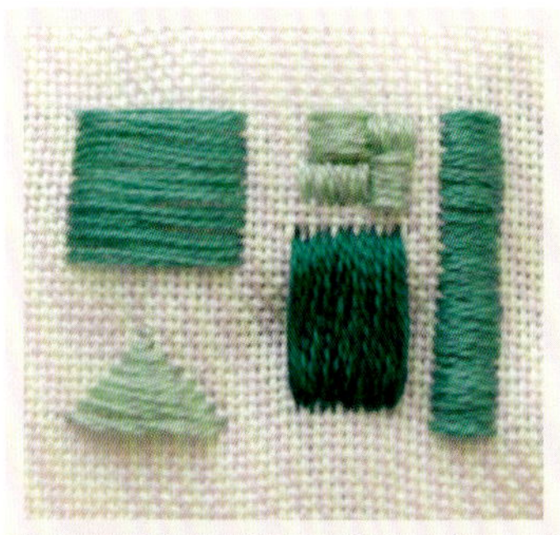

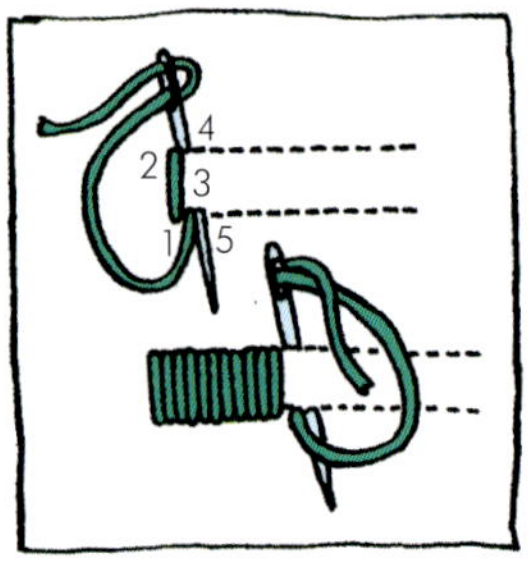

Mit der Nadel an Punkt 1 ausstechen, an Punkt 2 wieder in den Stoff einstechen, an 3 wieder ausstechen, an 4 nochmals ein- und an 5 ausstechen. Wie in der Anleitung beschrieben wiederholen.

Hinweis
Für einen sauberen und leicht erhabenen Rand zuerst die Form mit Spalt- oder Stielstich umranden und dann mit dem oben beschriebenen Plattstich ausfüllen. Dabei über die gestickte Umrandung sticken.

RÜCKSTICH

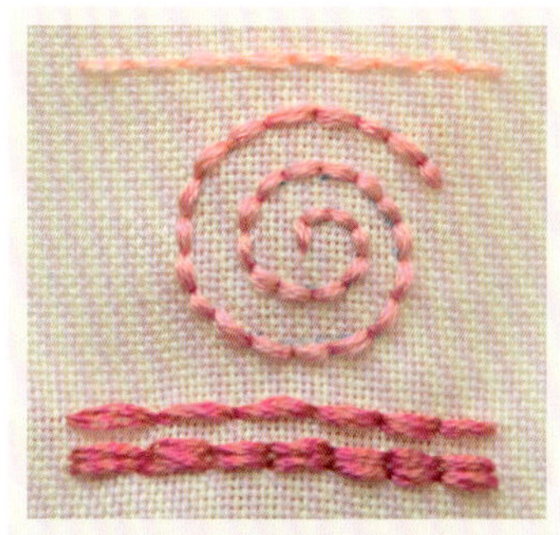

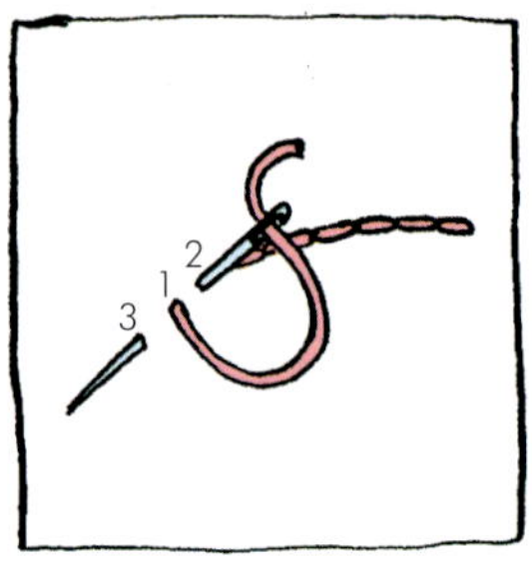

Mit der Nadel an Punkt 1 ausstechen, an Punkt 2 wieder in den Stoff ein- und an Punkt 3 wieder ausstechen. Der Abstand zwischen den Punkten 1 und 2 sollte dabei derselbe wie zwischen den Punkten 1 und 3 sein. Für den folgenden Stich wieder an Punkt 1 einstechen. Den Vorgang wie in der Anleitung beschrieben wiederholen, dabei auf eine gleichmäßige Stichlänge achten.

VERSETZTER PLATTSTICH

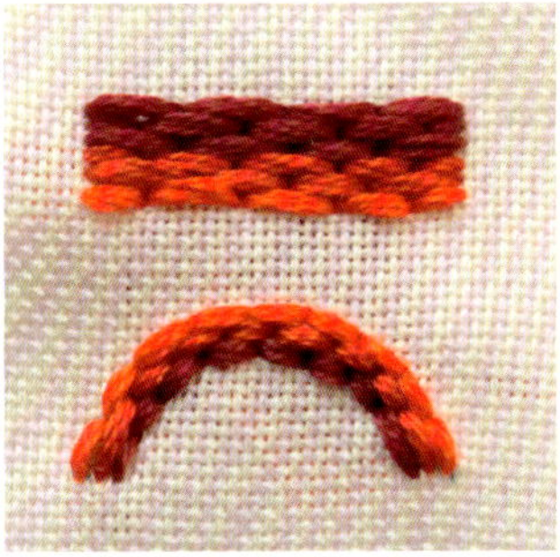

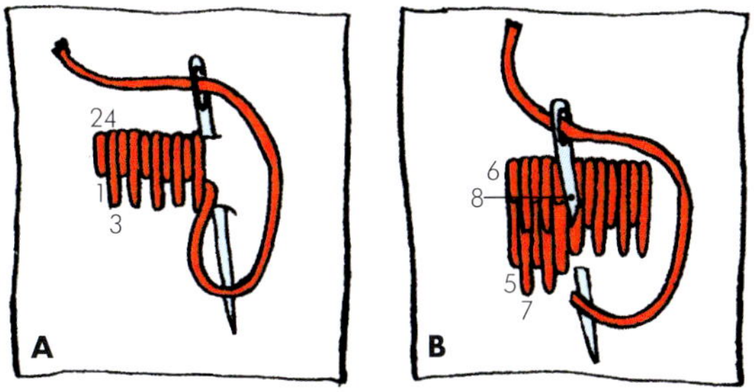

Abb. A
An der Oberkante beginnen und dafür eine Reihe mit langen und kurzen Stichen arbeiten. Mit der Nadel an Punkt 1 ausstechen, an Punkt 2 wieder in den Stoff einstechen, an Punkt 3 wieder aus- und an Punkt 4 einstechen. Den Vorgang wiederholen.

Abb. B
In der zweiten Reihe mit der Nadel an Punkt 5 aus- und an Punkt 6 einstechen, dabei durch den Einstich des darüberliegenden langen Stichs stechen. Den Vorgang wiederholen. Darauf achten, dass in der zweiten und in allen folgenden Reihen die Stiche gleich lang sind. Nur in der ersten und letzten Reihe wird zwischen langen und kurzen Stichen abgewechselt. Mit einer Reihe aus langen und kurzen Stichen enden.

KNÖTCHENSTICH

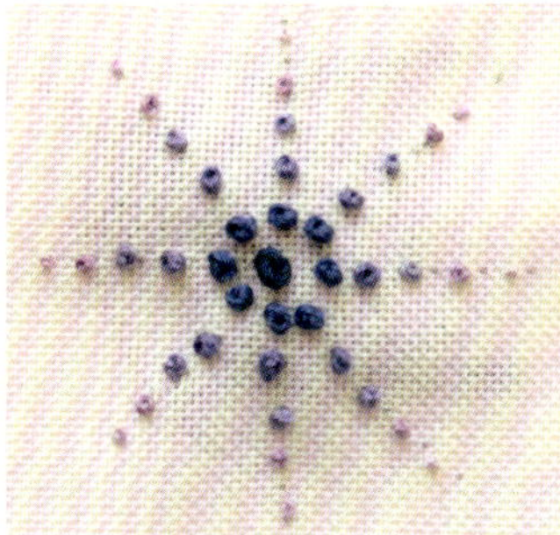

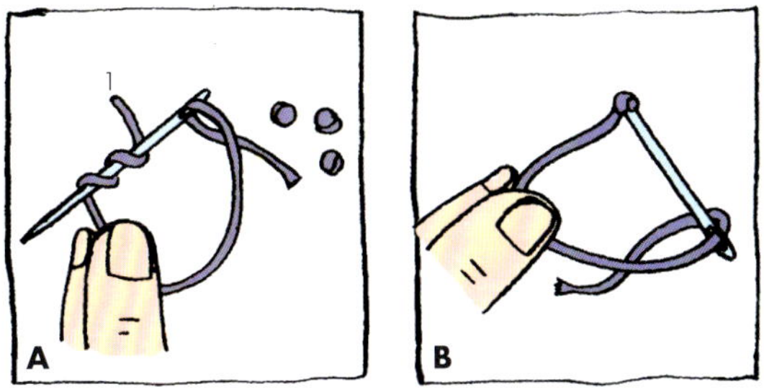

Abb. A
Mit der Nadel an Punkt 1 ausstechen. Den Faden zwischen Zeigefinger und Daumen der anderen Hand festhalten und zweimal fest um die Nadelspitze wickeln.

Abb. B
Den Faden weiterhin festhalten und die Nadel dicht an Punkt 1 einstechen und auf die Rückseite des Stoffs führen, sodass die Umwicklung eng auf der Stoffoberfläche liegt. So oft wie in der Anleitung beschrieben wiederholen.

Hinweis
Für einen kleineren Knötchenstich den Faden in Abb. A nur einmal um die Nadel wickeln, für einen dickeren Stich drei- oder viermal.

SPALTSTICH

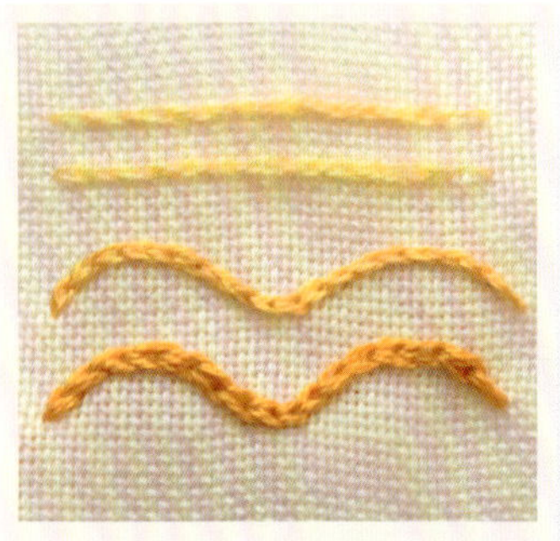

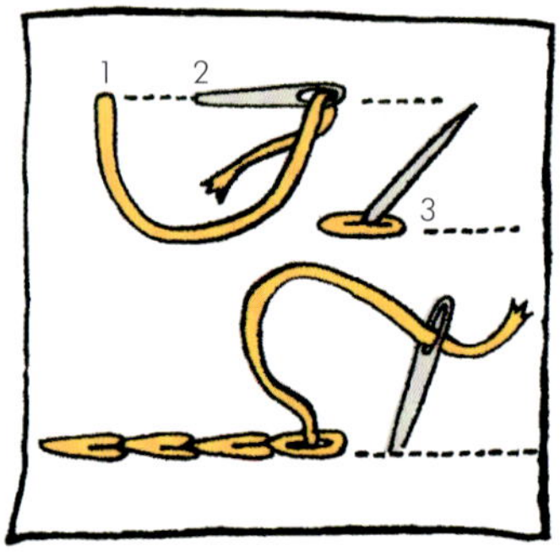

Mit der Nadel an Punkt 1 ausstechen und an Punkt 2 wieder in den Stoff einstechen. Den Faden fest anziehen. Mit der Nadel an Punkt 3 wieder ausstechen und dabei mittig durch den zuvor ausgeführten Stich führen. So oft wie in der Anleitung beschrieben wiederholen.

STIELSTICH

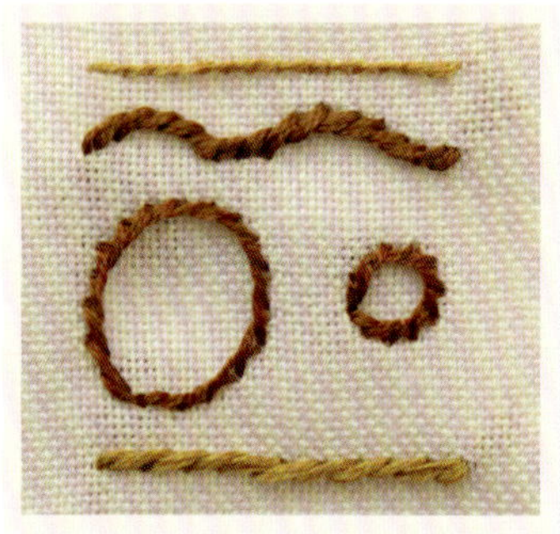

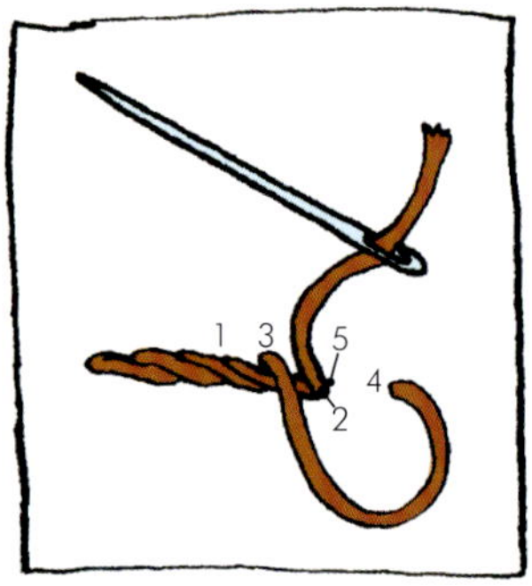

Mit der Nadel an Punkt 1 ausstechen, an Punkt 2 wieder in den Stoff ein- und an Punkt 3, mittig zwischen den Punkten 1 und 2 und knapp darüber, wieder ausstechen. Wieder an Punkt 4 in den Stoff einstechen und knapp über Punkt 2 (an Punkt 5) wieder ausstechen. Bis zum Ende der Strecke wiederholen. Die Stiche sollten gleich lang sein und immer in der Mitte zwischen den vorherigen Ein- und Ausstichstellen beginnen.

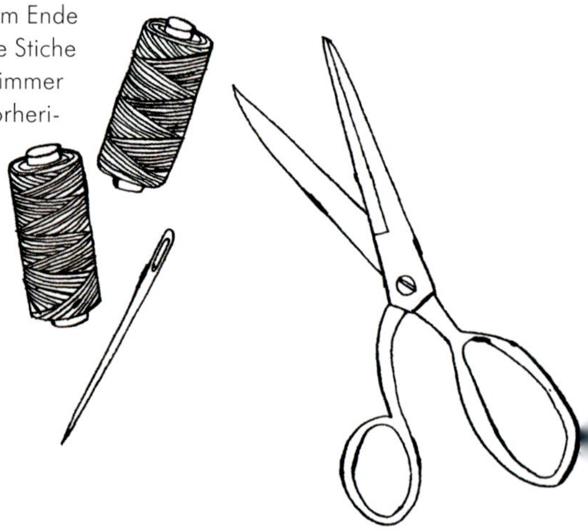

PAILLETTEN UND PERLEN

PAILLETTEN ANNÄHEN

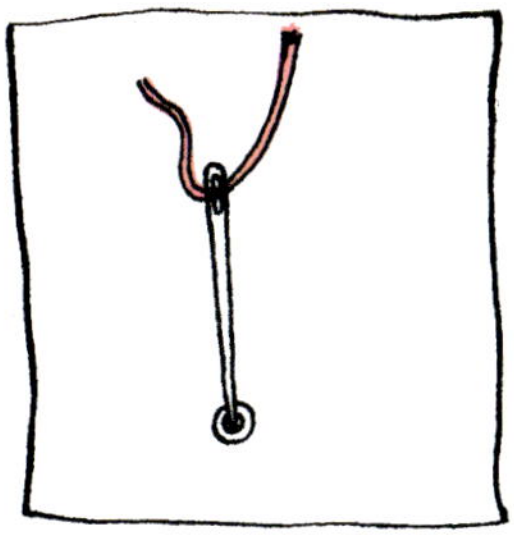

1 Mit einer Nadel arbeiten, die dünner als das Paillettenloch ist. Damit an der Stelle, an der die Paillette angebracht werden soll, von unten nach oben durch den Stoff und durch die Paillette stechen.

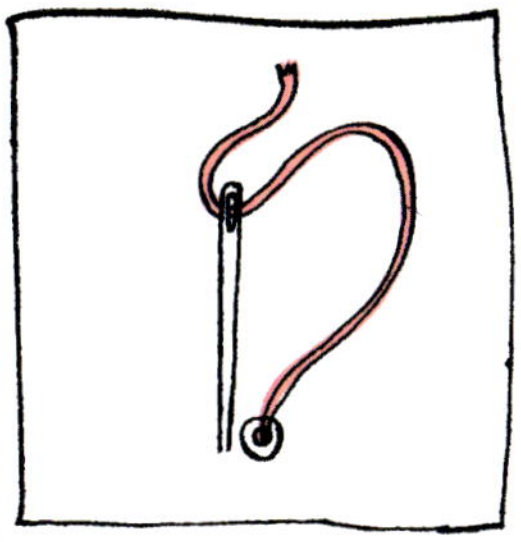

2 Mit der Nadel dicht am Paillettenrand einstechen und sie auf die Stoffrückseite führen.

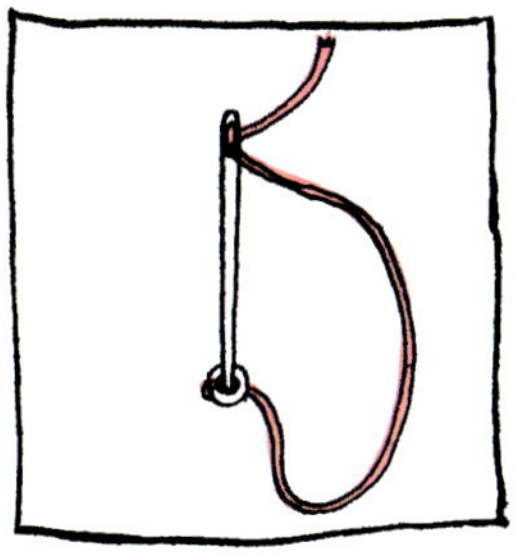

3 Den Vorgang an einer anderen Stelle der Paillette noch einmal wiederholen, damit sie fest sitzt.

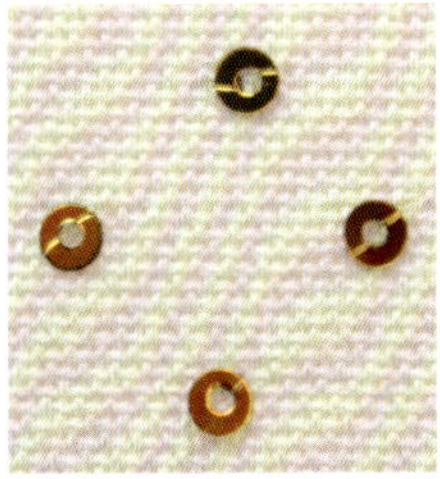

PERLEN ANNÄHEN

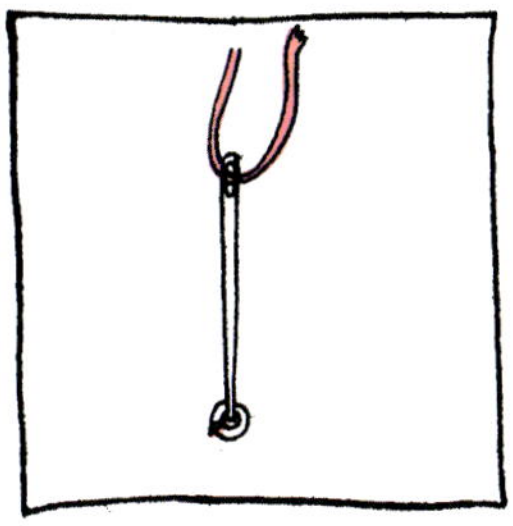

1 Einen Faden in eine sehr dünne Tapisserie- oder Perlennadel fädeln. Der Faden kann dieselbe Farbe wie die Perle oder eine Kontrastfarbe haben. Mit der Nadel an der Stelle, an der die Perle angebracht werden soll, von unten nach oben durch den Stoff stechen und die Perle auf die Nadel fädeln.

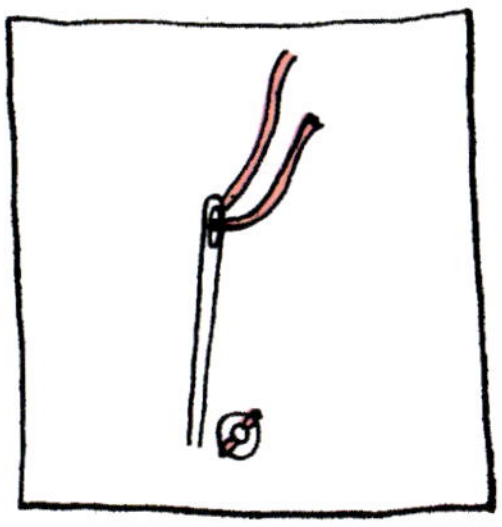

2 Mit der Nadel dicht neben der Ausstichstelle wieder einstechen und sie auf die Stoffrückseite führen.

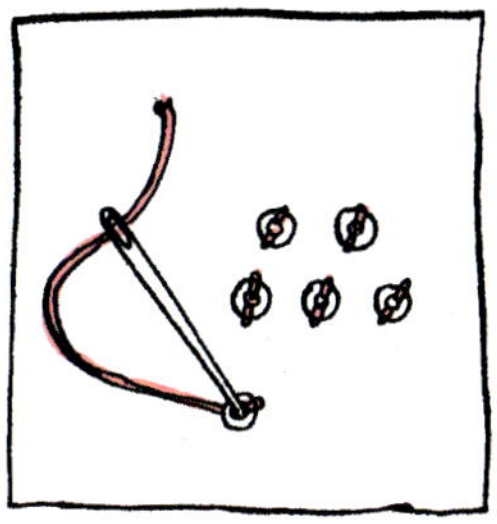

3 Den Vorgang so oft wiederholen, bis die Perle fest sitzt.

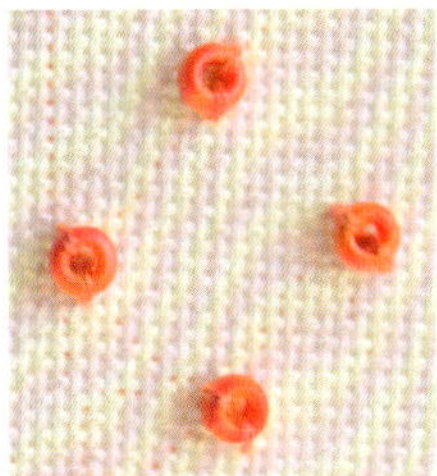

8

Transfertechniken und Vorlagen

TRANSFERTECHNIKEN

Um die Vorlagen am Ende des Buches oder andere Motive auf Stoff zu übertragen, kann man unterschiedliche Methoden verwenden.

MIT PAPPE UND BLEISTIFT

Mit dieser Methode lassen sich gut Motive auf fertige Kleidungsstücke oder Accessoires übertragen. Sie ist auch ideal, um Muster mit sich wiederholenden Elementen anzufertigen. Am besten eignet sie sich für Motive, die nicht allzu viele Details haben.

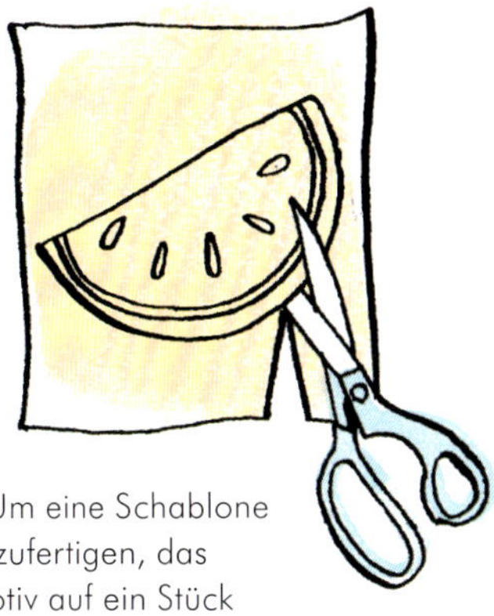

1 Um eine Schablone anzufertigen, das Motiv auf ein Stück Pappe zeichnen und ausschneiden.

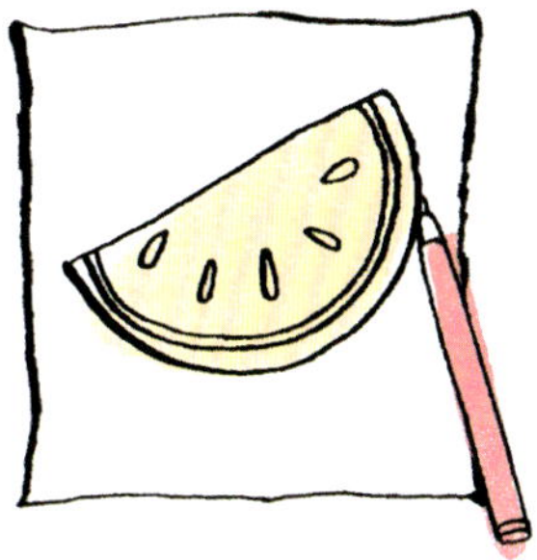

2 Die Pappschablone auf den Stoff legen und die Konturen nachzeichnen. Falls nötig, kleine Details freihändig ergänzen.

EIN MOTIV VERGRÖSSERN ODER VERKLEINERN

Dafür ein Kopiergerät oder einen Drucker verwenden und dort die Prozentzahl, um die das Motiv vergrößert oder verkleinert werden soll, einstellen.

$$\frac{\text{Gewünschte Größe}}{\text{Bestehende Größe}} \times 100 =$$

Ungefähre Prozentzahl, um die die Vorlage vergrößert oder verkleinert werden soll

MIT PAUSPAPIER

Einen Bogen Pauspapier auf den Stoff und das Motiv darüber legen, dann mit Bleistift oder Kugelschreiber durchpausen. Das Pauspapier abnehmen und, falls nötig, die Linien mit einem Fineliner nachfahren.

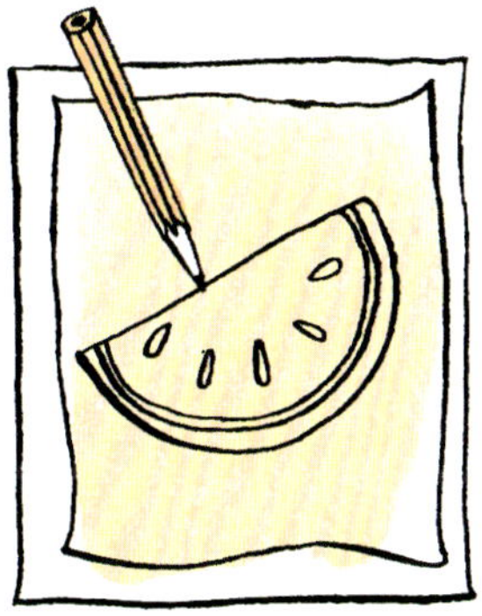

MIT FREEZER PAPER

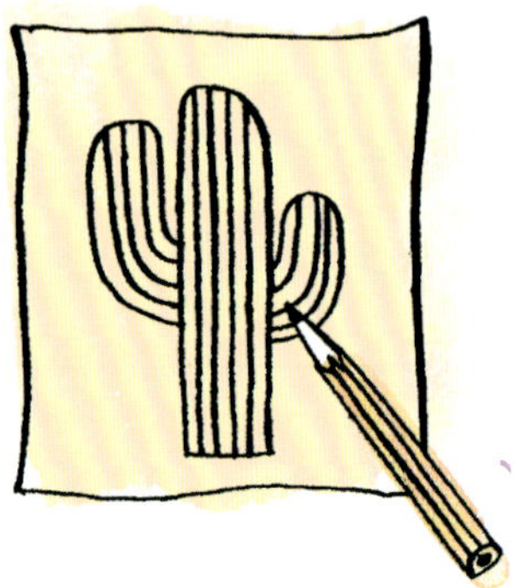

1 Mit einem Stift das Motiv auf die nicht glänzende Seite des Freezer Papers aufzeichnen.

Das speziell einseitig beschichtete Freezer Paper ist online oder im Fachhandel zu beziehen.

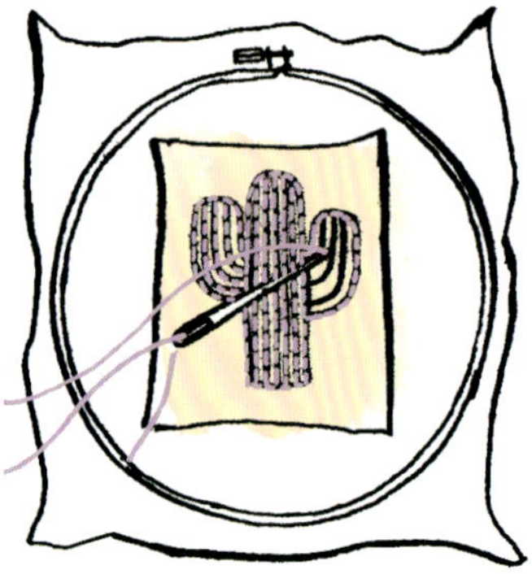

2 Das Freezer Paper mit der glänzenden Seite nach unten auf den Stoff legen und aufbügeln. Anschließend kann man direkt darauf sticken.

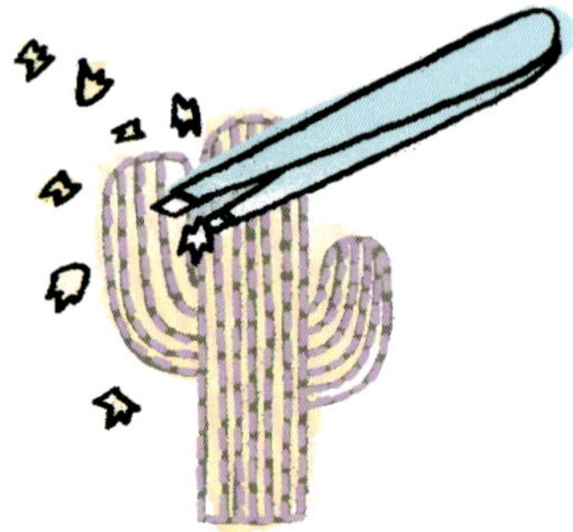

3 Wenn die Stickarbeit fertig ist, das Papier mit einer Pinzette entfernen. Dabei darauf achten, dass sich die Stickstiche nicht lösen. Diese Methode eignet sich gut für Stoffe wie dunklen Filz, auf die sich Markierungen mit einem Stift nicht so leicht aufzeichnen lassen.

MIT EINEM LEUCHTKASTEN

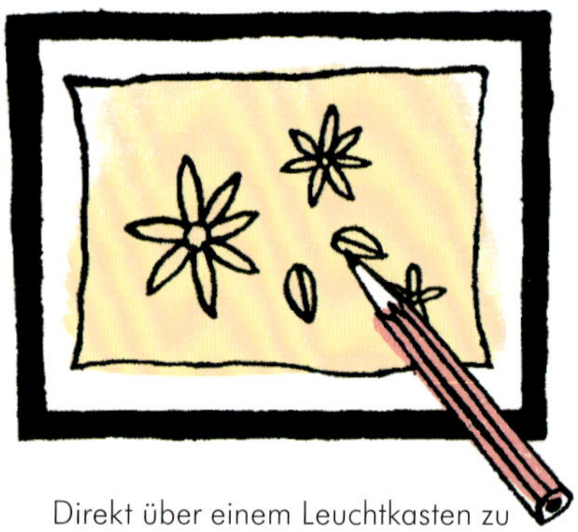

Direkt über einem Leuchtkasten zu zeichnen, ist wahrscheinlich die simpelste Methode, um ein Motiv auf Stoff zu übertragen. Das Motiv mit der rechten Seite nach oben auf den Leuchtkasten legen, sodass es von unten angestrahlt wird. Den Stoff darauflegen und die Linien des Motivs mit einem für den Stoff geeigneten Stift übertragen. Eine einfache Glasscheibe mit dahinerliegender Lichtquelle (z. B. Fenster) funktioniert oft auch gut.

MIT WASSERLÖSLICHEM STICKVLIES

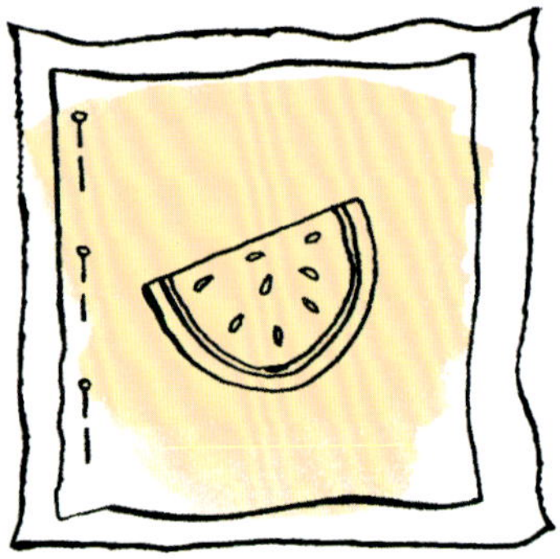

Motive können mit einem Bleistift aufgezeichnet oder direkt auf wasserlösliches Stickvlies aufgedruckt werden, das zugleich den Stoff stabilisiert. Das Stickvlies auf der rechten Stoffseite feststecken und darauf sticken. Man kann es stattdessen auch in einem Stickring auf dem Stoff fixieren. Wenn die Stickarbeit fertig ist, den Stoff den Herstellerangaben gemäß waschen, um das Vlies zu entfernen.

MIT TRANSFERFOLIE (TRANSFERPAPIER)

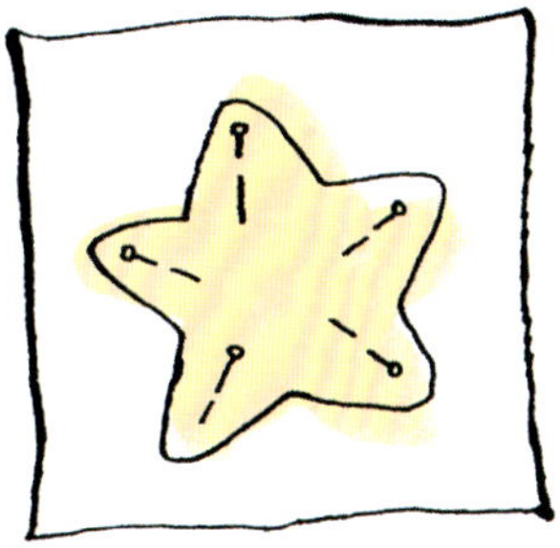

1 Den Stoff auf einer leicht wattierten Unterlage feststecken. Die Transferfolie mit der bedruckten Seite nach unten auf den Stoff stecken. Das Muster erscheint später spiegelverkehrt. Ein heißes Bügeleisen etwa 30 Sekunden auf die Folie drücken, dabei jedoch nicht darübergleiten lassen, sondern anheben und wieder absetzen, um das ganze Motiv zu fixieren.

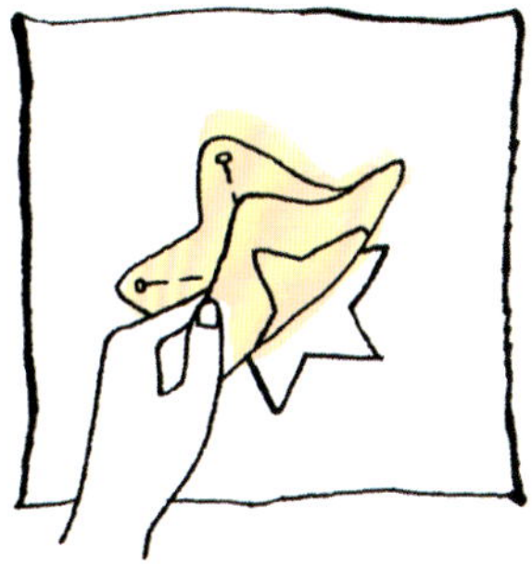

2 Vorsichtig eine Ecke der Folie anheben und überprüfen, ob das Motiv vollständig übertragen wurde. Andernfalls die Hitze am Bügeleisen erhöhen, bis alle Linien deutlich auf dem Stoff zu sehen sind. Nicht vergessen, dass so übertragene Linien normalerweise nicht verblassen und später gänzlich von den Stickstichen bedeckt werden müssen.

MIT KOPIERPAPIER

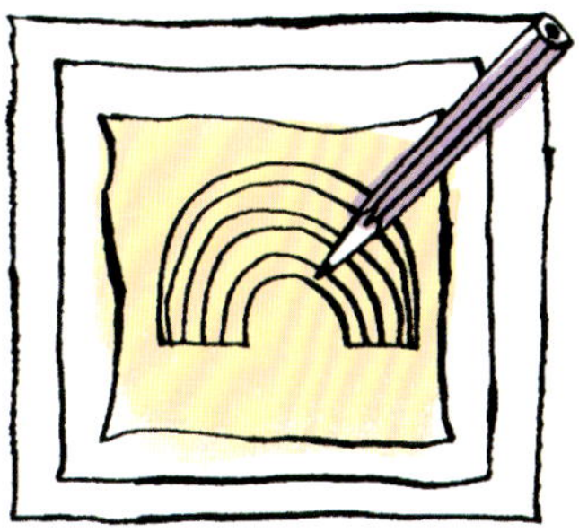

Schneider-Kopierpapier ist speziell für Stoffe gemacht. Den Stoff mit der rechten Seite nach oben glatt auf den Tisch legen. Das zu übertragende Motiv darauflegen. Einen Bogen Schneider-Kopierpapier zwischen Stoff und Motiv legen, dabei muss die Kohle-Seite zum Stoff zeigen. Das Motiv sorgfältig mit einem Bleistift oder Kugelschreiber nachzeichnen. Herkömmliches Kohlepapier funktioniert auch.

VORLAGEN

Du kannst diese Vorlagen hier natürlich auch nach Belieben zusammenstellen und abändern. Die folgende Grundformel hilft dir dabei, die Größe eines Motivs zu ändern, um es für einen Knopf, Aufnäher, Button, Flicken oder ein kleines Rundbild zu verwenden.

$$\frac{\text{Gewünschte Größe}}{\text{Bestehende Größe}} \times 100 = \text{Ungefähre Prozentzahl, um die das Muster vergrößert oder verkleinert werden soll}$$

MINIATUR

8 cm

AUFNÄHER

5 cm

FLICKEN

10 cm

BUTTON

16 mm

KNOPF

20 mm

SONNENUNTERGANG AM STRAND: SEITE 30

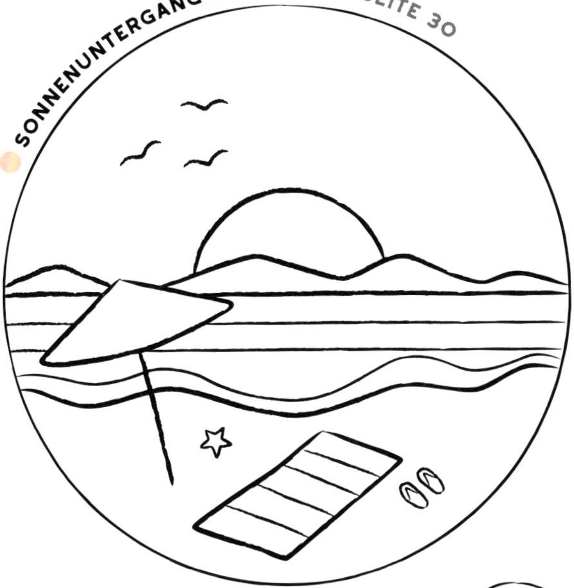

MEIN FREUND, DER BAUM: SEITE 96

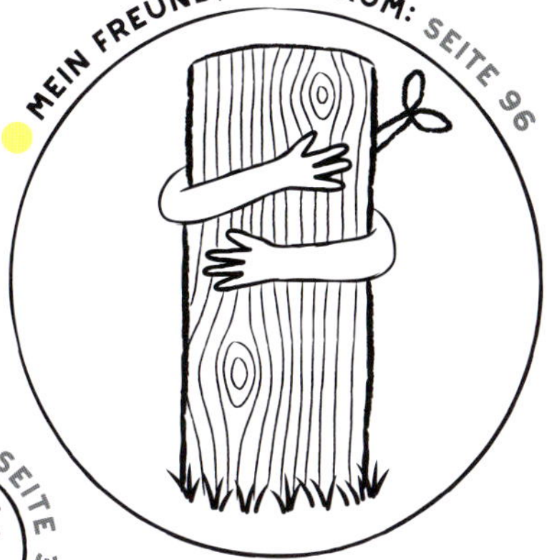

ANANAS: SEITE 38

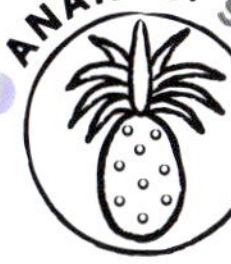

SATURN: SEITE 50

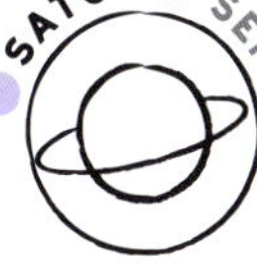

MOHNBLUMEN: SEITE 46

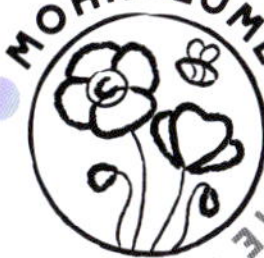

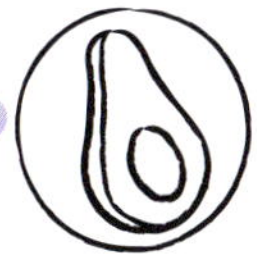

HONIGBIENE: SEITE 40

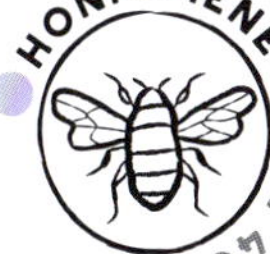

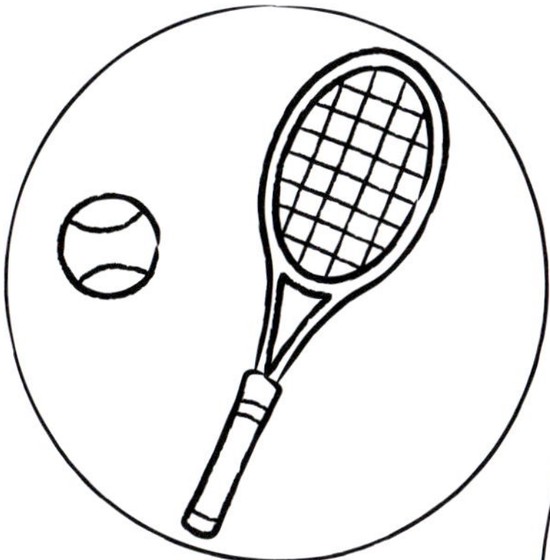

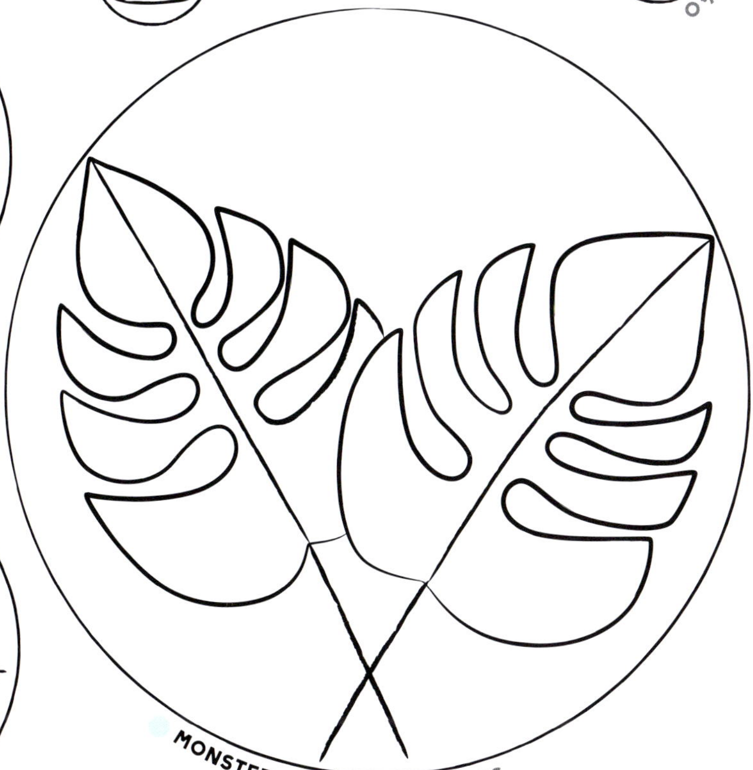

MONSTERA-BLÄTTER: SEITE 86

MORGENKAFFEE: SEITE 104

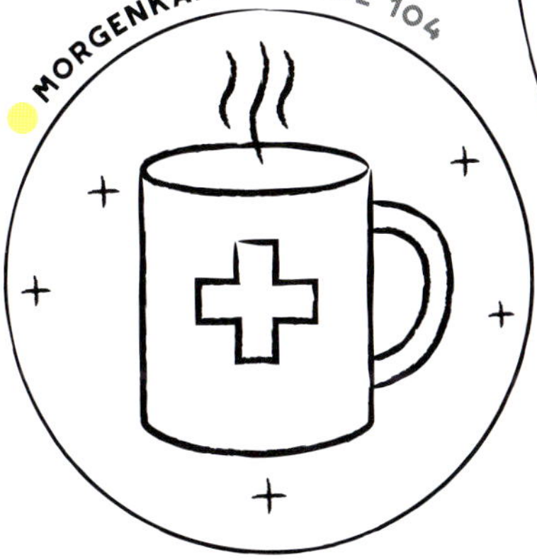

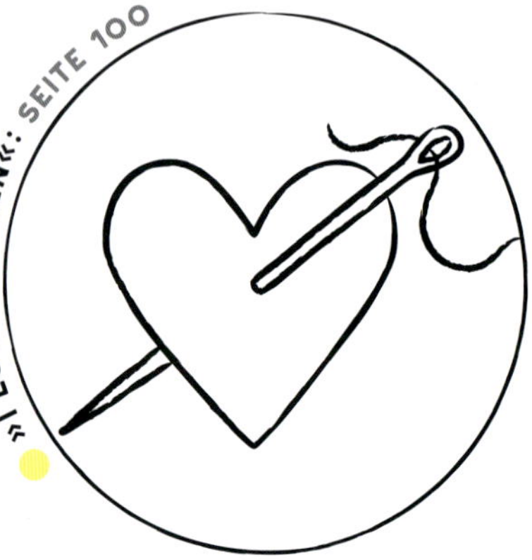

»I LOVE STICKEN«: SEITE 100

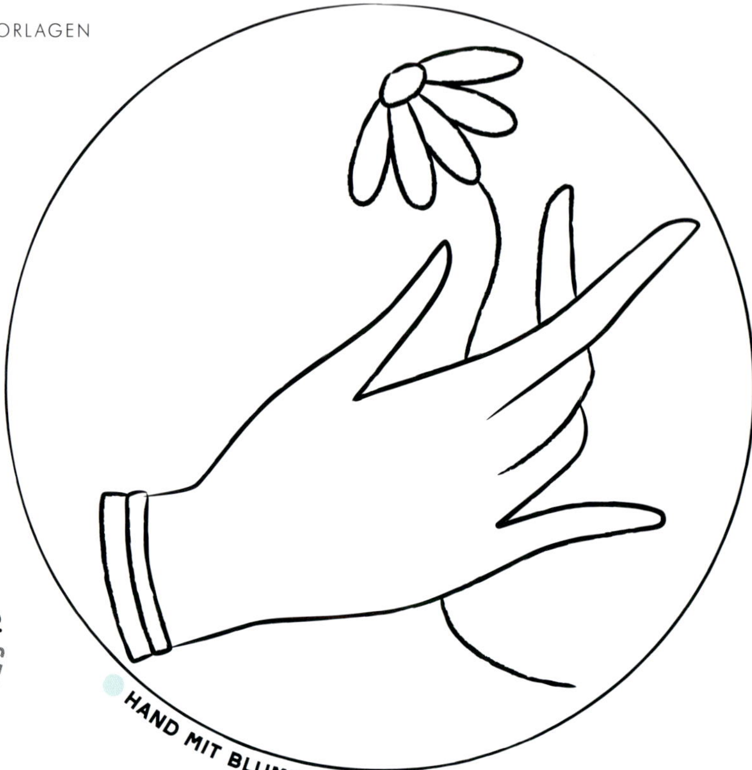

HAND MIT BLUME: SEITE 78

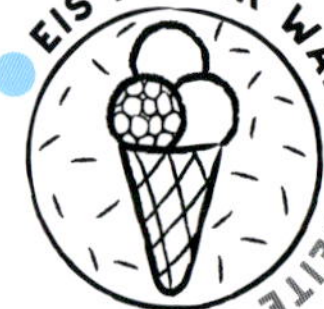

EIS IN DER WAFFEL: SEITE 66

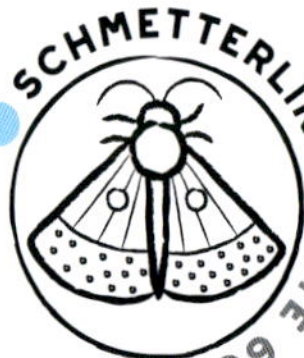

SCHMETTERLING: SEITE 60

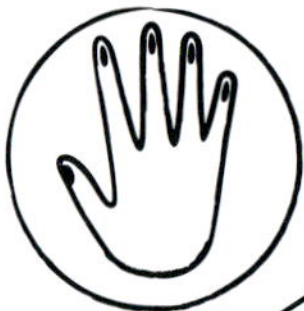

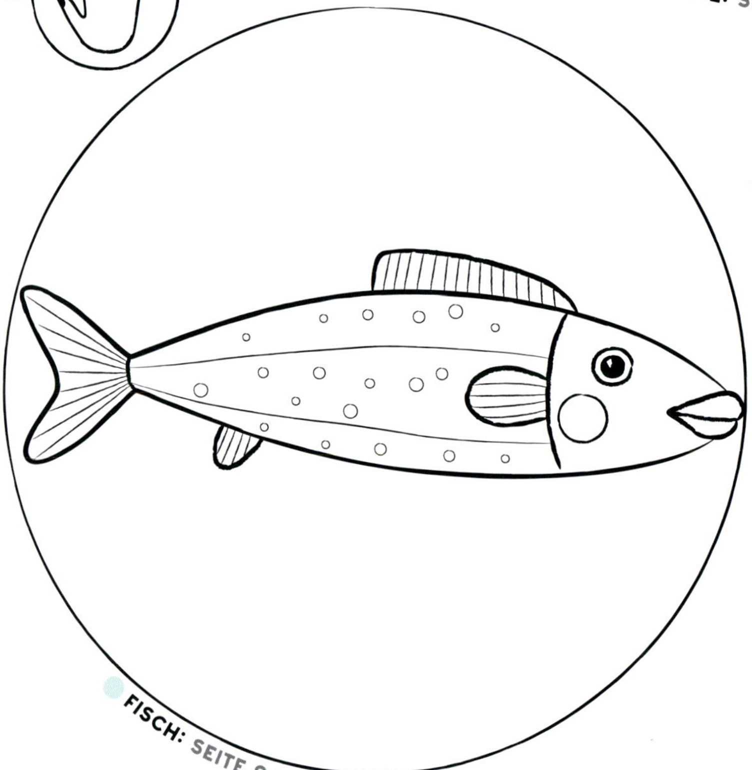

FISCH: SEITE 90

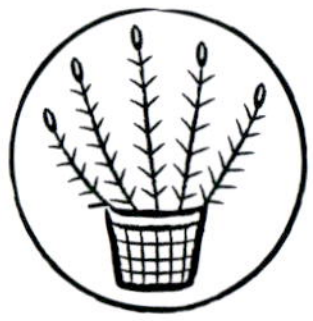

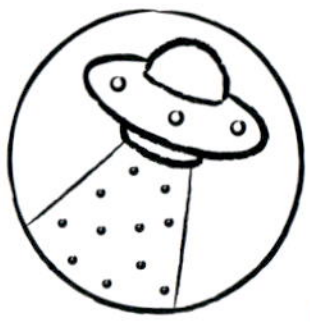

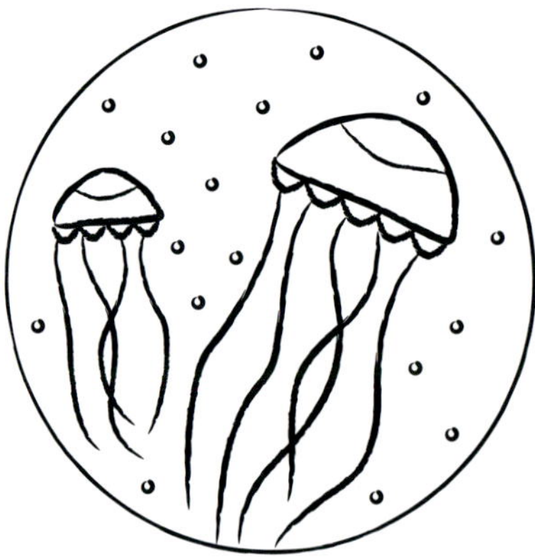

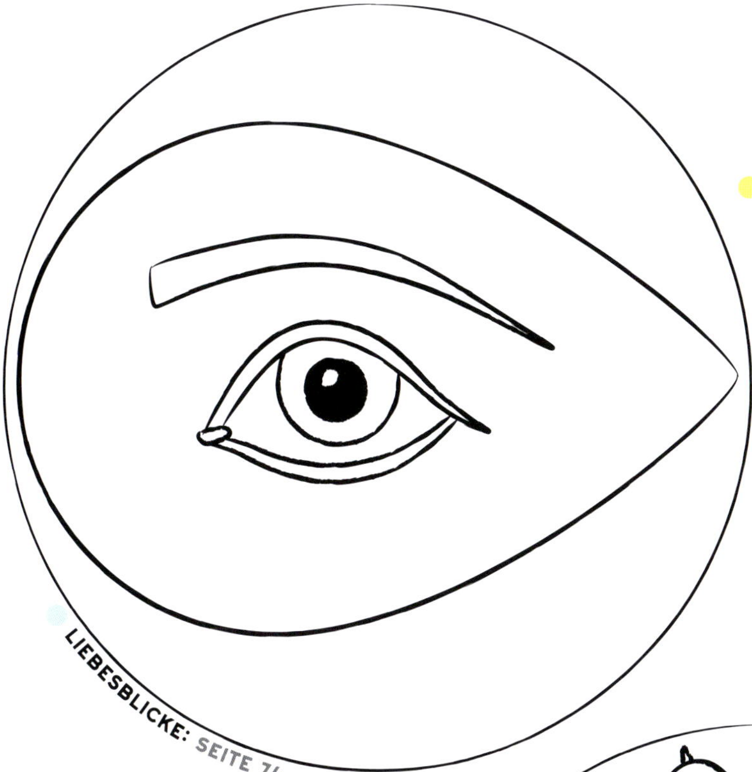

LIEBESBLICKE: SEITE 74

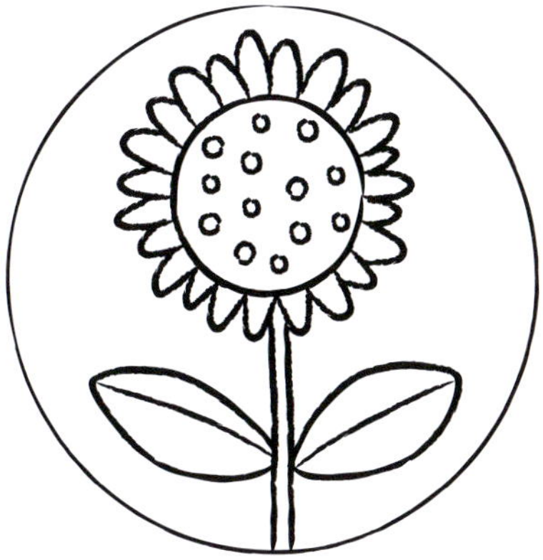

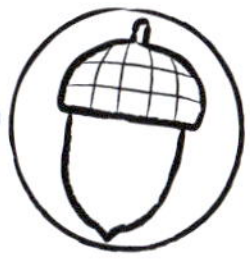

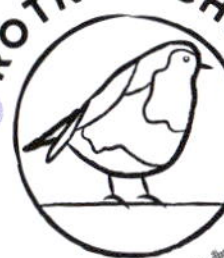

ROTKEHLCHEN: SEITE 42

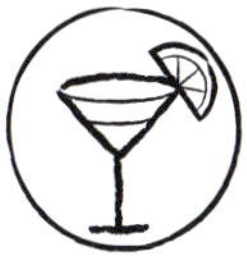

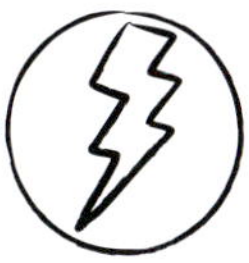

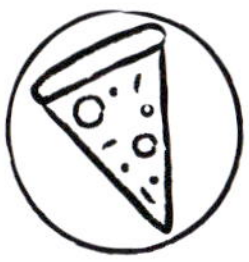

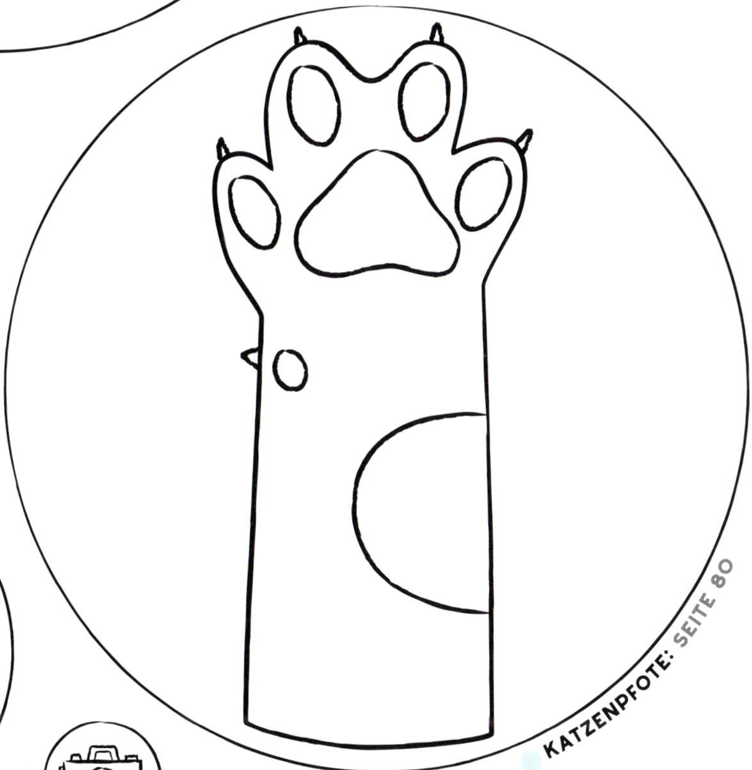

KATZENPFOTE: SEITE 80

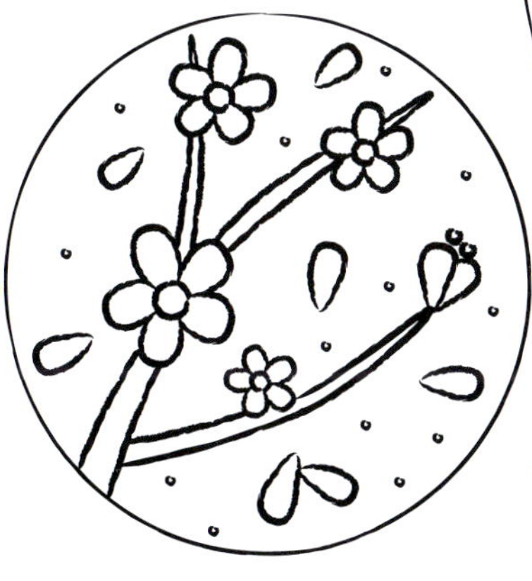

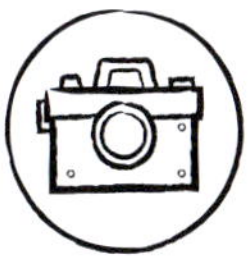

EINE NACHT IM WALD: SEITE 20

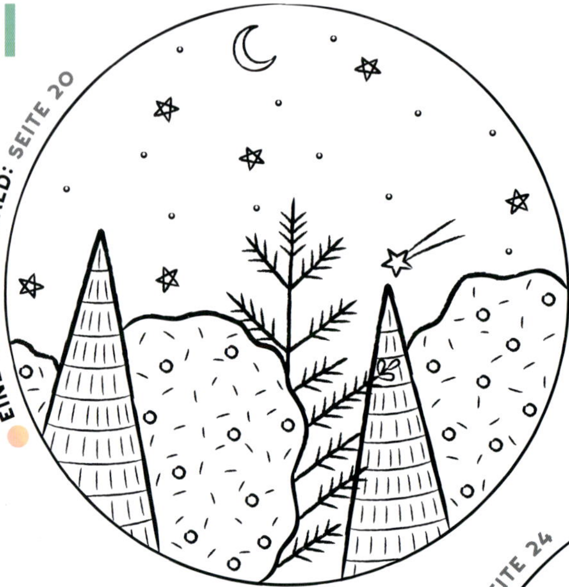

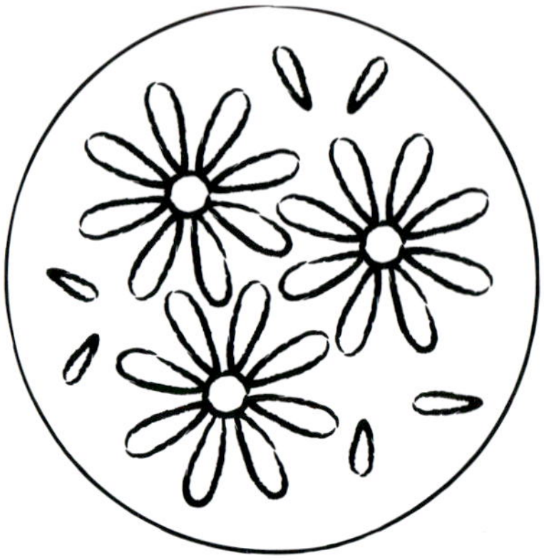

WÜSTENLANDSCHAFT: SEITE 24

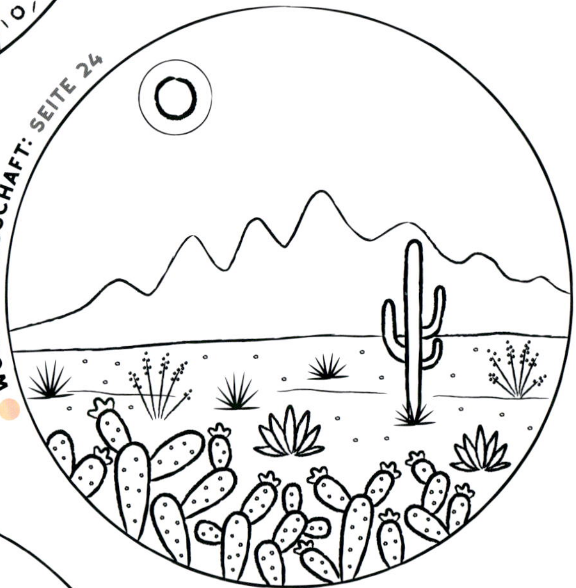

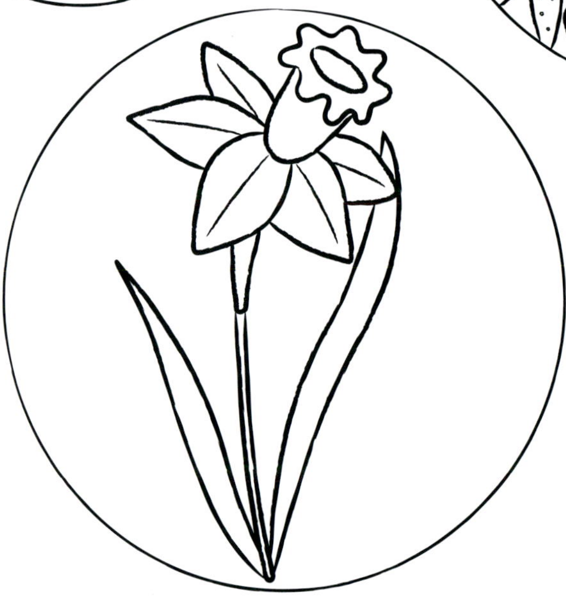

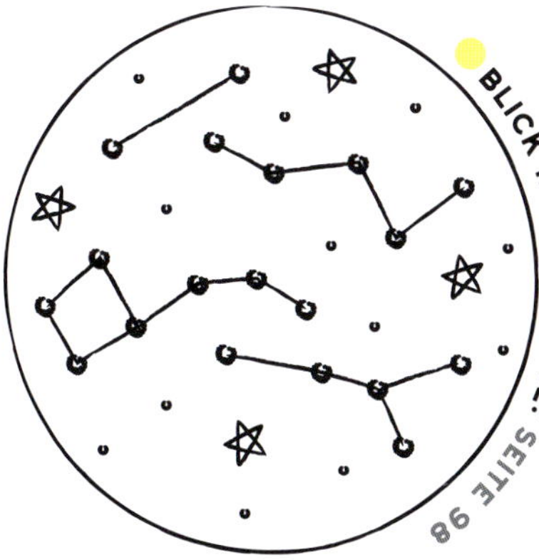

BLICK IN DIE STERNE: SEITE 98

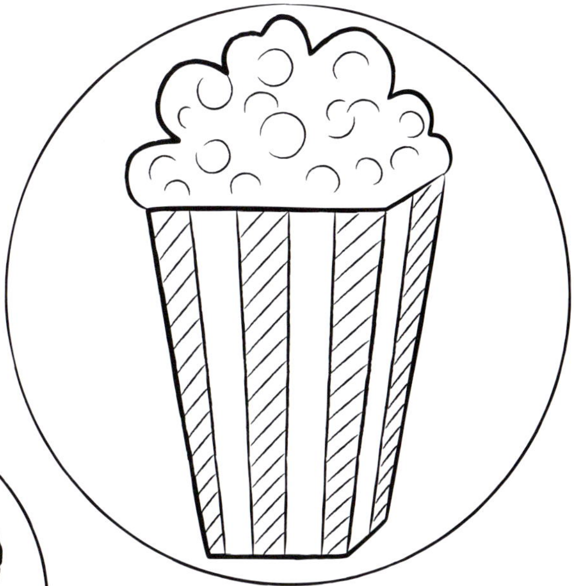

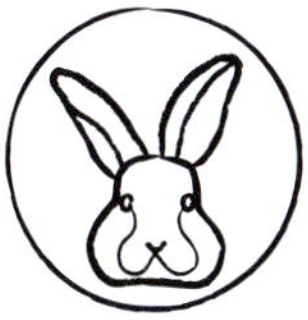

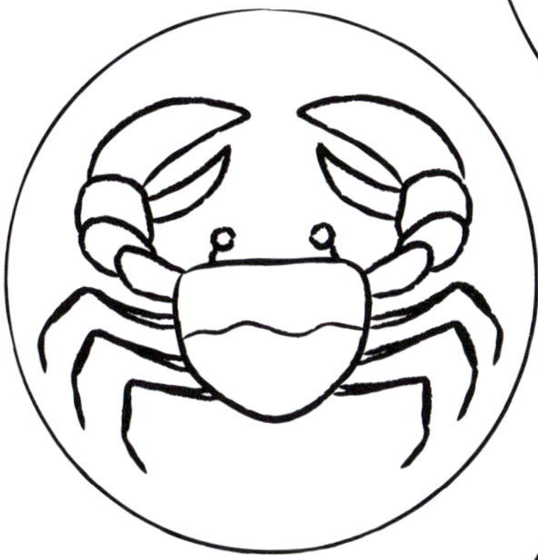

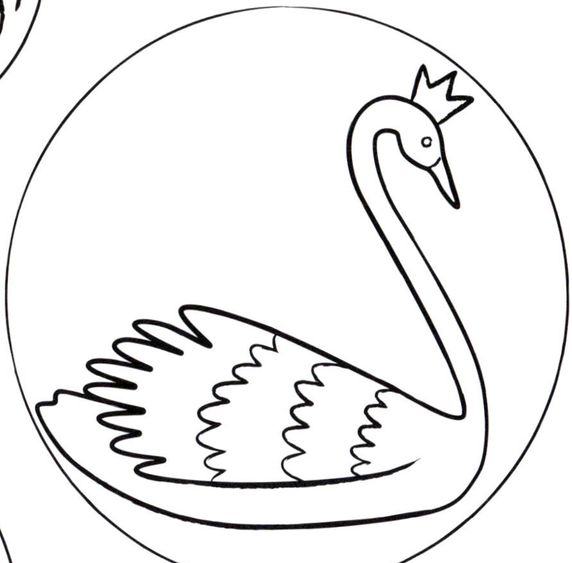

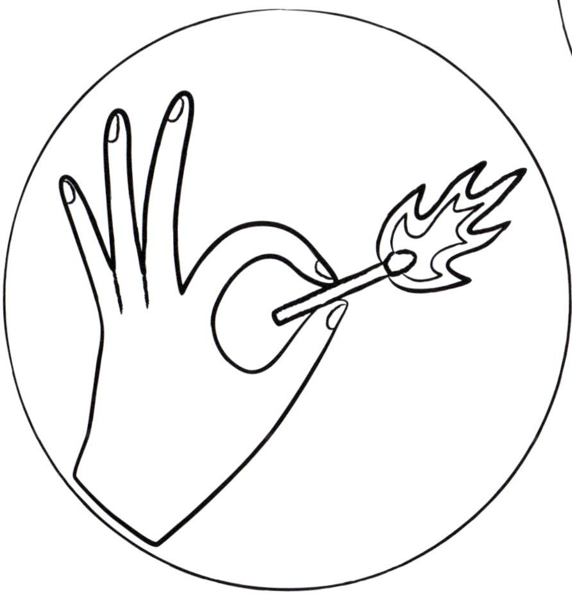

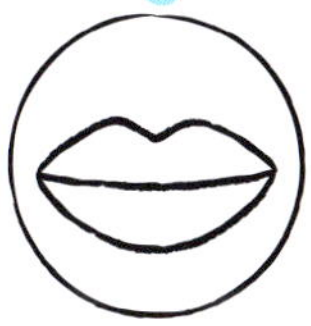

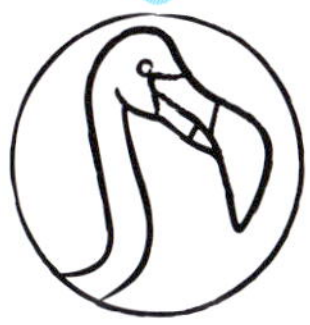

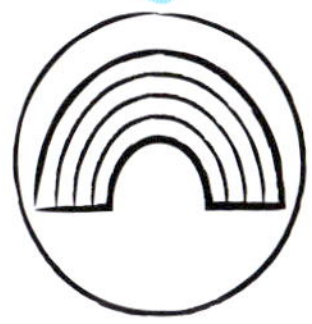

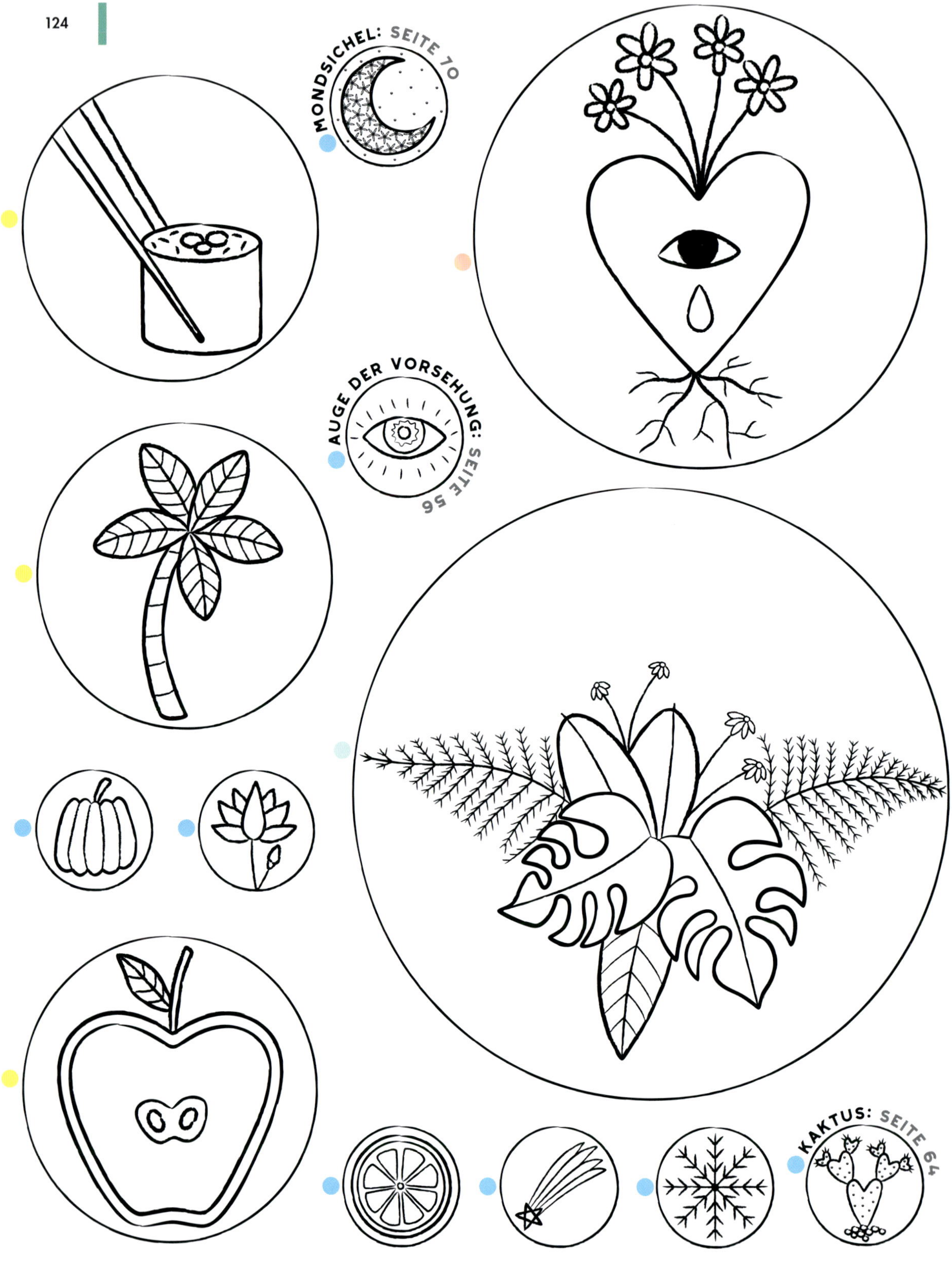
MONDSICHEL: SEITE 70
AUGE DER VORSEHUNG: SEITE 56
KAKTUS: SEITE 64

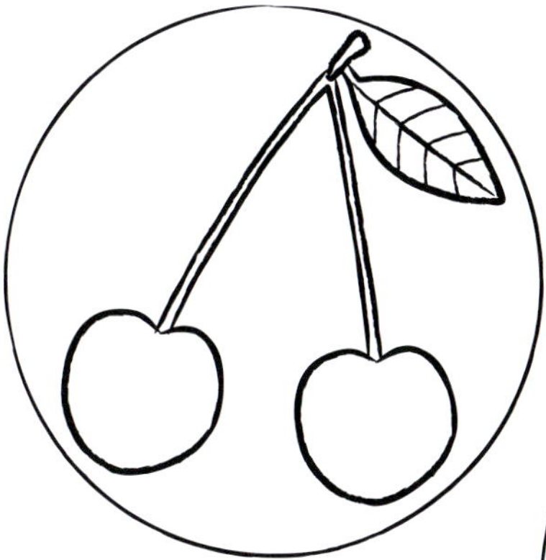

STIEFMÜTTERCHEN: SEITE 82

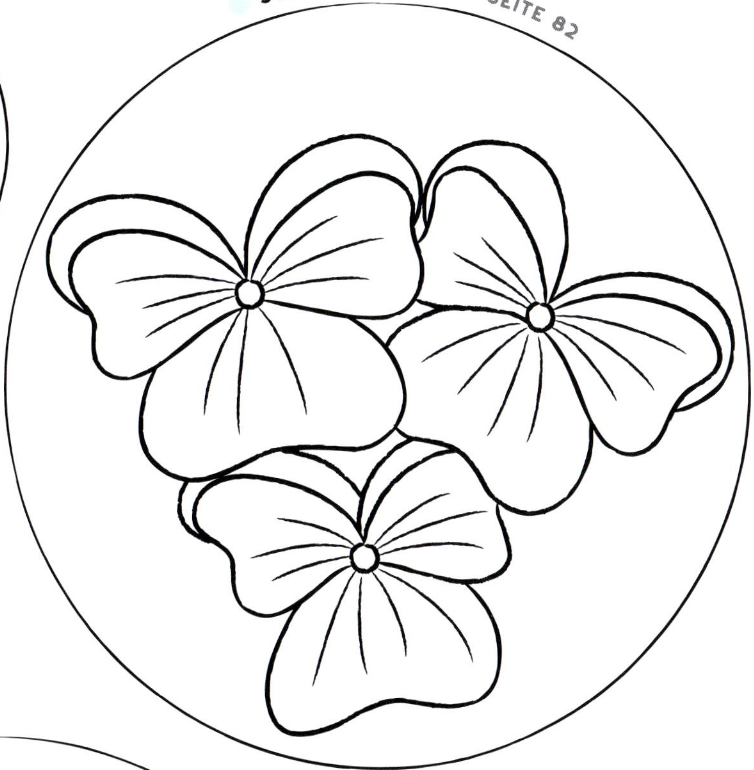

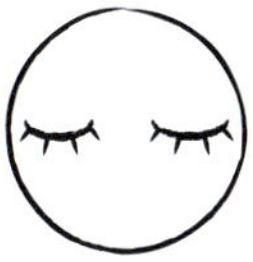

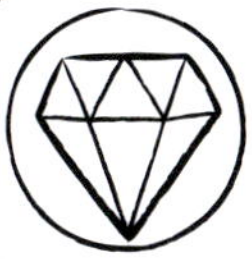

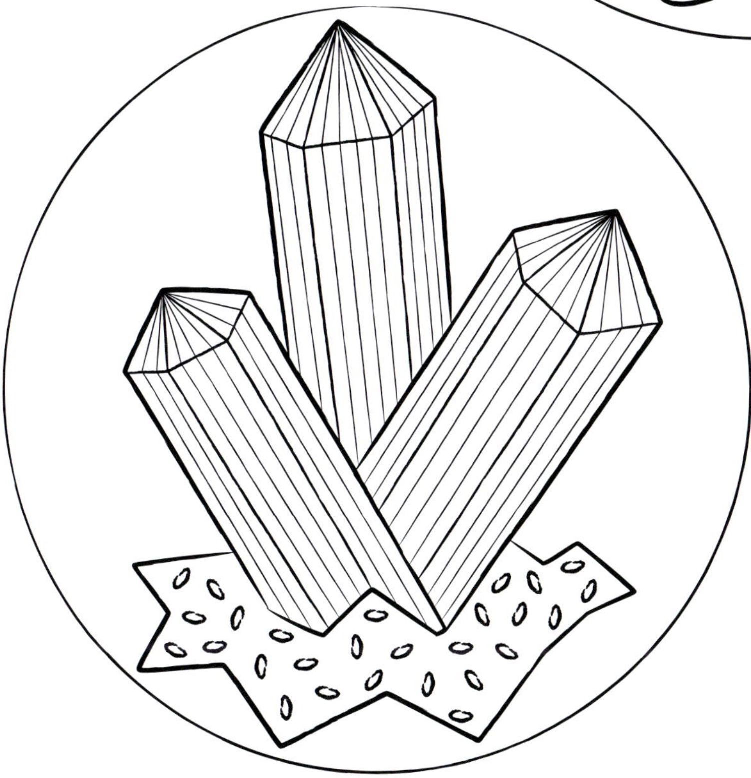

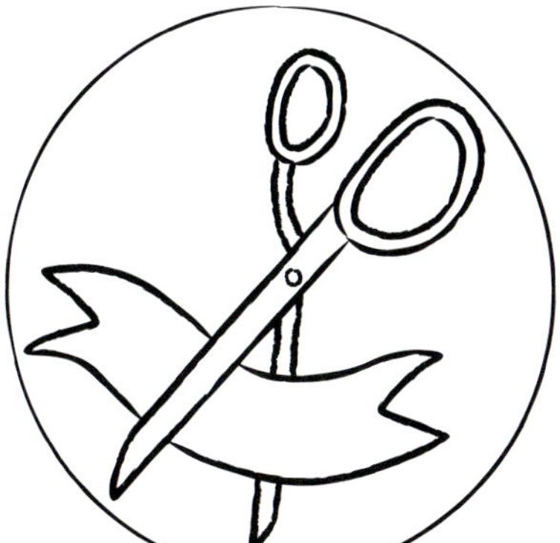

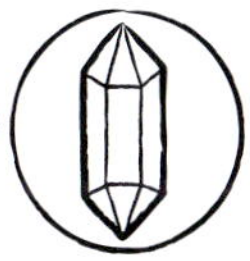

REGISTER

Abbildungen sind kursiv,
Anleitungen fett gedruckt.

FARBNUMMERN DER GARNE

Für die Projekte in diesem Buch habe ich Garne von DMC verwendet, aber man kann auch vergleichbare Garne wählen.

EINE NACHT IM WALD
DMC 563 – Helles Jadegrün
DMC 3816 – Meergrün
DMC 501 – Dunkles Blaugrün
DMC 732 – Olivgrün
DMC 733 – Mittleres Olivgrün
DMC 3341 – Apricot
DMC 3822 – Helles Strohgelb
DMC 435 – Hellbraun
DMC 3013 – Helles Kaki
DMC 3047 – Helles Gelbbeige
DMC E3852 – Dunkles Metallic-Gold

WÜSTENLANDSCHAFT
DMC 501 – Dunkles Blaugrün
DMC 3816 – Meergrün
DMC 563 – Helles Jadegrün
DMC 3607 – Violett
DMC 680 – Dunkles Gold
DMC 730 – Dunkles Olivgrün
DMC 831 – Mittleres Goldoliv
DMC 833 – Helles Goldoliv
DMC 166 – Mittelhelles Moosgrün
DMC 210 – Mittleres Lavendelblau
DMC 955 – Helles Nilgrün
DMC 436 – Rotbraun
DMC 729 – Mittleres Gold
DMC 3772 – Dunkles Sandbraun
DMC 3064 – Sandbraun
DMC 3771 – Helles Terracotta
DMC 445 – Helles Zitronengelb
DMC 562 – Mittleres Jadegrün
DMC 3340 – Mittleres Apricot
DMC 3341 – Apricot

SONNENUNTERGANG AM STRAND
DMC 3809 – Dunkles Türkis
DMC 954 – Nilgrün
DMC 3689 – Helles Mauve
DMC 3340 – Mittleres Apricot
DMC 606 – Leuchtendes Rotorange
DMC 676 – Leuchtendes Gold
DMC 645 – Dunkelgrau
DMC Weiß
DMC 3829 – Tiefdunkles Gold
DMC 926 – Mittleres Graugrün
DMC 376 – Dunkles Graugrün
DMC 930 – Tiefes Graugrün
DMC 831 – Mittleres Goldoliv
DMC 3341 – Apricot
DMC 3047 – Helles Gelbbeige

ANANAS
DMC 3821 – Mittleres Senfgelb
DMC 435 – Hellbraun
DMC 561 – Dunkles Jadegrün
DMC 562 – Mittleres Jadegrün

HONIGBIENE
DMC 844 – Tiefes Dunkelgrau
DMC 728 – Hopfengelb
DMC 3047 – Helles Gelbbeige

ROTKEHLCHEN
DMC 722 – Hellorange
DMC 3032 – Mittleres Kaffeebraun
DMC 611 – Graubraun
DMC 3866 – Kaffeebraun
DMC Ecru
DMC 310 – Schwarz
DMC 844 – Tiefes Dunkelgrau
DMC 830 – Dunkles Goldoliv

MOHNBLUMEN
DMC 606 – Leuchtendes Rotorange
DMC 608 – Leuchtendes Orange
DMC 3340 – Mittleres Apricot
DMC 831 – Mittleres Goldoliv
DMC 832 – Goldoliv
DMC 3787 – Dunkles Braungrau
DMC 782 – Dunkles Hopfengelb
DMC Weiß

SATURN
DMC 3825 – Helles Kürbisrot
DMC 3607 – Violett
DMC E3852 – Dunkles Metallic-Gold

AUGE DER VORSEHUNG
DMC 680 – Dunkles Gold
DMC 833 – Helles Goldoliv
DMC 435 – Hellbraun
DMC 310 – Schwarz
DMC Weiß
DMC 3340 – Mittleres Apricot
DMC 3341 – Apricot
DMC E3852 – Dunkles Metallic-Gold

SCHMETTERLING
DMC 829 – Tiefdunkles Goldoliv
DMC 3341 – Apricot
DMC 967 – Helles Apricot
DMC 563 – Helles Jadegrün
DMC 734 – Helles Olivgrün
DMC 445 – Helles Zitronengelb
DMC 310 – Schwarz

KAKTUS
DMC 3816 – Meergrün
DMC 3822 – Helles Strohgelb
DMC 3340 – Mittleres Apricot
DMC 782 – Dunkles Hopfengelb

EIS IN DER WAFFEL
DMC 3822 – Helles Strohgelb
DMC 964 – Helles Seegrün
DMC 3341 – Apricot
DMC 729 – Mittleres Gold
DMC 435 – Hellbraun
DMC 955 – Helles Nilgrün

MONDSICHEL
DMC 729 – Mittleres Gold
DMC 676 – Leuchtendes Gold
DMC E3852 – Dunkles Metallic-Gold

LIEBESBLICKE
DMC 3771 – Helles Terracotta
DMC 310 – Schwarz
DMC Weiß
DMC 437 – Helles Rotbraun
DMC 422 – Helles Nussbraun
DMC 830 – Dunkles Goldoliv
DMC 831 – Mittleres Goldoliv
DMC 829 – Tiefdunkles Goldoliv

HAND MIT BLUME
DMC 310 – Schwarz
DMC 783 – Mittleres Hopfengelb
DMC 433 – Mittelbraun
DMC 501 – Dunkles Blaugrün

KATZENPFOTE
DMC 310 – Schwarz
DMC 352 – Helles Korallenrot
DMC Weiß

STIEFMÜTTERCHEN
DMC 3808 – Tiefdunkles Türkis
DMC 823 – Dunkles Marineblau
DMC 726 – Helles Hopfengelb
DMC 814 – Dunkles Granatrot
DMC 3771 – Helles Terracotta
DMC 783 – Mittleres Hopfengelb

MONSTERA-BLÄTTER
DMC 3848 – Mittleres Seegrün
DMC 3851 – Hellgrün
DMC 703 – Likörgrün
DMC 993 – Helles Aquamarin
DMC 955 – Helles Nilgrün

FISCH
DMC 310 – Schwarz
DMC Ecru
DMC Weiß
DMC 3771 – Helles Terracotta
DMC 3341 – Apricot
DMC 948 – Helles Pfirsich
DMC 436 – Rotbraun
DMC 437 – Helles Rotbraun
DMC 930 – Tiefes Graugrün
DMC 3768 – Dunkles Graugrün
DMC 169 – Helles Zinngrau

MEIN FREUND, DER BAUM
DMC 945 – Eierschalenbraun
DMC 869 – Tiefdunkles Nussbraun
DMC 420 – Dunkles Nussbraun
DMC 562 – Mittleres Jadegrün
DMC 166 – Mittelhelles Moosgrün

BLICK IN DIE STERNE
DMC Weiß
DMC 677 – Hellleuchtendes Gold

I LOVE STICKEN
DMC E168 5283 – Metallic-Silber
DMC 666 – Leuchtend Rot
DMC 160 – Mittleres Graublau

MORGENKAFFEE
DMC 3341 – Apricot
DMC 3781 – Dunkles Kaffeebraun
DMC 783 – Mittleres Hopfengelb
DMC 992 – Aquamarin
DMC 563 – Helles Jadegrün
DMC 3340 – Mittleres Apricot
DMC 677 – Hellleuchtendes Gold